U0682375

高职高专教材

管道安装、维护与检修

朱红波　主编

石油工业出版社

内 容 提 要

本书着重介绍了管工基本操作技术,管道安装施工、维护与检修等操作技能知识,内容涉及管道识图,常用管材及管件,管道基本操作技术,管道及常用阀门的安装、维护与检修等多个方面。

本书内容翔实、图文并茂、通俗易懂,侧重于提高学习者的实际操作能力,具有较强的实用性,适合高职高专相关专业师生、从事管道工程安装及维修人员学习和参考。

图书在版编目(CIP)数据

管道安装、维护与检修/朱红波主编.

北京:石油工业出版社,2013.8(2021.8重印)

(高职高专教材)

ISBN 978 – 7 – 5021 – 9663 – 9

Ⅰ. 管…

Ⅱ. 朱…

Ⅲ. ①管道安装 – 高等职业教育 – 教材
②管道维修 – 高等职业教育 – 教材

Ⅳ. ①U175.5　②U178

中国版本图书馆 CIP 数据核字(2013)第 150544 号

出版发行:石油工业出版社

（北京安定门外安华里 2 区 1 号　100011）

网　　址:www.petropub.com

编辑部:(010)64251362　图书营销中心:(010)64523633

经　　销:全国新华书店

排　　版:北京乘设伟业科技有限公司

印　　刷:北京中石油彩色印刷有限责任公司

2013 年 8 月第 1 版　2021 年 8 月第 4 次印刷

787 毫米×1092 毫米　开本:1/16　印张:10.75

字数:275 千字

定价:22.00 元

（如出现印装质量问题,我社图书营销中心负责调换）

版权所有,翻印必究

前　　言

随着我国国民经济、科学技术的快速发展和生产工艺的不断改进,对管道工程设计、安装、维修技术的要求也越来越高。要想使管网能够安全、优质、高效地运行,除了要有合理的设计方案外,优质的安装施工质量和科学的维护修理是保障管网系统高效、安全运行的必要条件。及时正确的维修不仅可延长管网系统的使用寿命,而且也可改进和弥补设计施工中的某些不足。管道工程的安装施工和维修护理工作,虽然隶属于施工、维护两个不同的阶段,但两者却有非常密切的、不可分割的内在联系。

本书以国家、部委颁发的新规范、新标准为依据,密切联系生产实际,将理论知识和操作技能有机地结合起来,侧重于学习者职业能力的培养。同时,全书兼顾《管工职业技能鉴定规定》对专业知识和操作技能两个方面的要求,以适应国家职业技能培训的要求,适合高职高专相关专业师生、从事管道工程安装人员和维修人员学习和参考。

本书由克拉玛依职业技术学院组织编写。绪论、第一章由李凡编写,第二章由毕启玲编写,第三章、第四章、第六章由朱红波编写,第五章由王迪编写。全书由朱红波统稿并任主编,由高级工程师程剑锋任主审。

本书在编写过程中得到了中国石油独山子石化公司肖光宇、宋守信、姜伟等人的大力支持和帮助,在此一并表示感谢。

由于编者水平有限,书中难免有不足之处,恳请广大读者批评指正。

编者
2013 年 4 月

目　　录

绪　论

随着国民经济和社会生产力的发展,管道工程的应用范围越来越广泛,从民用建筑中的生活供水、供热、供气到现代化工业中的各种气体、液体甚至固体物质的输送,都离不开管道工程。管道是由管子、管件、阀门、管道上用的小型设备等管道组成件连接而成的输送流体或传递压力的通道。建设输送油品、天然气和固体料浆管道的工程则称为管道工程,管道工程主要包括管道线路工程,站库工程和管道附属工程,管道工程在广义上还包括器材和设备供应。

一、管道工程的发展

在现代工业、公用和民用建筑中都建有大量的管道设施,它们不仅可用来输送水、气和其他液体,也可用来进行石油、天然气的长距离管道输送,以水为载体的煤炭、精矿、尾矿、泥沙、灰渣等固体物料的长距离管道输送,以水为载体的海底矿产资源的气力管道提升,以空气为载体的粮食等颗粒物料装卸和气力管道输送。有些工厂的工艺流程甚至用管道输送设施代替了其他输送机械,从而大大简化了工艺流程,降低了投资、能耗和运营费。管道输送方式是继铁路运输、公路运输、水路运输和航空运输之后兴起的新的大宗物料输送方式,逐渐成为国民经济运输体系的重要组成部分之一。由于管道输送的诸多优点,它的应用领域正在不断扩大,几乎所有的工厂、矿山、公用建筑和民用建筑无不安装各种管道设施,特别是冶金工厂、矿山、发电厂、选煤厂、石油化工厂无不建有纵横交错的各类管道。高层建筑的供水、供热、供煤气和排水管道是必不可少的,随着城乡建设的发展、人民生活水平的提高和建筑标准的提高,管道工程的投资和工程量也在不断提高,在基本建设中所占的比重越来越大。石油、天然气、固体物料等的长距离管道输送在我国也获得了极大的发展,甚至出现了上千千米的石油、天然气管道。例如,我国 2004 年建成的西气东输管道一线工程起于新疆轮南镇、途经新疆、甘肃、宁夏等 10 省(区、市)66 个县,全长约 4000km,工程穿越戈壁、荒漠、高原、山区、平原、水网等各种地形地貌和多种气候环境,施工难度世界罕见。

在社会主义现代化建设蓬勃发展的今天,工业生产中的动能供应、工艺操作、仪表测量,直至产品质量控制,都需借助管道来完成;石油和天然气的远距离输送,高压气体的送达,化工液体的输配,直至部分废料的排放和固态物质的输送,都离不开管道工程。管道工程随着其广泛的应用,将对国民经济的发展产生更大的作用。

二、管道工程的特点

1. 综合性强

管道工程是应用多种现代科学技术的综合性工程,既包括大量的一般性建筑和安装工程,也包括一些具有专业性的工程建筑、专业设备和施工技术。一条管道消耗钢材几十万吨以至上百万吨,投资有时需要几十亿美元,工程规模十分庞大,被世界各国视为大型的、综合的工业建设项目。

2. 复杂性高

大型的油、气管道往往长数千千米,沿途可能要翻越高山峻岭,穿越大河巨川,或是穿越极难通过的沼泽地带,有的还须穿过沙漠地区。尤其是 20 世纪 70 年代以来,管道工程逐步伸入北极地区和高原的永冻土地带,并向深海发展,工程条件尤其复杂。另外,管道工程与所经地区的城乡建设、水利规划、能源供应、综合运输、环境保护和生态平衡等问题密切相关,在数千千米的施工线上组织施工,需要解决大量的临时性问题,如物资供应、交通车辆、筑路、供水、供电、通信、建设管道预制厂以及生活保障等,这些都使管道工程更加复杂。

3. 技术性强

管道工程是技术性较强的现代工程。管道本身和所用的设备,要保证能在较高的压力下,安全、连续地输送易燃易爆的油和气。另外,各种油、气的性质不同,应使管道能满足不同的输送工艺要求。例如,输送易凝高黏原油的管道要进行加热或热处理等。管道敷设的环境千差万别,还要有针对性的处置措施,例如永冻土地区的隔热、沙漠地区的固沙、大型河流的穿越或跨越、深海水下的稳管等。这些技术问题都十分复杂,需要多专业、多学科来综合解决。现代化的管道工程广泛应用电子技术,具有很高的自动化水平,在管理上实行集中控制和高效、可靠的管理,其技术性更强。

4. 严格性高

管道工程质量必须严格达到设计和规范的要求。数千千米长的管道系统在工况经常变化的条件下,要长期、高效、安全地连续运行,就要求管道随时处于最佳运行状态。

三、管道的分类

管道一般可按其用途、设计压力、工作温度、管道材质及敷设方式等进行分类,管道的种类见表0-1。

表0-1　管道的种类

种　　类		定　　义
按用途分类	民用管道	用以供给生活用水、用热、空气调节作用的管道,如给排水管道、暖气管道、空气调节管道和污水管道等
	动力管道	用以传送生产所需动力的管道,如燃气管道、氧气管道、蒸汽管道、压缩空气管道等
	输送管道	以水力或风力等介质输送工艺材料的管道,如水送精矿、风送煤粉管道、风送型砂管道等
	工艺管道	用以输送工艺生产过程中所需材料的管道,如化工原料管道、冷却油管道、润滑油管道、酸液管道、测量控制和仪表管道等
按设计压力分类	真空管道	一般指 $p < 0.1\text{MPa}$ 的管道
	低压管道	一般指 $0.1\text{MPa} < p \leqslant 1.6\text{MPa}$ 的管道,这类管道用得最多
	中压管道	一般指 $1.6\text{MPa} < p \leqslant 10\text{MPa}$ 的管道,这类管道也经常使用
	高压管道	一般指 $10\text{MPa} < p \leqslant 100\text{MPa}$ 的管道,这类管道主要用在工业管道上
按工作温度分类	低温管道	一般指工作温度低于 $-20℃$ 的管道
	常温管道	一般指工作温度为 $-20 \sim 200℃$ 的管道
	高温管道	一般指工作温度高于 $200℃$ 的管道
按管道材质分类	黑色金属管道	如铸铁管道、焊接钢管管道等
	有色金属管道	如纯(紫)铜管道、黄铜管道、铝管道和铅管道等
	非金属管道	如塑料管道、复合管道、混凝土管道、石棉水泥管道、陶土管道和玻璃管道等
按敷设方式分类	明设管道	架设在支架或支墩上的管道
	暗设管道	敷设在通行地沟、半通行地沟和不通行地沟里的管道
	埋设管道	直接埋设在地下的管道

四、管工

管工是在管道工程中,通过操作专用机械设备进行金属及非金属管子加工和管道安装、调试、维修和管网系统测试的技术工人。管工的主要工作内容包括管道测绘与预制加工,管道安装,锅炉、泵、阀门及仪表的安装,管道的除锈、脱脂及试压等。

管工职业共设五个等级,分别为初级(国家职业资格五级)、中级(国家职业资格四级)、高级(国家职业资格三级)、技师(国家职业资格二级)、高级技师(国家职业资格一级)。管工是负责管道工程安装和维修的技术工人,是社会主义建设中不可缺少的一支重要技术力量。

随着现代科学技术的不断发展,工业管道工程向大型化、立体化和自动化方向发展,民用管道随着高层建筑的迅速发展也在向高级优质化发展,各种新材料、新技术、新工艺以及新设备的不断涌现,对管道工程的技术要求和标准也不断提高,施工技术难度越来越大,工程质量和验收标准也越来越高。这不仅要求管工除熟练掌握管道施工的基本知识和各种操作技能外,还需不断钻研新技术、善于学习,以便更好地掌握管工应具备的知识和技能。

五、课程目标与要求

"管道安装、维护与检修"课程具有综合性、实践性强的特点,因此在学习本课程时要注意感性知识的积累,注意多观察、多实践、多思考,同时做到理论联系实际。

(1)知识目标与要求。

要求了解管道工程的特点与管道的种类,熟悉管路识图、绘图基础知识,掌握管工常用工具、机具、量具的使用知识,掌握管件制作,阀门安装,常用工业管道的安装、维护知识及安全、文明生产相关知识。

(2)能力目标与要求。

要求能够绘制管路图、管道施工图,能够根据生产需求选择管材,能够合理使用相关工具、机具进行管件制作、连接,能够进行工业管道安装与维护,具备安全、文明生产能力。

第一章 管道识图

管道工程施工过程中,作业人员应能正确识别各种管道专业施工图,从而有利于更好地保证施工质量。

第一节 投影法与三视图

一、投影法

在日常生活中,物体在阳光和灯光照射下会在墙上或地面上产生影子。参照这一现象,可以用一组假想光线将物体的形状投射到平面上,称为"投影",这种用投影来表示物体形状的方法称为投影法。

在图1-1中,把光源S抽象为一点,称为投影中心,把光线称为投影线,平面P称为投影面,物体在投影面上的影子称为投影。

1. 投影法的分类

投影法主要分为中心投影法和平行投影法两类。

1)中心投影法

在图1-1中,投影线由投影中心一点射出,通过物体与投影面相交所得的图形称为中心投影,这种方法称为中心投影法。中心投影所得到的投影图比物体实际尺寸大。

2)平行投影法

假想将投影中心移到距物体无穷远处,则投影线可看作相互平行的、通过物体与投影面相交的直线,所得到的图形称为平行投影。这种投影线相互平行的投影方法称为平行投影法,如图1-2所示。

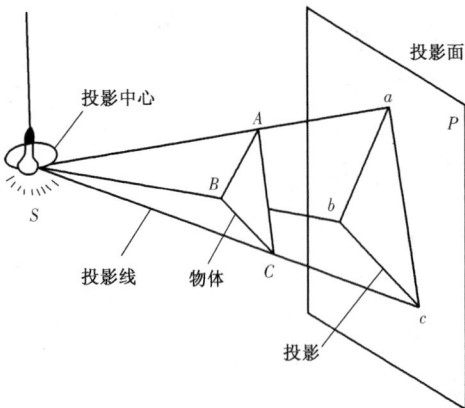

图1-1 中心投影法

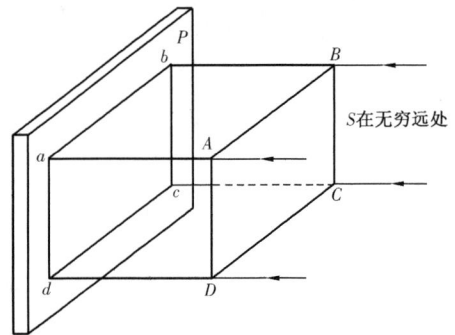

图1-2 平行投影法

在平行投影中,当投影线垂直于投影面时,物体在投影面上所得到的投影称为正投影,这种方法称为正投影法。正投影图能反映物体的真实大小,它作图简便,是工程制图中经常采用的一种主要图示方法。

2. 正投影法的投影特性

正投影法的投影具有积聚性、真实性和类似性,如图1-3所示。

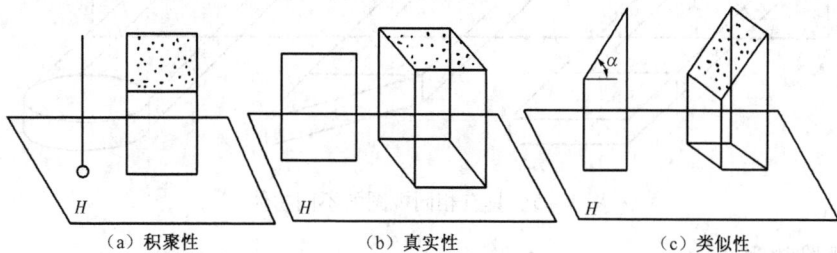

图1-3 正投影法的投影特性

(1)积聚性:当直线和平面图形垂直于投影面时,直线积聚成一点,平面图形的投影积聚成一段直线,如图1-3(a)所示。

(2)真实性:当直线段或平面图形平行于投影面时,则投影反映线段的实长和平面图形的真实形状,如图1-3(b)所示。

(3)类似性:当直线段或平面图形倾斜于投影面时,直线段的投影仍然是直线段,但比实长短;平面图形的投影仍然是平面图形,但不反映实形,而是原平面图形的类似形状,如图1-3(c)所示。

二、三视图

1. 三视图的必要性

在绘制图样时,通常假定人的视线为一组平行且垂直于投影面的投影线,将物体置于投影面与观察者之间,把看见的轮廓用粗实线表示、看不见的轮廓用虚线表示,这样在投影面上所得到的投影称为视图,如图1-4所示。

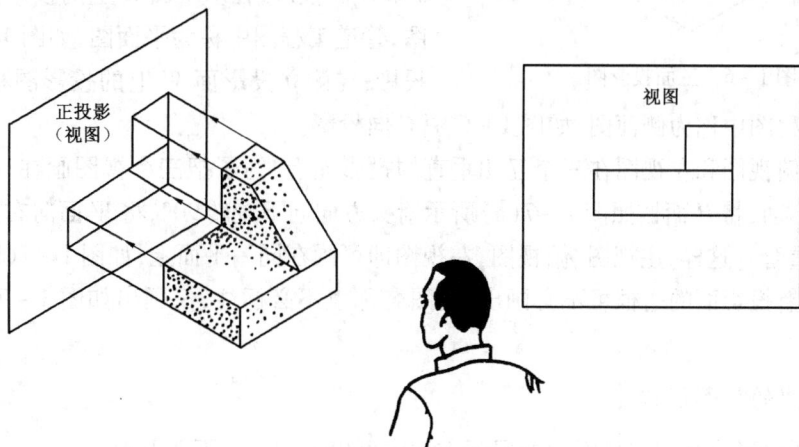

图1-4 视图

在正投影中,仅有一个视图是不能完整地表达物体的形状和大小的。如图1-5所示,三个不同形状的物体,它们在同一投影面的投影都是矩形。因此,通常仅有一个视图来确定物体的真实形状是不够的,必须从不同方向进行投影,即要用几个视图互相补充,才能完整地表达物体的真实形状和大小。在实际中,常用的是三视图。

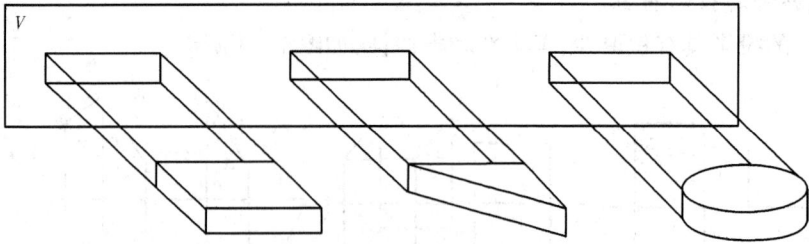

图 1-5　具有相同视图的不同物体

2. 三视图的形成

设置三个互相垂直的投影面,如图 1-6 所示。

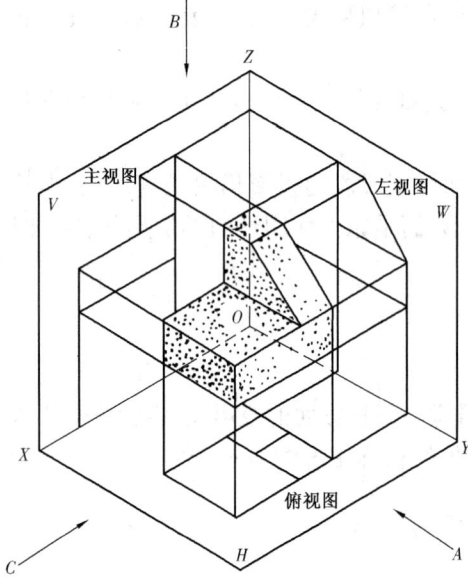

图 1-6　三面投影图

三个投影面的名称是:正立着的面为正投影面,简称正面或 V 面;水平的面为水平投影面,简称水平面或 H 面;侧立着的面为侧投影面,简称侧面或 W 面。由这三个面构成三面投影体系,在三个投影面中,V 面和 H 面的交线为 OX 轴;H 面与 W 面的交线为 OY 轴;V 面与 W 面的交线为 OZ 轴。OX、OY、OZ 三轴的交点为坐标原点 O。

将物体放置在三面投影体系中,分别向三个投影面进行正投影,即可得到反映物体三个方向形状的三个投影。在正立投影面 V 上的投影图称为主视图,管道工程图中称为立面图,如图 1-6 中 A 向投影;在水平面 H 上的投影图称为俯视图,管道工程图中称为平面图,如图 1-6 中 B 向投影;在侧立投影面 W 上的投影图称为左(右)视图,管道工程图中称为侧面图,如图 1-6 中 C 向投影。

主视图、俯视图和左视图在三个互相垂直的投影面上,为了把三个视图画在一张纸上,规定 V 面保持不动,将 H 面按照图 1-7(a)所示箭头方向向下旋转90°,将 W 面向右旋转90°,使它们与 V 面重合。这样,主视图、俯视图、左视图即可画在同一平面上,如图 1-7(b)所示。在实际的图样上,投影面的边框可不必画出,视图名称也不必标注,仅画出如图 1-7(c)所示图形即可。

3. 三视图的投影规律

从三视图的形成过程和投影面的展开方法中可以发现有以下关系存在:

(1)位置关系:俯视图在主视图下边,左视图在主视图右边,这个位置关系是固定的,视图之间要相互对齐、对正,如图 1-7(c)所示。

(2)方位关系:如图 1-8(a)所示,在三视图中,主、左视图表示物体的上、下;主、俯视图表示物体的左、右;左、俯视图表示物体的前、后,靠近主视图的一面是物体的后面,远离主视图的一面是物体的前面。

— 6 —

（a）三投影面的展平过程　　（b）三投影面的展平结果　　（c）主视图

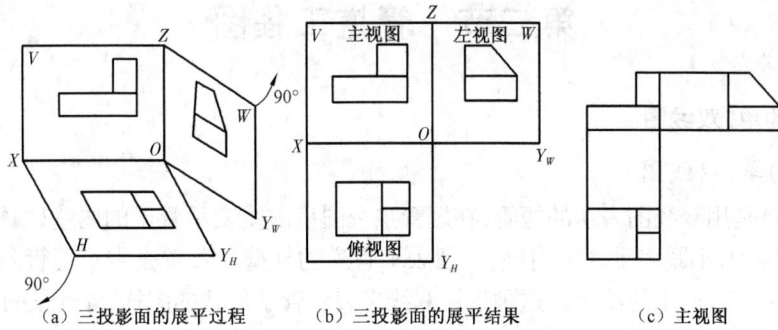

图 1-7　三投影面的展开

（3）三等关系:若把物体左右方向(X)的尺寸称为长,上下方向(Z)的尺寸称为高,前后方向(Y)的尺寸称为宽,则在三视图上[图1-8(b)],主、俯视图反映了物体的长度,主、左视图反映了物体的高度,俯、左视图反映了物体的宽度。

综上所述,得出三视图的投影规律为:主视图和俯视图,长对正;主视图和左视图,高平齐;俯视图和左视图,宽相等,简称"长对正、高平齐、宽相等"。这"三等"关系是绘制和识读工程图的基本规律,必须牢固掌握、熟练应用、严格遵守。

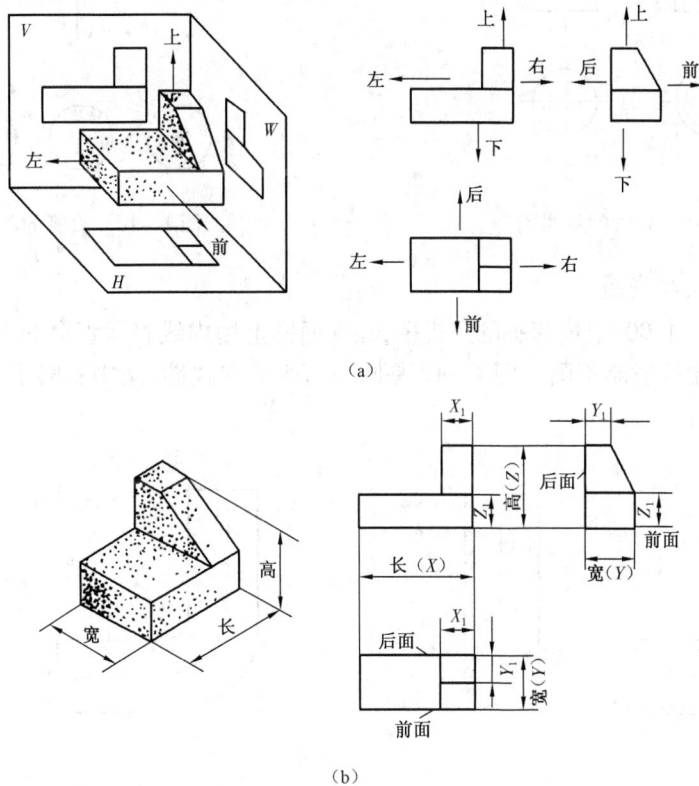

（a）

（b）

图 1-8　三视图的方位和尺寸关系

— 7 —

第二节　管道工程图

一、管道的单、双线图

1. 直管的单、双线图

图1-9(a)是用双线图表示的短管,在短管主视图里虚线表示管子的内壁,在短管俯视图里画的两个同心圆中,小圆表示管道内壁,大圆表示管道的外壁。若省去表示短管内壁的虚线,就变成了如图1-9(b)所示的图形。这种仅用双线来表示管子形状的图样,即管子的双线图。

如果只用一根直线表示管道在立面图上的投影,而在平面图上用一小圆点外面加画一个小圆,即为管道的单线图。用单线图表示的短管,在施工图中常有图1-10所示的三种画法,三种画法都是管道单线图的表现形式,其意义相同。

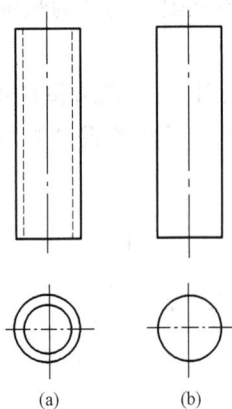

图1-9　直管的双线图

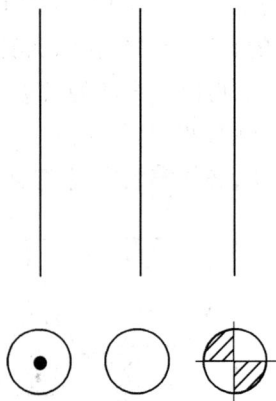

图1-10　直管的单线图

2. 弯头的单、双线图

图1-11是一个90°煨弯弯头的三视图,在立面图上用虚线表示管道的内壁,在平面图上表示管道内壁的虚线省略不画。图1-12是同一弯头的双线图,图中省略了表示管道内壁的虚线和实线。

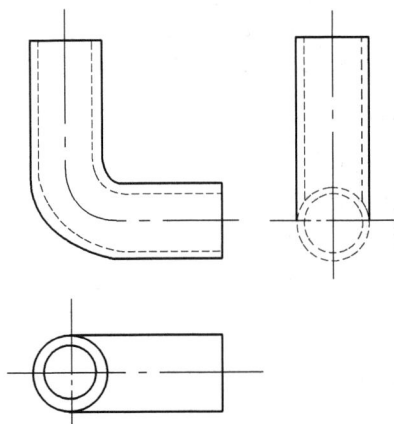

图1-11　90°弯头的三视图

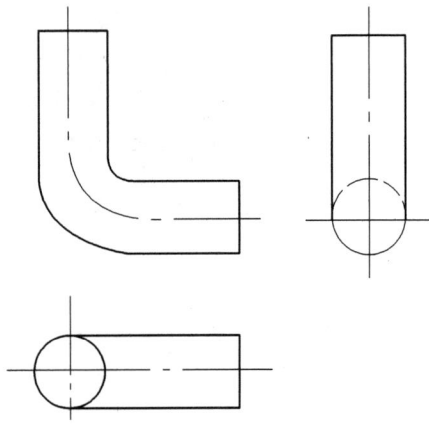

图1-12　90°弯头的双线图

图1-13是弯头的单线图。在平面图上先看到立管的断口,后看到横管。画图时,同管子的单线图表示方法相同,立管断口投影画成一个有圆心点的小圆,横管画到小圆边上。在左视图上,先看到立管,横管的断口在背面看不到,这时横管应画成小圆,立管画到小圆的圆心处。

图1-14为45°弯头的单、双线图。45°弯头的画法同90°弯头的画法相似,90°弯头画出完整的小圆,而45°弯头只需画出半圆。

3. 三通的单、双线图

图1-15是同径正三通的三视图和双线图,双线图中省略了表示内壁的虚线和实线,仅画出外形图样。

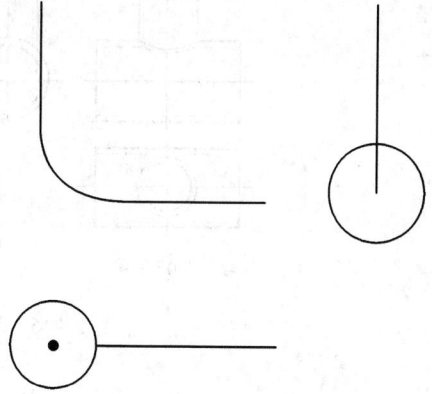

图1-13　90°弯头的单线图

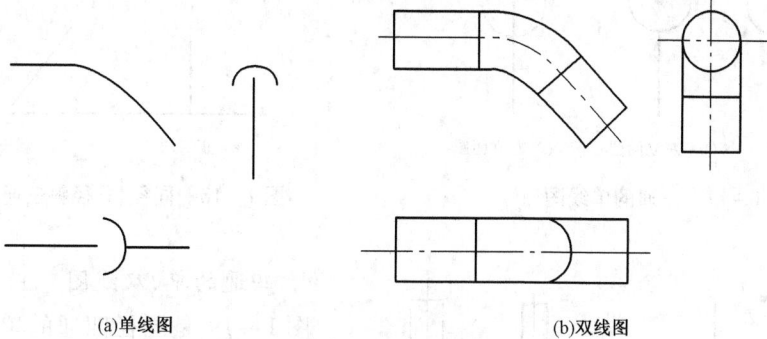

(a)单线图　　　　　　　　　　(b)双线图

图1-14　45°弯头的单、双线图

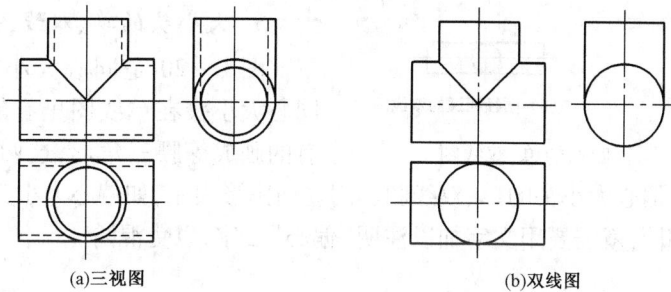

(a)三视图　　　　　　　　　　(b)双线图

图1-15　同径正三通的三视图和双线图

图1-16是异径正三通的三视图和双线图,画双线图时,省略了表示内壁的虚线和实线,仅画出外形图样。

图1-17是三通的单线图。在平面图[图1-17(a)]上先看到立管的断口,所以把立管画成一个圆心有点的小圆,横管画到小圆边上。在左立面图[图1-17(b)]上先看到横管的断口,因此把横管画成一个圆心有点的小圆,立管画在小圆两边。在右立面图[图1-17(c)]上先看到立管,横管的断口在背面看不到,这时横管画成小圆,立管通过圆心。在单线图里,不论是同径正三通还是异径正三通,其立面图图样的表示形式相同。同径斜三通和异径斜三通在单线图里的立面图表示形式也相同,如图1-18所示。

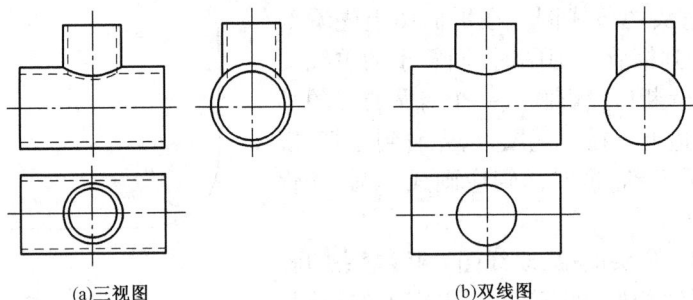

(a)三视图　　　　　　　　　(b)双线图

图 1-16　异径正三通的三视图和双线图

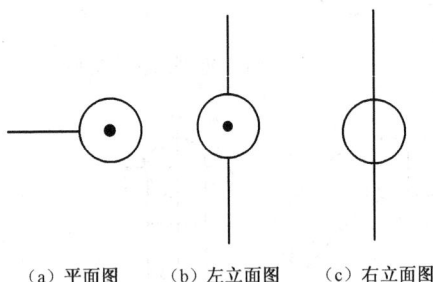

（a）平面图　　（b）左立面图　　（c）右立面图

图 1-17　三通的单线图

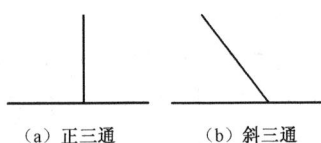

（a）正三通　　　（b）斜三通

图 1-18　同径、异径斜三通单线图

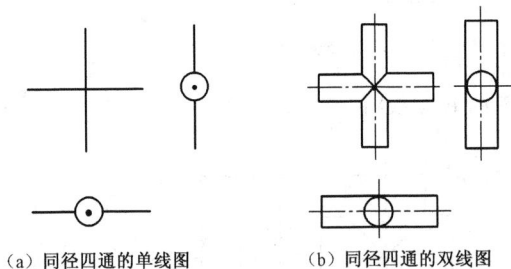

（a）同径四通的单线图　　　（b）同径四通的双线图

图 1-19　同径四通的单、双线图

4. 四通的单、双线图

图 1-19 是同径四通的单、双线图。同径四通和异径四通的单线图在图样的表示形式上相同。

5. 大小头的单、双线图

图 1-20 是同心大小头的单、双线图。同心大小头在单线图里有的画成等腰梯形,有的画成等腰三角形,这两种表示形式意义相同。图 1-21 是偏心大小头的单、双线图。用立面图形表示,如偏心大小头在平面图上的图样与同心大小头相同,就需要用文字加以注明"偏心"二字,以免混淆。

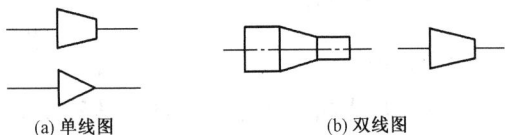

(a)单线图　　　　　　　(b)双线图

图 1-20　同心大小头的单、双线图

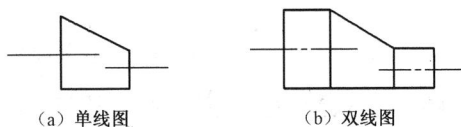

（a）单线图　　　　　　　（b）双线图

图 1-21　偏心大小头的单、双线图

6. 阀门的单、双线图

在工艺管道安装实际施工中,使用的阀门种类很多,用来表示阀门的特定符号也比较多,因此阀门单线图和双线图的图样也很多,这里仅选一种法兰连接的截止阀在施工图中常见的几种表示形式,见表 1-1。

表1-1 阀门的几种表示形式

线图类型	阀柄向前	阀柄向后	阀柄向右	阀柄向左
单线图				
双线图				

二、管道的投影特性

1. 管道投影的积聚性

1)直管的积聚性

根据投影原理可知,一根直管积聚后的投影用双线图形式表示就是一个圆,用单线图形式表示就是一个圆中心加一个点,如图1-9、图1-10所示。

2)弯管的积聚性

直管弯曲后便成为弯管。通过对弯管的分析可知,一般来说弯管可由直管和弯头两部分组成,但也可由直管弯曲而成。直管积聚后的投影是小圆,与直管相连接的弯头,在拐弯前的投影也积聚成小圆,并且同直管积聚成小圆的投影重合,如图1-22所示。

如果弯头在下,先看到的是直管,那么弯头部分投影将被直管所积聚小圆覆盖,如图1-22(a)所示;如果先看到横管弯头的背部,那么在平面图上显示的仅仅是弯头背部的投影,与它相连接的直管部分虽然积聚成小圆,但却被弯头的投影所遮盖,如图1-22(b)所示。

在用单线图表示时,前者先看到立管断口,后看到横管弯头,则要把立管画成一个圆心带点的小圆,代表横管的直线画到小圆边缘,见图

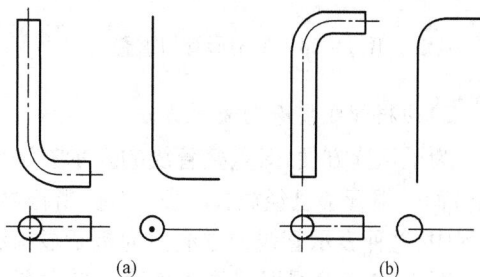

图1-22 弯管的积聚图

1－22(a)，后者则要把立管画成小圆，代表横管的直线则画到圆心，见图1－22(b)。

3）管子与阀门的积聚性

直管与阀门连接时，直管在平面图上积聚成小圆，并与阀门内径投影重合，如图1－23(a)所示。

弯管与阀门连接时，弯管在拐弯后在平面图上积聚成小圆，并与阀门的内径投影重合，如图1－23(b)所示。

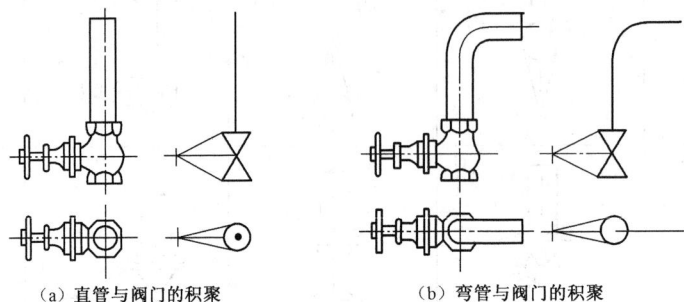

（a）直管与阀门的积聚　　　　　　　（b）弯管与阀门的积聚

图1－23　管子与阀门的积聚

2. 管子的重叠

1）管子重叠的形式

长度相等、直径相同的两根或两根以上的管子，如果叠合在一起，它们的投影就完全重合，其平面投影就同一根管子的投影一样，这种现象称为管子的重叠，如图1－24、图1－25所示。

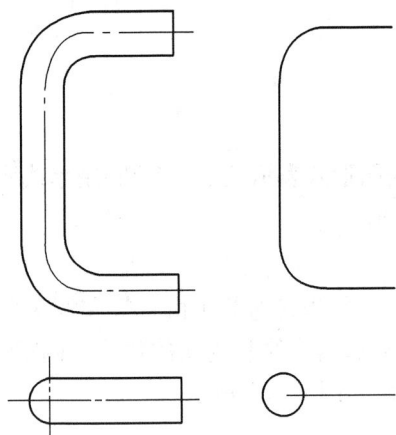

图1－24　⊓形管的重叠　　　　　　图1－25　成排支管的重叠

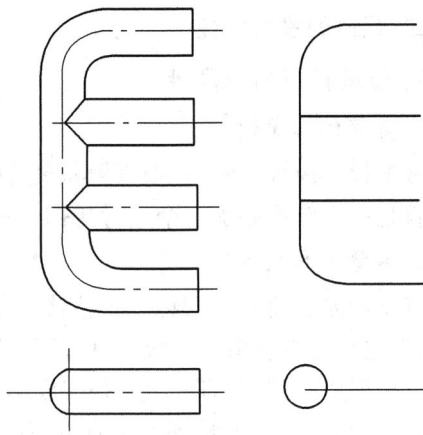

2）两根管线重叠的表示方法

为了识读方便，对重叠管线的表示方法作了规定，当投影中出现两根管子重叠时，假想前(上)面一根管子已经截去一段(用折断符号表示)，这样便显露出后(下)面一根管子。在工程图中，这种表示管线的方法称为折断显露法。

图1－26(a)是两根重叠直管的平面图，表示断开的管线高于中间显露的管线，如果此图为立面图，那么断开的管线表示在前，中间显露的管线表示在后。

图1－26(b)、图1－26(c)是直管和弯管两个重叠管线的平面图。当弯管高于直管时，它

的平面图如图1-26(b)所示,一般是让弯管和直管稍微断开3~4mm,以表示弯管和直管不在同一个标高上。如果是立面图,则表示弯管在前、直管在后。当直管高于弯管时,一般使用折断符号将直管折断,并显露出弯管,它的平面图见图1-26(c)。如果此图是立面图,则表示直管在前、弯管在后。

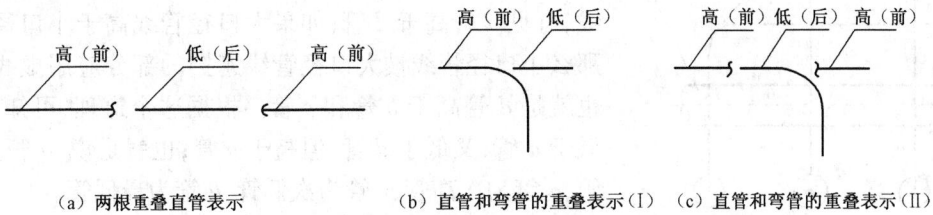

(a) 两根重叠直管表示　　　　(b) 直管和弯管的重叠表示(I)　(c) 直管和弯管的重叠表示(II)

图1-26　成排支管的重叠

3) 多根管线重叠的表示方法

通过对图1-27中平、立面图的分析可知,这是四根管径相同、长度相等、由高到低、平行排列的管线,如果只看平面图,不看管线符号的标注,则很容易误认为是一路管线,但对照立面图就可以看出是四路管线了。对于这种多根管线重叠的情况,可采用折断显露法表示,可以清楚地看到:1号为最高管,2号为次高管,3号为次低管,4号为最低管,如图1-28所示。

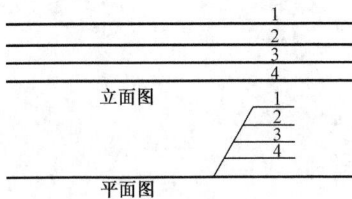

图1-27　四根成排支管的平、立面图　　　图1-28　用折断显露法表示的平面图

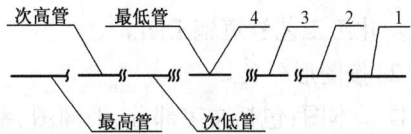

3. 管子的交叉

在工艺管道安装施工图纸中,经常可以看到有交叉管线出现,这是管线投影相交所致。

1) 两根管线的交叉

如果两根管线投影交叉,高的管线不论是用双线还是用单线表示,它都显示完整;低的管线在单线图中却要断开表示,在双线图中则应用虚线表示清楚,如图1-29(a)、图1-29(b)所示。

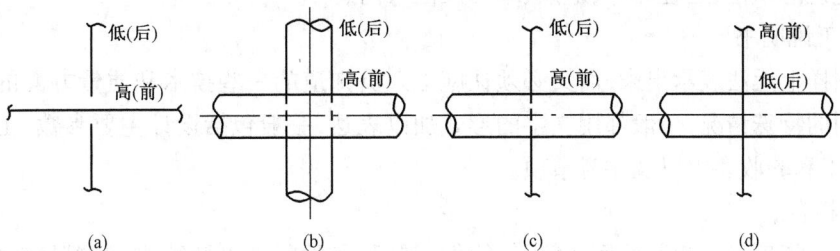

图1-29　两根管线的交叉

在单、双线图同时存在的平面图中,如果大口径管线(双线)高于小口径管线(单线),那么小口径管线的投影在与大口径管线相交的部分用虚线表示,如图1-29(c)所示;如果小口径管线高于大口径管线,则不存在虚线,如图1-29(d)所示。

2) 多根管线的交叉

图1-30是由 a、b、c、d 四根管线投影相交所组成的平面图。当图中小口径管线(单线表示)与大口径管线(双线表示)的投影相交时,如果小口径管线高于大口径管线,则小口径管线显示完整并画成粗实线,可见 a 管高于 d 管;如果大口径管线高于小口径管线,那么小口径管线被大口径管线遮挡的部分应用虚线表示,也就是 d 管高于 b 管和 c 管。根据这个道理,可知 c 管既低于 a 管,又低于 d 管,但高于 b 管;也就是说,a 管为最高管,d 管为次高管,c 管为次低管,b 管为最低管。

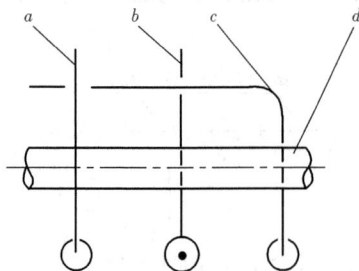

图1-30 多根管线的交叉

如果图1-30是立面图,那么 a 管是最前面的管子,d 管为次前管,c 管为次后管,b 管为最后面的管子。

三、管道施工图的分类与组成

1. 管道施工图的分类

(1)按专业分类。

① 给水排水施工图。

② 采暖通风管道施工图。

③ 动力管道施工图。

④ 化工工艺管道施工图。

(2)按图形分类。

① 基本图:包括文字部分、平面图、系统图、布置图等。

② 详图:包括节点图、大样图和标准图。

2. 管道施工图的组成

(1)图纸目录。

对于一套数量较多的施工图纸,如需查阅其中某张图纸,在没有目录的情况下只能一张一张地去查找,这样很浪费时间。为了尽快查找到所需图纸,设计人员对于数量众多的施工图纸,将其按照一定的图名和顺序归纳编成图纸目录,以便查阅。图纸目录主要标明本项工程由哪些图纸组成以及各部分图纸的名称、图号、张次、张数和图幅等。通过图纸目录可以知道参加设计和建设的单位、工程名称、地点、编号及图纸内容。

(2)施工说明书。

凡在图样上无法表示出来,而又必须让施工人员知道的一些技术和质量方面的要求或其他必须说明的特殊情况,一般都用文字的形式加以表达,一般包括设计主要参数、工程主要技术数据、施工和验收要求以及注意事项。

(3)材料表。

材料表是指项目工程所使用的管子、管件、阀门、各种附件以及防腐、保温材料的名称、规格、材质、型号、数量等的明细表。

(4)设备表。

在设备表中列出设备的位号(或编号)、名称、型号、规格、技术参数、材质、重量以及需要说明的问题。

（5）流程图。

流程图是对一个生产系统或一个化工装置的整个工艺变化过程的表示。通过流程图,可以对设备的位号(或编号)、建筑物的名称及整个系统的仪表控制点有一个全面的了解,是管道安装验收的主要依据,在图纸上一般不反映真实尺寸。

（6）平面图。

平面图是施工图中最基本的一种图纸,主要表示建筑物、设备及管线之间的平面位置关系及布置情况,反映管线的走向、坡度、管径、排列及平面尺寸,还反映管线的分布情况、管路附件及阀门的型号、位置及规格等。

（7）系统轴测图。

系统轴测图是管路系统的一种立体图,它能在一个图面上同时反映出管线的空间走向和实际位置,帮助读者想象管线的空间布置情况,能够弥补平、立面图的不足之处,是管道施工图中的重要图样之一。

（8）立面图和剖面图。

立面图和剖面图是施工图中常见的一种图纸,它主要表达建筑物和设备的立面布置管线在垂直方向的排列和方向以及管线编号、管径、标高、坡度和坡向等具体数据。

（9）节点图。

节点图能清楚地表示管线某一部分的详细构造及尺寸,是对平面图或其他施工图所不能反映清楚的某点图形的放大。

（10）大样图。

大样图是表示一组设备配管或一组配件组合安装的一种详图。大样图的特点是用双线表示,具有真实感,并对组装体各部位的详细尺寸都做了标注。

（11）标准图。

标准图是一种具有通用性质的图纸。它是国家部委或各设计院绘制的具有标准性的图纸,可以反映设备、器具、支架、附件等的具体安装方位及详细尺寸。

四、管道施工图的表示方法

1. 比例

管道施工图上所画管件图形的大小与实际大小相比的关系称为比例。管道施工图的比例可以根据装置或车间内管道布置的复杂程度和画图的需要进行选择。比例的代号为"M",有的图样比例不用代号表示,而只用文字写明。

管道施工图中常用的比例有 1:25、1:50、1:100、1:200、1:1000 等几种。例如,1:100 就是用 100m 除 1m 所得的比值,即实际 1m 长的管子在图样上只画 10mm 长。

2. 标高

管道的高度用标高来表示。在立(剖)面图中,为表明管子的垂直间距,一般只注写相对标高,而不注写间距尺寸。相对标高一般是以新建建筑物的底层室内主要地坪面而定为该建筑物相对标高的零点,用 ±0.000 表示。立面图的标高符号与平面图的一样,在需要标注的地方作一引出线,如图 1 – 31(a)所示。

对于管径较大的管子,可以用三种标高符号表示,如图 1 – 31(b)所示。管道标高的注法一般都注管子中心,但是排水管往往注管内底。

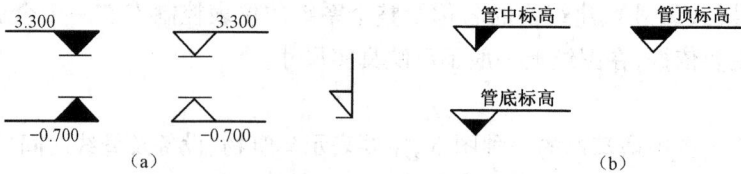

图 1 - 31　标高符号及注法

3. 方位标

确定管道安装方位基准的图标称为方位标。管道图中的方位标通常为指北针或风向玫瑰图。指北针表示建筑物或管线的方位,在建筑总平面图或室外总体管道布置图上,还可以用风向玫瑰图来表示朝向,如图 1 - 32 所示。在化工管道平面图上,可以用带有指北方向的坐标方位图表示朝向。

图 1 - 32(a)为平面图所用,图 1 - 32(b)为轴测图所用,图 1 - 32(c)表示工程所在地的常年风向频率和风速。

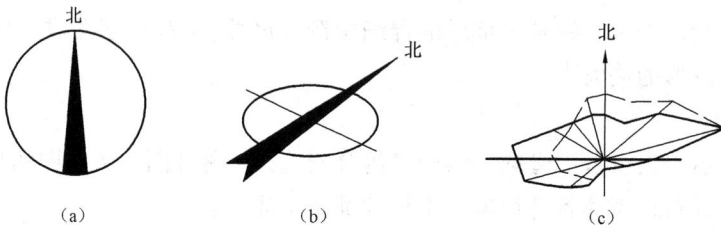

图 1 - 32　指北针及风向玫瑰图

4. 坡度及坡向

管道的坡度及坡向表示管道的倾斜程度和高的方向,坡度用符号"i"表示,在其后面加上等号并注写坡度值,坡向用单向箭头表示,箭头指向低的一端,常用的表示方法如图 1 - 33 所示。

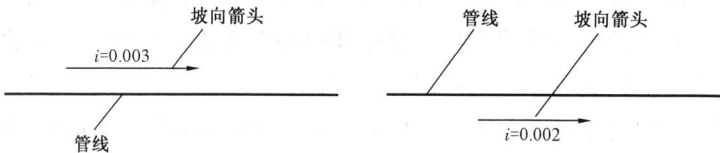

图 1 - 33　坡度及坡向的表示方法

5. 管径标注

施工图上的管道必须按规定标注管径,管径尺寸应以毫米为单位,各类管道的管径标注方法如表 1 - 2 所示。

表 1-2 各类管道的管径标注方法

管道类别	管径表示方法	符 号
焊接钢管	公称直径	DN
铸铁管	公称直径	DN
硬聚氯乙烯	外径	DN
无缝钢管		
直缝或螺旋缝焊接钢管	外径×壁厚	$D \times \delta$
有色金属管		
耐酸陶瓷管		
混凝土管	内径	d
陶土管		

6. 管路系统中的图形符号

管路系统中的图形符号仅是用来示意性地表示具体的管路及连接方法的,管路系统的图形符号如表 1-3 所示。

表 1-3 管路系统的图形符号
（GB/T 6567.2—2008）

类型	序号	名称	图 形 符 号
管路	1	可见管路	
	2	不可见管路	
	3	假想管路	
	4	挠性管、软管	
	5	保护管	
	6	保温管	
	7	夹套管	
	8	蒸汽伴热管	
	9	电伴热管	
	10	交叉管	
	11	相交管	
	12	弯折管	
	13	介质流向	

类型	序号	名称	图 形 符 号
管路连接形式	14	螺纹连接	
	15	法兰连接	
	16	承插连接	
	17	焊接连接	$3d{\sim}5d$ d
管路介质代号	18	空气	A
	19	蒸汽	S
	20	油	O
	21	水	W

五、管道施工图的读图方法

1. 管道施工图的特点

（1）示意性。

管道施工图是示意性画出的,图纸中以不同的线型来表示不同介质或不同材质管道。图样上的管件、附件、器具设备等都用图例符号表示。这些图例和图线只能表示管件及其附件等的安装位置,而不能反映具体的安装尺寸和要求。

（2）附属性。

管道对建筑物依附性很强,看这类施工图必须对建筑物的构造及建筑施工图的表示方法有所了解,只有这样才能看懂图纸,明确管道和建筑物之间的关系。

2. 管道施工图的读图方法

（1）读图原则。

各种管道施工图的读图方法,应遵循从整体到局部、从大到小、从粗到细的原则。同时要将图样和文字对照看、各种图样对照看,以便逐步深入和逐步细化。读图过程是一个从平面到空间的过程,必须利用投影还原方法,再现图纸上的各种符号、线条所代表的管路、附件器具、设备的空间位置及管路走向。

（2）看图顺序。

看图顺序是指先看图纸目录,了解建设工程性质、设计单位、管道种类,明确所看图纸数量、种类及编号。其次是看施工说明书、材料表、设备表等一系列文字说明。最后按照流程图、平面图、立(剖)面图、系统轴测图、详图的顺序逐一详细阅读。

思 考 题

1. 什么是投影？投影法可分哪两类？
2. 什么是视图？试述三视图的投影规律。
3. 管道、弯头、三通、四通、大小头的单线图如何绘制？
4. 管路的重叠、交叉如何表示？
5. 管道工程图按专业可分为哪几类施工图？
6. 管道连接方式有几种,应如何表示？
7. 管道施工图识图的原则和顺序是什么？

第二章 常用管材及管件

管道工程系统由管子、管件和附件组成。管道工程中最主要的施工材料是管子和管件以及附件。管子主要用于输送各类介质,管件是用于管材的连接、分支或改变介质流向的配件。为了保证管道的互换性和通用性,便于管子、管件和附件的组织生产、设计和施工,国家或行业制定了统一规定的标准,如公称直径、公称压力等。

第一节 常用管材

一、常用管材的通用标准

1. 公称通径

公称通径(公称直径)是指能使管子、管件及阀门等相互连接在一起而规定的标准通径。制定公称通径的目的是使管道安装连接时,接口保持一致,具有通用性和互换性。公称通径是就内径而言的标准,近似于内径而不是实际内径。公称通径用符号 DN 表示,单位为 mm。例如,$DN20$ 表示管子公称通径为 20mm。GB/T 1047—2005《管道元件 DN(公称尺寸)的定义和选用》规定,公称通径从 1~4000mm 共分 51 个级别,其中 10mm、15mm、20mm、25mm、32mm、40mm、50mm、65mm、80mm、100mm、125mm、150mm、200mm、250mm、300mm、400mm、500mm、700mm 等 18 个规格是工程上常用的公称通径规格。

铸铁管和阀门的内径通常与公称通径相等。钢管的实际内径和外径与公称通径一般都不相等,但内径接近公称通径。例如,$DN100$ 的低压流体输送用焊接钢管,其外径 D 为 114mm,内径 d 为 106mm。

由于低压流体输送用焊接钢管常采用英制螺纹连接,所以管径也常用英寸作为单位。一个公称通径对应一个相应的管螺纹,这样便可简化管子及管路附件的规格。焊接钢管分为螺旋管和直管,规格用外径×壁厚来表示。

无缝钢管由于生产工艺不同,分为热轧和冷拔两种,而每一种外径的管子又有不同的壁厚,因此无缝钢管的规格也是采用外径×壁厚来表示。为了方便起见,在中低压管道设计施工中,常选用比较接近公称通径的无缝钢管和焊接钢管,用以提高管子的互换性。

2. 公称压力

工程上把某种材料在基准温度时所承受的最大工作压力称为公称压力。管道及附件输送的介质一般都带有一定压力,不同压力的介质需用不同强度标准的管道及附件来输送。GB/T 1048—2005《管道元件 PN(公称压力)的定义和选用》规定,公称压力用符号 PN 表示,主要有 $PN2.5$、$PN6$、$PN10$、$PN16$、$PN20$、$PN25$、$PN40$、$PN50$、$PN63$、$PN100$、$PN110$、$PN150$、$PN260$、$PN420$ 等系列。

现行标准还规定,用低于 100℃ 的水作水压试验,以检查管道及管道附件的机械强度与密封性能,即管道和管件的试验压力,用符号 p_s 表示。通常试验压力为公称压力的 2~1.5 倍,随着公称压力增大,倍数值减小。

工作压力是指管道在正常运行情况下所输送工作介质的压力,用符号 p 表示。介质最高工作温度数值除以 10 所得的整数值可标注在 p 的右下角。例如,介质最高工作温度为 250℃,工作压力为 1.0MPa,用 $p_{25}1.0$ 表示。工作介质的温度升高会降低材料的机械强度,因此管道及其附件的最高工作压力随介质温度的升高而降低。

二、常用管材的分类

管道工程中采用的材料可分为金属材料和非金属材料两大类。金属管材又分为钢管、铸铁管及有色金属管,非金属管材分为塑料管、复合管、混凝土管等。

1. 金属管材

1)钢管

(1)无缝钢管。

无缝钢管是由圆钢坯加热后经穿管机穿孔轧制而成或者经过冷拔成为外径较小的管子,因为没有接缝,所以称为无缝钢管。无缝钢管的通常长度为 3000 ~ 12500mm,规格用外径 × 壁厚表示。无缝钢管通常用普通碳素结构钢、优质碳素结构钢及合金结构钢制成,按照制造方法的不同分为热轧无缝钢管和冷拔无缝钢管两类。热轧无缝钢管的规格:外径为 32 ~ 630mm,壁厚为 2.5 ~ 75mm,管长为 4 ~ 12.5m;冷拔无缝钢管的规格:外径为 2 ~ 150mm,壁厚为 0.25 ~ 14mm,管长为 1.5 ~ 9m。

无缝钢管品种规格多,又具有强度高、耐压高、韧性强、管段长、容易加工焊接的优点,是管道工程(特别是重要管路)中常用的一种材料,如高压蒸汽管路和过热蒸汽管路,高压水和过热水管路,高压气体和液体管路,输送可燃、易爆和有毒害性的物料管路等。各种热交换器的管子大都采用无缝钢管。输送强腐蚀性或高温介质时,采用不锈钢、耐酸钢或耐热钢制造的无缝钢管。这种无缝钢管也可用热轧而成或再冷拔成尺寸较小的管子。热轧管的规格:外径为 6 ~ 89mm,壁厚为 1 ~ 7mm,长度为 1.5 ~ 7m。耐热钢管的最高工作温度为 850℃。

输送高压水时可采用厚壁无缝钢管,它的外径为 12 ~ 219mm,壁厚为 3.5 ~ 40mm,长度为 3 ~ 4m,最高工作温度为 375℃。

(2)焊接钢管。

焊接钢管又称有缝钢管,由易焊接的低碳钢钢板卷制焊成。因制造条件不同,可分为低压流体输送用焊接钢管和卷焊钢管两种。

① 低压流体输送用焊接钢管。

低压流体输送用焊接钢管由低碳钢制造,是管道工程中最常用的一种小直径管材,适用于输送给水、煤气、热水、蒸汽等介质。按表面质量不同,又分为镀锌管(白铁管)和非镀锌管(黑铁管)。目前根据国家有关规定,建筑生活给水管道禁止使用镀锌管,这种管材主要用于自动喷水消防管道以及室内燃气管道。由于镀锌管在焊接时锌层熔化,焊缝处容易锈蚀,从而影响供水水质,所以镀锌管不得采用焊接连接。有缝钢管的内外表面焊缝应平直光滑,符合强度要求,焊缝不得开裂,镀锌钢管的镀锌层应完整均匀。

焊接钢管按管材的壁厚不同可分为薄壁管、普通管和加厚管三种。薄壁管不宜用于输送介质,主要用于管道套管。普通管的工作压力 $p = 1.0$MPa,厚壁管的工作压力 $p \leq 1.6$MPa。低压流体输送焊接钢管一般用公称通径表示,其最大公称通径为 150mm。

② 卷焊钢管。

卷焊钢管有直缝焊接钢管、螺旋焊接钢管和直缝卷制焊接钢管等。直缝焊接钢管管壁较薄,故工业上用得较少。这种钢管一般用于工作压力不超过 1.6MPa、介质温度不超过 200℃

的管道,如凝结水管道和废气管道等。

螺旋缝焊接钢管常用的规格有 $\phi 219mm \times 5mm$、$\phi 273mm \times 6mm$、$\phi 325mm \times 6mm$、$\phi 426mm \times 8mm$ 等。这种管道的长度较长,除外径 $\phi 219mm$ 的管子长度为 $7 \sim 12m$ 外,其余规格的管子长度可达 $8 \sim 18m$。螺旋缝焊接钢管用碳素结构钢或低合金结构钢制成,通常用于工作压力不超过 $2.0MPa$、介质温度不超过 $200℃$ 的直径较大的管道,如室外煤气、天然气和凝结水管道。

直缝卷制焊接钢管是现场用钢板卷制焊接而成的,材料一般根据需要而确定。常用的规格有 $\phi 325mm \times 6mm$、$\phi 426mm \times 7mm$、$\phi 530mm \times 9mm$、$\phi 630mm \times 10mm$、$\phi 720mm \times 10mm$、$\phi 820mm \times 10mm$ 等。

2)铸铁管

铸铁管由灰铸铁铸造而成,它含有耐腐蚀元素及微细的石墨,出厂时管内外表面涂有沥青,故具有良好的耐腐蚀性。因此,铸铁管的使用寿命一般比钢管长,但缺点是性质较脆,不能抵抗撞击。

铸铁管主要用于给水和排水,分为给水铸铁管和排水铸铁管两种。按连接方式不同,分为承插式和法兰式两种。铸铁管根据加入的金属元素成分不同,可分为普通铸铁管和硅铁管两类。

(1)普通铸铁管一般用灰口铁铸造,耐蚀性好,但质脆、不抗冲击,常用于埋地给水管道、煤气管道和室内排水管道。

给水铸铁管有低压、常压和高压三种,管端形状分为承插式和法兰式两种,其中以承插式最常用。排水铸铁管只有承插式一种,管壁较给水铸铁管薄,承口也浅,使用时可根据外形加以判断。

(2)硅铁管可分为高硅铁管和抗氧硅铁管两种。高硅铁管能抵抗多种强酸的腐蚀,而含钼的抗氧硅铁可抵抗各种浓度和温度的盐酸,因此是很好的耐腐蚀管材。高硅合金铸件硬度大,只能用金刚砂轮修磨或用硬质合金刀具来加工。高硅合金制件受到轻微敲击、局部受热或急剧冷却时容易破裂,但是由于其耐蚀性好,所以广泛用于化工管路中。

3)常用的有色金属管

管道工程中常用的有色金属管有铝及铝合金管、铜管、铅管等。

(1)铝及铝合金管。

铝及铝合金管是由工业纯铝或铝合金经拉制或挤压制造成型,具有较好的耐酸耐腐蚀性能和优良的低温性能,可用来输送浓硝酸、脂肪酸、硫化氢和二氧化碳等,但不能用于盐酸及含有氯离子的化合物。在低温环境中,它仍具有较好的力学性能,可用来输送冷冻食品。此外,铝合金管还有良好的导热性,常用来制造换热设备,其反射辐射热的性能较好,可用来输送易挥发介质。

(2)铜管。

铜管分为纯铜管、黄铜管,按制造方法分为拉制管、轧制管和挤制管。一般中低压管道采用拉制管,纯铜管常用的材料牌号为 T1、T2、T3,其材料状态分软、硬两种。黄铜管常用的材料牌号为 H68、H62、HPb59 - 1,其材料状态有硬、半硬、软三种。

纯铜管和黄铜管常用于制造换热设备、制冷管路和化工管路,也常用于仪表测压管线和液压传输管线。

(3)铅管。

常用的铅管分为软铅管和硬铅管两种。纯铅制成的为软铅管,一般用 Pb2、Pb3、Pb4、Pb5、

Pb6 等牌号的纯铅制造;硬铅管由锑铅合金制成,常用的牌号有 PbSb4 和 PbSb6。

内径不大于 110mm 的铅管,长度不小于 2.5m;内径大于 110mm 的铅管,长度不小于 1.5m。内径小于 55mm 的铅管多制成盘管;内径大于 60mm 时,一般做成直管,大直径铅管用铅板焊制而成。

铅管强度和熔点较低、不耐磨,因此不宜输送有固体颗粒悬浮的介质。因铅有毒,所以也不能用于输送食品或生活饮用水。

2. 非金属管材

1)塑料管

塑料是以合成树脂为主要成分,加入填充剂、稳定剂、增塑剂等填料制成的。塑料按树脂的不同性质可分为热固性塑料和热塑性塑料。大部分塑料管均为热塑性塑料。这类塑料加热软化后具有良好的可塑性,并可多次反复加热成型,各类塑料管是由挤压机挤压成型而得。

(1)塑料管的特性。

① 密度小,易于运输和安装。塑料管材质较轻,为钢管的 1/8 ~ 1/5,故便于搬运、装卸、施工,可节省大量的施工费用。

② 耐化学腐蚀性优良。塑料对酸、碱、盐均具有良好的耐腐蚀性能,故适用于化工、电镀、制药等工艺管道。

③ 电气绝缘性能佳。塑料管道具有优越的电气绝缘性,广泛用于电信、电力、通风、煤气等场合。

④ 热导率小。塑料管是热(冷)介质的不良导体,其热导率仅为金属的 1/150 ~ 1/200,适用于热水(冷冻水)的保温(保冷)输送。

⑤ 良好的机械强度。塑料管具有良好的抗外压、抗冲击性能。

⑥ 对介质阻力小。塑料管内壁相对光滑,对介质的流动阻力极小,可减少泵的动力消耗及管壁结垢现象。

⑦ 施工简洁方便。

(2)塑料管的种类。

① 硬聚氯乙烯塑料管。

硬聚氯乙烯塑料(UPVC)是用聚氯乙烯树脂加入稳定剂、润滑剂,以热塑工艺通过制管机内径挤压而成,它能抵抗任何浓度的各种酸类、碱类和盐类的腐蚀,但不能抵抗强氧化剂(如浓硝酸、发烟硫酸等)以及芳香烃和氯代烃的作用。

硬聚氯乙烯的密度为钢铁的 1/5,线膨胀系数为普通钢的 5 ~ 6 倍,热导率是钢铁的 1/200,其耐热性能较差,长期使用的介质温度一般不宜超过 60℃,电气绝缘性能良好。硬聚氯乙烯的力学性能、抗冲击性能较普通碳素钢差,尤其强度、刚度、抗冲击强度等力学性能受温度和时间的制约很大。

硬聚氯乙烯塑料管可以输送压力为 0.05 ~ 0.06MPa 和温度为 - 10 ~ 40℃ 的腐蚀性介质。我国生产硬聚氯乙烯塑料管的公称直径为 8 ~ 200mm,长度在 3m 以上。硬聚氯乙烯塑料管的连接有焊接和法兰连接两种形式。

② 聚乙烯管。

聚乙烯(PE)管由低密度聚乙烯树脂加入添加剂经挤压成型而得,其特点是:密度小,仅为镀锌管的 1/8;保温性能好,热导率仅为镀锌管的 1/150;抗冲击性能强,是硬聚氯乙烯管的 5 倍;工作条件为 70 ~ 120℃,常温下使用的工作压力可达 0.4MPa,用于输送某些液体、气体及食用类介质。聚乙烯材料无毒,可用于输送生活用水。

③ 聚丙烯管。

聚丙烯管由聚丙烯树脂经挤出成型而得,用于液体输送,分为Ⅰ型、Ⅱ型、Ⅲ型,其常温下的工作压力分别为 0.4MPa、0.6MPa、0.8MPa。

2) 橡胶管

橡胶管是天然或人造生橡胶与填料(硫黄、炭黑和白土等)的混合物,经加热硫化后制成的挠性管子。橡胶管能抵抗多种酸碱液,但不能抵抗硝酸、有机酸和石油产品。橡胶管根据结构的不同,可以分为纯胶的小直径管、橡胶帆布挠性管和橡胶螺旋钢丝挠性管等数种。根据用途不同,可以分为抽吸管、压力管和蒸汽管等。抽吸管内径为 25~357mm,长度为 7~9m,试验压力为 0.15~0.3MPa;压力管的内径为 13~152mm,长度为 7~20m,试验压力为 0.15~1.5MPa,容许的工作温度在 40℃ 以下;蒸汽管的内径为 13~76mm,长度为 20m,试验压力为 3MPa,容许的工作温度在 175℃ 以下。橡胶管只能用作临时性管路及某些管路的挠性连接件,不得作为永久性的管路。

3) 混凝土管

常用的混凝土管有一般混凝土管、钢筋混凝土管和预应力钢筋混凝土管。一般混凝土管有承插式、企口式、平口式三种,管径有 $\phi75 \sim \phi450$mm 多种。钢筋混凝土管有轻型和重型两种,适用于工作压力不超过 0.4MPa 的低压给水、排水管道,直径有 $\phi75 \sim \phi1200$mm 多种。钢筋混凝土管的优点是寿命长、节约钢材,缺点是笨重、运输困难,并且要求有良好的基础。

4) 石棉水泥管

石棉水泥管由石棉与硅酸盐水泥制成,有无压管和有压管两种。石棉水泥管按压力可分为 0.45MPa、0.75MPa、1.0MPa 三种标号,一般管径为 75~500mm,管壁厚度根据其直径和压力不同有 7~38mm 多种,无压管(排水管)的管壁较薄,管长有 3m、4m 两种。

石棉水泥管具有质轻、价廉、抗腐蚀性能好、加工方便、管壁光滑等优点,缺点是质脆、抗冲击力差、容易损坏。

5) 陶土管

陶土管有带釉和不带釉两种,带釉陶土管又分为单面带釉和双面带釉两种,双面带釉的又称耐酸陶土管。陶土管主要用于下水管道,它比铸铁下水管耐腐蚀能力更强,其价格便宜,但不够结实,运输和安装过程中损耗率大,宜用在埋设荷载及震动不大的地方。耐酸陶土管、混凝土管、钢筋混凝土管、陶土管(缸瓦管)等,管径以内径 d 表示;硬聚氯乙烯管、聚丙烯管等,管径以公称直径 DN 表示。

第二节　常用管件

管道系统是由许多根管子连接起来的,需要有分支、转弯、变径、堵塞等。对于采用焊接的管道,可用煨弯制作异径管来解决,而用螺纹连接的管道则需要用各种不同的管子配件。管子配件简称管件,是指管路连接部分的成型零件,如管接头、弯头、三通、异径管和法兰等。管子配件的规格和相应的管子是一致的,以公称直径表示。

管件按材质分,有钢制、铸铁、有色金属、非金属等。石油工业中广泛采用钢制管件,在给排水管道中,大量采用铸铁管件。

一、钢管管件

钢管管件按照它们在管道中的用途不同可分为延长连接管件(内螺纹管接头、外螺纹管接头)、分支连接管件(三通、四通)、转弯连接管件(等径弯头、异径弯头)、节点碰头连接管件(活管接头)、带螺纹法兰盘、变径用管件(补心、异径管箍)、堵口用管件(丝堵、管堵头)。

钢管多为螺纹连接,常用钢管管件如表2-1所示。

表2-1 常用钢管管件

种 类	用 途	种 类	用 途
内螺纹管接头	俗称"内牙管、管箍、束节、管接头、死接头"等,用以连接两段公称直径相同的管子	等径三通	俗称"T形管",用以由主管中接出支管、改变管路方向和连接三段公称直径相同的管子
外螺纹管接头	俗称"外牙管、外丝扣、外接头、双头丝对管"等,用以连接两个公称直径相同的具有内螺纹的管件	异径三通	俗称"中小天",用以由主管中接出支管、改变管路方向和连接三段具有两种公称直径的管子
活管接头	俗称"活接头"等,用以连接两段公称直径相同的管件	等径四通	俗称"十字管",用以连接四段公称直径相同的管子
异径管	俗称"大小头",用以连接两段公称直径不相同的管子	异径四通	俗称"大小十字管",用以连接四段具有两种公称直径的管子
内外螺纹管接头	俗称"内外牙管、补心"等,用以连接一个公称直径较大的具有内螺纹的管件和一段公称直径较小的管子	外方堵头	俗称"管塞、丝堵、堵头"等,用以封闭管路
等径弯头	俗称"弯头、肘管"等,用以改变管路方向和连接两段公称直径相同的管子,可分45°和90°两种	管帽	俗称"闷头",用以封闭管路
异径弯头	俗称"大小弯头",用以改变管路方向和连接两段公称直径不相同的管子	锁紧螺母	俗称"备帽、根母"等,它与内螺纹管接头联用,可以得到可拆的接头

二、铸铁管件

铸铁管件已标准化,按材质分为普通铸铁管件和高硅铸铁管件;按用途可分为给水铸铁管件和排水铸铁管件。排水铸铁管件比给水铸铁管件壁薄,其喇叭口短(浅),几何形状比较复杂。异形管件种类甚多,有改变方向的弯头,有变径的变径管,有带分支的分支管,有调整承插口的短管等。

1. 给水铸铁管件

给水铸铁管件有异径管、三通、四通、弯管、乙字管、插管、接轮、短管及各种型式的异形管件等,其连接形式有承插式、法兰式。这些管件一般做成承插、双承、多承、双盘、多盘等型式,如图2-1所示。

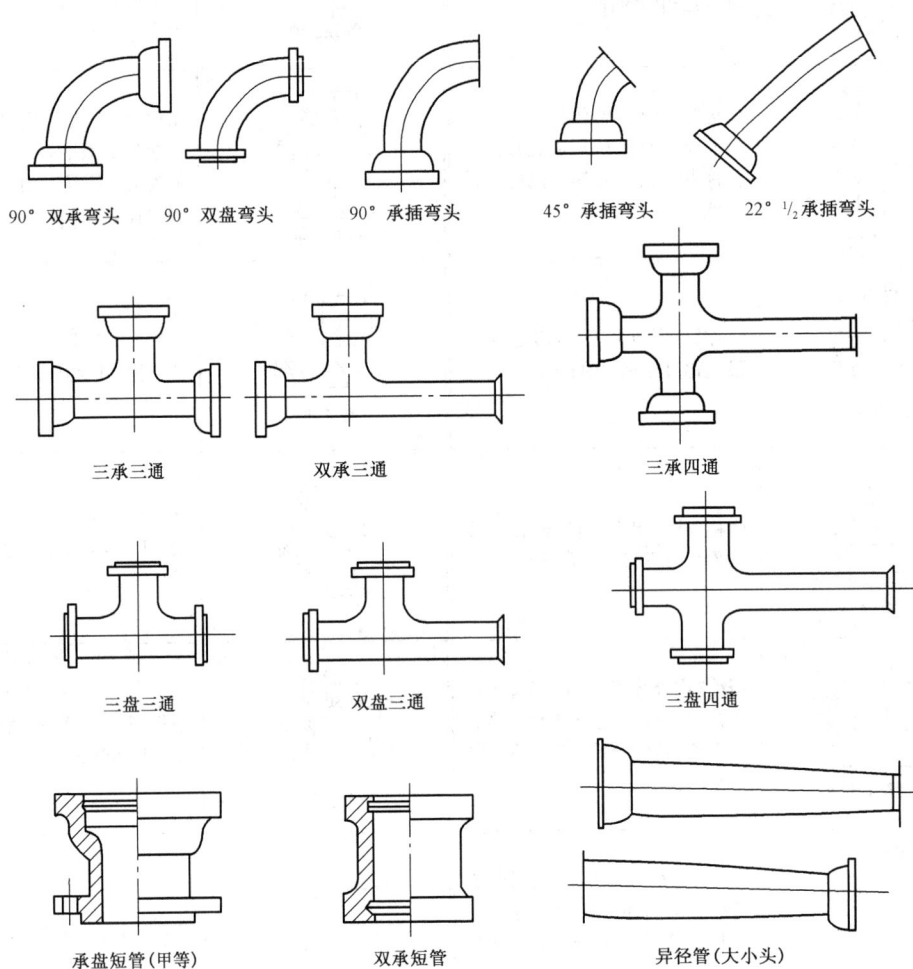

90°双承弯头　　90°双盘弯头　　90°承插弯头　　45°承插弯头　　22°$\frac{1}{2}$承插弯头

三承三通　　　双承三通　　　　　三承四通

三盘三通　　　双盘三通　　　　　三盘四通

承盘短管(甲等)　　　双承短管　　　　异径管(大小头)

图2-1　给水铸铁管件

2. 排水铸铁管件

排水铸铁管件用于无压力的自流管道,均采用承插式连接。管件种类比较多,常用的有弯头、弯管、正三通、斜三通、斜四通、管箍、存水弯等,如图2-2所示。

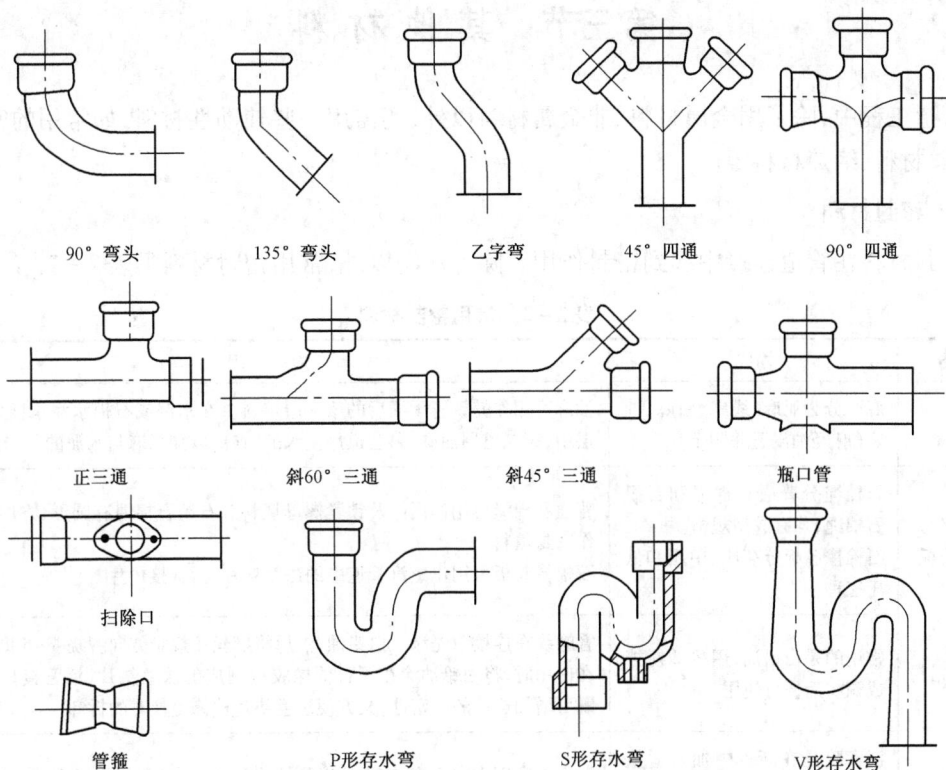

90°弯头	135°弯头	乙字弯	45°四通	90°四通
正三通	斜60°三通	斜45°三通		瓶口管
扫除口	P形存水弯	S形存水弯		V形存水弯
管箍				

图 2-2 排水铸铁管件

三、非金属管件

非金属管件主要有塑料管件、复合管件。目前,塑料管件规格品种尚未系列化和标准化,现行产品都是各生产厂家按照地区或企业标准进行生产的。这里主要介绍应用较多的硬聚氯乙烯管件、聚丙烯管件和铝塑复合管件。

1. 硬聚氯乙烯管件

硬聚氯乙烯排水管常用的类型主要有45°弯头、90°弯头、顺水三通、异径三通、45°斜三通、旋流三通、异径管接、伸缩节、立管检查口、P形存水弯、正四通、斜四通、止水环、防臭地漏、便器连接件、通气帽、雨水斗、管卡座和管卡检查口等。

2. 聚丙烯管件

聚丙烯管件为一次注塑成型,其规格齐全、价格便宜且安全可靠。管件的耐压等级比管道高一个等级,同时,可用于与金属管道及水嘴、金属阀门连接的塑料管件,在连接端均带有耐腐蚀的金属内外螺纹嵌件。

3. 铝塑复合管件

铝塑复合管件为未用铜管件,与管道连接采用卡套式。管接头由螺母、C型压紧环、接头本体组成。

第三节 其他材料

管道工程中,除了用金属材料、非金属材料以外,还需用一些辅助性材料,如常用的密封材料、防腐材料、绝热材料等。

一、密封材料

密封材料在管道连接中起到密封作用。除了水泥以外,常用密封材料见表2-2。

表2-2 常用密封材料

种类	构成	应用
麻	麻可分为亚麻、线麻、白麻、油麻(麻经油浸透并阴干)	油麻可用作铸铁管承插后的第一层填料。在水泥或石棉水泥承插口的麻层中,第二道用油麻,第三道用浸水的白麻,以加强麻与水泥的黏结力
石棉绳与石棉胶板	石棉绳分普通石棉绳和石墨石棉绳,均有成型规格。石棉橡胶板分高压、中压和低压三种	普通石棉绳可用作阀门及锁紧螺母填料。石墨石棉绳有圆形、方形,可用作密封填料。石棉橡胶板可用作蒸汽管道中的法兰垫片、活管接垫片
铅油与铅粉	常用的是白铅油,用机油搅拌成糊状后便可使用	管螺纹在连接前先涂上白铅油,然后将麻丝按规定方向缠绕4~5圈。在使用时,将白铅油涂在用石棉橡胶板制成的法兰垫片、活管接垫片上,既可增加连接的严密性,又方便法兰垫片检修更换时的拆卸
沥青胶	沥青胶是在沥青中加入适量的填充料制得的黏性材料,具有较好的黏结性和耐热性	沥青胶常用作陶土管、铸铁管等的结构材料,沥青胶结构不刚硬、有弹性,当管子稍有沉降时也不致产生渗漏,是下水道接口的常用材料

二、防腐材料

埋地敷设的钢管、铸铁管为了预防腐蚀,常采用以下几种防腐材料进行防腐处理,见表2-3。

表2-3 常用防腐材料

种类	构成	应用
沥青	有石油沥青和焦油沥青两种,石油沥青呈黄色,焦油沥青呈黑色	地下设施和埋地管道都烫涂这种沥青,用于防水,具有较好的抗水性和抗微生物腐蚀能力
银粉漆	由银粉、清漆和汽油三种原料配制而成	多用作面漆,采暖管道、散热器等均涂用银粉漆
防锈漆	常用的是红丹铁红防锈漆、各种调和漆以及清油、铅油等	用红丹铁红防锈漆作底漆,其防腐性能最好
冷底子油	石油和沥青按1:1的比例配置的混合物	用于铸铁管的防腐蚀等
油毡	将油毡原纸浸渍涂盖沥青材料,并在上面撒布一层矿物质所制成的防腐材料	用于防水、防腐和放样

三、绝热材料

绝热材料包括保温材料和保冷材料,习惯上称绝热材料为保温材料。保温材料又可分为保温层材料和保护层材料,见表2-4。

表 2 - 4　常用保温材料

种类	作　　用	常用材料
保温层材料	用于隔热、减少管道或设备的热量损失、节约能源	一般热力管道用石棉、硅藻土、蛭石水泥、膨胀珍珠岩、泡沫混凝土、矿渣棉、玻璃棉等;低温管道通常用泡沫塑料、油毛毡、矿渣棉、玻璃棉等
保护层材料	用于保护保温层结构不受外界气候及外力的侵蚀、破坏,以保持保温层的耐久性、完整性和美观性	有沥青油毡、玻璃丝布、石棉水泥、玻璃钢薄板、镀锌薄铁板或薄铝板等

思 考 题

1. 什么是管道的工作压力,应如何表示?
2. 常用钢管管件有哪些,各有何用途?
3. 给水铸铁管件与排水铸铁管件有何区别?
4. 管道系统中常用的密封材料有哪些,应用在何种场合?

第三章 管工基本操作技术

第一节 管工常用工具、机具及量具

一、管工常用工具

1. 管钳

管钳(又称管子钳、管子扳手)有张开式和链条式两种,如图 3-1 所示。它可用于夹持和旋转各种管子和管路附件,也可扳动圆形工件,是管路安装和修理的常用工具。

张开式管钳由钳柄、套夹和活动钳口等组成。活动钳口与钳柄用套夹相连,钳口上有轮齿,以便咬牢管子使之转动,钳口张开的大小用螺母进行调节。

链条式管钳是用于较大管径及狭窄的地方拧动管子,由钳柄、钳头和链条组成,它是依靠链条来咬住管子转动的。

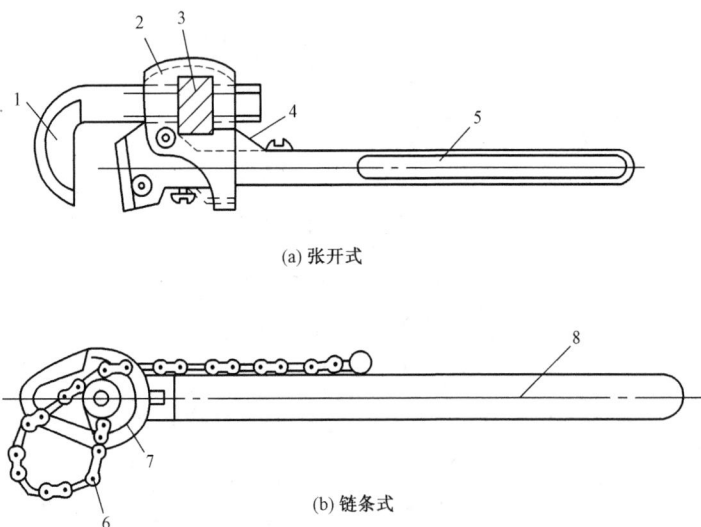

(a) 张开式

(b) 链条式

图 3-1 管钳

1—活动钳口;2—套夹;3—螺母;4—弹簧;5—钳柄;6—链条;7—钳头;8—钳柄

两种形式管钳的规格是按它的长度划分的,分别应用于相应的管子和配件。常用张开式管钳规格见表 3-1。

表 3-1 常用张开式管钳规格

管钳规格,mm(in)	使用范围,mm	可钳管子最大直径,mm
450(18)	<40	60
600(24)	50~62	75
900(36)	62~76	85
1200(48)	76~100	110

管钳使用时的注意事项：

(1)使用管钳时，应使两手动作协调、松紧适度，并应防止打滑。

(2)扳动管钳的钳柄时，不得用力过猛或在钳柄上加套管；当钳柄尾部高出操作者的头部时，不得采取正面攀吊的方式扳动钳柄。

(3)管钳的钳口或链条上不得粘油，使用完后应妥善存放，长期停用应涂油保护。

(4)严禁用管钳拧紧六角头螺栓等带棱工件，不得将管钳当做撬杠或锤子使用。

(5)当管子细而管钳大时，手握钳柄的位置应在前部或中部，以减少扭力，防止管钳因过力而损坏；当管子粗而管钳小时，要手握钳柄中部或后部，并用一只手按住钳头，使钳口咬紧不致打滑。扳转钳柄要稳，不允许因拧过头而用倒拧的方法进行找正。

(6)管钳要经常清洗和涂油，避免锈蚀。不允许用小规格的管钳拧大口径的管子接头，也不允许用大规格的管钳拧小口径的管接头，否则易造成管钳损坏。

2. 管子台虎钳

管子台虎钳（又称管子压力钳、龙门压力钳）安装在钳工工作台上，可固定工件，便于对工件进行加工，如用来夹紧锯切管子或对管子套制螺纹等。管子台虎钳按夹持管子直径的不同，可分为 $\phi \leqslant 50\,mm$、$\phi \leqslant 80\,mm$、$\phi \leqslant 100\,mm$ 和 $\phi \leqslant 150\,mm$ 四种规格。

管子台虎钳由底座、固定销、上下牙块、钳架、加紧丝杆、加力杆、导向轨、活动锁销、活动销架、插销组成，如图 3 - 2 所示。

管子台虎钳使用时的注意事项：

(1)管子台虎钳必须垂直和牢固地固定在工作台上，钳口应与工作台边缘相平或稍往里一些，不得伸出工作台边缘。

(2)待管子台虎钳固定好后，其下钳口应牢固可靠，上钳口在滑道内应能自由移动，且压紧螺杆和滑道，应经常加油。

(3)装夹工件时，不得对不适合钳口尺寸的工件上钳；对于过长的工件，必须将其伸出部分支承稳固。

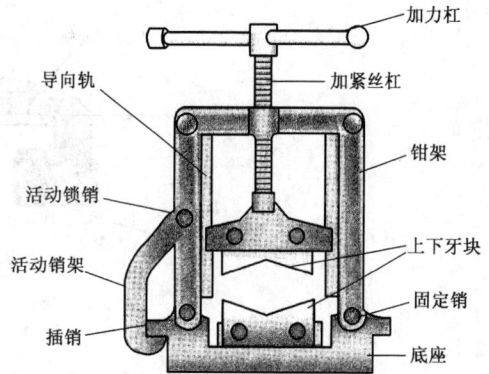

图 3 - 2　管子台虎钳

(4)夹紧管子时不应用力过猛，应逐步旋紧，防止夹扁管子或钳牙吃管子太深。装夹脆性或软性的工件时，应用布、铜皮等包裹工件夹持部分，且不能夹得过紧。

(5)装夹工件时，必须穿上保险销。旋转螺杆时，应用力适当，严禁用锤击或加装套管的方法扳紧手柄。工件夹紧后，不得再去挪动其外伸部分。

(6)使用完毕后，应擦净油污，合上钳口，长期停用者应涂油存放。

3. 台虎钳

台虎钳（又称老虎钳）是加工、修配时用来夹持工件的工具，其规格以钳口的宽度来表示，有 100mm、125mm 和 150mm 三种。台虎钳有固定式和回转式两种，如图 3 - 3 所示。

使用台虎钳时的注意事项：

(1)工件应夹在钳口中部，以使钳口受力均匀。

(2)夹紧后的工件应稳固可靠、便于加工，并不产生变形。

(3)当转动手柄夹紧工件时，不准用套管接长手柄或用锤子敲击手柄，以免损坏台虎钳丝杠或螺母。

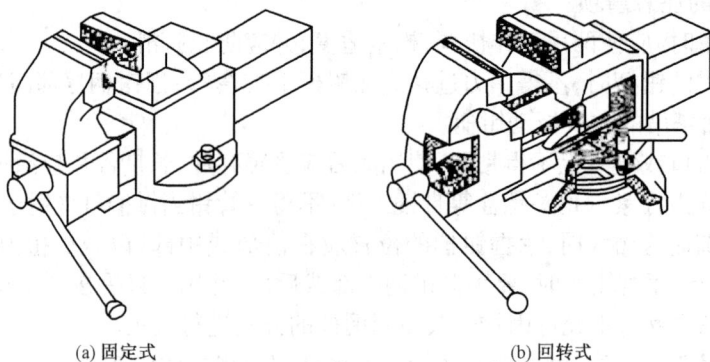

(a) 固定式　　　　　　　　　　(b) 回转式

图 3-3　台虎钳

（4）不要在活动钳身的光滑表面进行敲击作业，以免降低它与固定钳身的配合性能，锤击应在砧面上进行。

4. 管子割刀

管子割刀（又称割管器）是切割各种金属管子的手工刀具，其结构如图 3-4 所示，其规格见表 3-2。常用的是可切割直径 50mm 以下的管子，优点是操作简便、速度快、切口断面平整，缺点是管子断口受挤压后管径缩小变形。

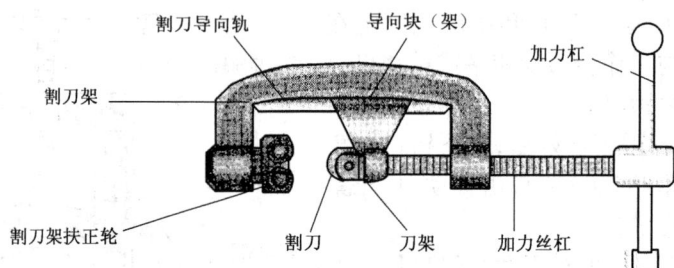

图 3-4　管子割刀

表 3-2　管子割刀规格

型　　号	1	2	3	4
割断管子公称直径,mm	≤25	15~50	25~80	50~100

5. 管子铰板

管子铰板是一种在圆（管）上切削出外螺纹的专用工具，俗称套丝，主要由板牙和铰手两大部分组成。管子铰板规格如表 3-3 所示。管子铰板分为普通式和轻便式两种。

表 3-3　管子铰板规格

型式	型号	螺纹种类	螺纹直径,mm	每套板牙规格,mm
普通式	114 117	圆锥	$DN15 \sim DN50$ $DN50 \sim DN100$	$DN15 \sim DN20 、DN25 \sim DN32 、DN40 \sim DN50$ $DN50 \sim DN80 、DN80 \sim DN100$
轻便式	Q7A-1 SH-76	圆锥 圆柱	$DN6 \sim DN25$ $DN15 \sim DN40$	$DN6 、DN10 、DN15 、DN20 、DN25$ $DN15 、DN20 、DN25 、DN32 、DN40$

1）普通式管子铰板

普通式管子铰板主要由铰手手柄、调节手柄、铰手架、板牙块、扶正爪、换向器等部分组成，如图3-5所示。

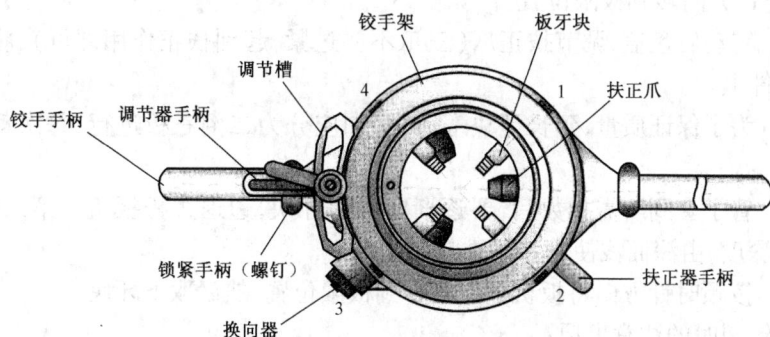

图3-5　普通式管子铰板

注：图向内方向为加工件方向图向外方向为操作者方向。

每种规格的普通式管子铰板都分别附有几套相应的板牙，每套板牙可以套两种尺寸的螺纹。板牙是加工外螺纹的工具，常用的有圆板牙和圆柱管板牙两种。圆板牙如同一个螺母，它上面有几个均匀分布的排屑孔，并依次形成刀刃。

2）轻便式管子铰板

如图3-6所示，轻便式管子铰板只有一个扳手。扳手端头内，备有R1/2管螺纹，以便操作者根据施工场地具体情况，选配一根长短适宜的扳手把。在这种铰板上，挂有一个作用类似自行车飞轮的"千斤"。当调整扳手两侧的调位销时，即可使"千斤"按顺时针方向或按逆时针方向起作用。由于这种铰板体积较小，除了在工作台上套制螺纹外，还可在已安装管道系统中的管子端部就地套螺纹（图3-7），给管道安装和维修工作带来了极大的方便。

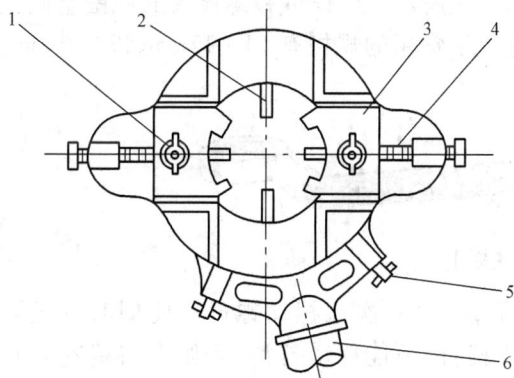

图3-6　轻便式管子铰板结构

1—螺母；2—顶杆；3—板牙；
4—定位螺钉；5—调位销；6—扳手

图3-7　用轻型管子铰板套螺纹

管子铰板的使用方法:

(1)装牙。将锁紧手柄以顺时针方向转到极限位置,松开调节器手柄(调节柄),转动前盘盖,使两条 A 刻线对正。然后将选择好的板牙块按 1、2、3、4 序号对应地装入牙架的四个牙槽内,将扳机逆时针方向转到极限位置。

(2)上板。转动后盘盖,调节扶正爪(三爪不要过紧,起到扶正作用即可),将板牙块套入将要套扣的管件上。

(3)套扣。为了保证质量,延长牙块寿命,套扣应分为二倒三板进行,每次都要调节套圈位置。

(4)退牙。管子套到所需扣数后,要逐渐向回退牙块,边退边松扳机。第二板套进时,应注意管头扣的深度,由深而浅使管扣呈锥状。

(5)卸牙。按顺时针方向将扳机和大盖转到极限位置,然后取下牙块。

使用管子铰板时的注意事项:

(1)套制过程中要浇注润滑油。

(2)遇到硬点时,应立即停止,处理后再进行。

(3)用完后要及时除去板牙上的铁削、泥尘、油污等,牙块、牙架擦净放好,不论采用哪种方法套螺纹,所套出螺纹的质量标准应符合如下要求:

① 螺纹端正、不偏扣、不乱扣、表面光滑、无毛刺,断扣和缺扣的总长度不得超过螺纹全长的 10%。

② 在螺纹纵方向上不得有断缺处相靠。

③ 螺纹要有一定的锥度,松紧程度要适当。

④ 螺纹长度以安装连接后尚外露 2~3 扣为宜。

6. 扳手

扳手主要用于拧紧和松开六角头螺栓、螺钉和螺母,用来紧固和拆卸零部件,通常有四种类型,即梅花扳手、套筒扳手、活动扳手和呆扳手等。

1)梅花扳手

梅花扳手的扳头是一个封闭的梅花形,如图 3-8 所示。当螺母和螺栓头的周围空间狭小,不能容纳普通扳手时,就采用这种扳手。梅花扳手常用的规格有 14~17mm、17~19mm、22~24mm、24~27mm、30~32mm 等。

图 3-8　梅花扳手

梅花扳手可以在扳手转角小于 60° 的情况下,一次一次地扭动螺母。使用时一定要选配好规格,使被扭螺母和梅花扳手的规格尺寸相符,不能松动打滑,否则会将梅花菱角啃坏。使用扳手时不能用加力杆,不能用手锤敲打扳手柄,扳手头的梅花沟槽内不能有污垢。

2)套筒扳手

当螺母或螺栓头的空间位置有限,用普通扳手不能工作时,就需采用套筒扳手,其组成如图 3-9 所示。

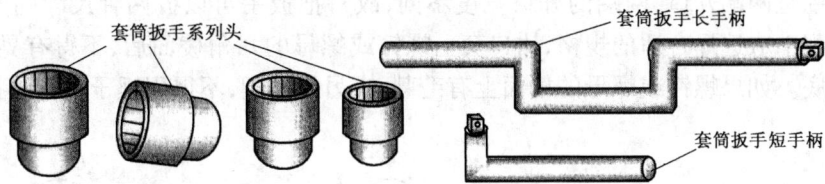

图 3 - 9 套筒扳手组成

套筒扳手的使用方法：

(1)根据被扭件选规格,将扳手头套在被扭件上;

(2)根据被扭件所在位置、大小,选择合适的手柄;

(3)扭动前必须把手柄接头安装稳定,然后才能用力,以防止其打滑脱落伤人;

(4)扭动手柄时用力要平稳,用力方向与被扭件的中心轴线垂直。

3)活动扳手

活动扳手(又叫活络扳手)的开口宽度可以调节,主要用于拧紧或松开六角头或方头螺栓、螺钉、螺母和管塞、管道内外螺纹接头、水嘴等。活动扳手是用来紧固和拧松螺母的一种专用工具,如图 3 - 10 所示。

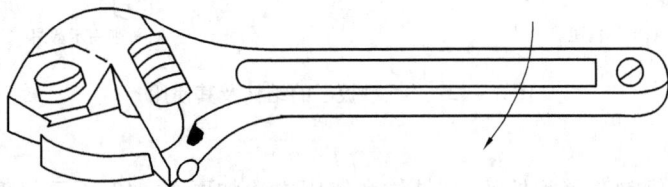

图 3 - 10 活动扳手

活动扳手由头部和柄部组成,而头部则由活络扳唇、呆扳唇、扳口、蜗轮和轴销等构成。旋动蜗轮就可调节扳口的大小。

活动扳手有多种规格,常用的有 150mm、200mm、250mm、300mm 四种规格,如表 3 - 4 所示。由于它的开口尺寸可以在规定范围内任意调节,所以特别适于在螺栓规格多的场合使用。使用时,应将活络扳唇紧压螺母的平面。扳动大螺母时,手应握在接近手柄尾处。扳动较小的螺母时,手应握在接近头部的位置。施力时手指可随时旋调蜗轮,收紧活络扳唇,以防打滑。

表 3 - 4　活动扳手的规格

长度,mm	100	150	200	250	300	350	375	450	600
开口最大宽度,mm	14	19	24	30	36	41	46	55	65

活动扳手使用时的注意事项：

(1)活动扳手不可反用,以免损坏活动扳唇,也不可用钢管接长手柄来施加较大的力矩。

(2)活动扳手不可当做撬棒或手锤使用。

(3)使用活动扳手时,不得在钳口内加入垫片,同时应将活动钳口收紧。

4)呆扳手

呆扳手有单头扳手和双头扳手之分,如图 3 - 11 所示。单头扳手是一端开口,只能扳一种尺寸的固紧件或管件,开口宽度即为呆扳手的规格尺寸。

双头扳手是两端开口，两端的开口宽度不同，故每把扳手可以扳两种尺寸的紧固件或管件。使用过程中应选择合适的规格，钳口套上螺钉或螺母的六角棱面后，不得有晃动的现象，并应平卡到底。如果螺钉或螺母的棱面上有毛刺，应另作处理，不得用锤子强行将扳手的钳口打入。

（a）单头扳手　　　　　　　　　（b）双头扳手

图 3 - 11　呆板手

5)"F"型扳手

"F"型扳手是工人在生产实践中"发明"出来的，是由钢筋棍直接焊接而成的，主要应用于阀门的开关操作，是非常简单好用的专用工具，其结构及使用示意见图 3 - 12。

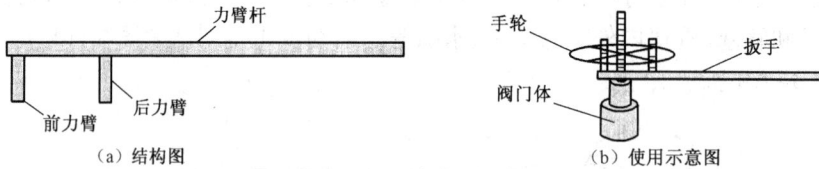

（a）结构图　　　　　　　　　　（b）使用示意图

图 3 - 12　"F"型扳手的结构及其使用

7. 手钢锯

手钢锯是用来锯割金属管件的，其结构和使用方法如图 3 - 13 所示。手钢锯主要由锯弓和锯条组成。按安装锯条的方式，可分为可调式和固定式两种。固定式锯弓只能安装一种长度的锯条，可调式锯弓通过调整可安装多种长度的锯条，安装时锯条齿方向一定要正确。

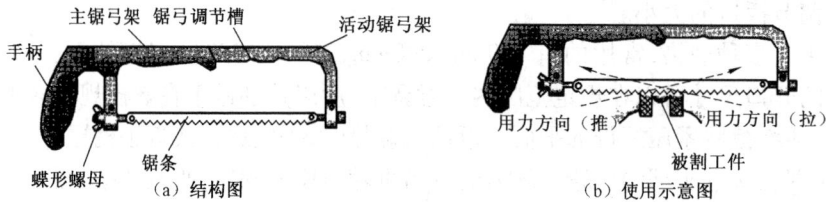

（a）结构图　　　　　　　　　　（b）使用示意图

图 3 - 13　手钢锯的结构及其使用

锯条根据锯齿齿距的大小，分为细齿（1.1mm）、中齿（1.14mm）和粗齿（1.8mm）三种，可根据所锯材料的软硬、厚薄选用。锯割软材料或较厚的材料（如紫铜、青铜、铅、铸铁、低碳钢和中碳钢等）时，应选用粗齿锯条；锯割硬材料或较薄的材料（如工具钢、合金钢、管子、薄钢板、角铁等）时，应选用细齿锯条。一般来说，锯割薄材料时，在锯割截面上至少应有三个锯齿同时参加锯割。这样，就可防止锯齿被钩住或崩断。

手钢锯是在前推时才起切削作用的，因此安装锯条时应使齿尖的方向朝前。调整锯条松紧度时，蝶形螺母不宜旋得太紧或太松，旋得太紧，锯条受力过大，在锯割中用力稍有不当，锯条就会折断；旋得太松，锯割时锯条容易扭曲，也易折断，并且锯缝也容易歪斜。检查锯条松紧度，可用手扳动锯条，手感觉硬实即可。

8. 大锤与手锤

大锤与手锤是管道施工中常用的敲击工具,大锤由锤头和锤柄组成,如图 3-14 所示。锤头由 45 号、50 号钢或 40Cr、T7、碳素工具钢锻成,并经淬火处理。锤柄应为韧性材料,如柞木、檀木和水曲柳等。管工常用大锤来对型钢、板材进行矫正和弯曲加工。手锤又称榔头,如图 3-15 所示,手锤材料与大锤相同。手锤常用于矫正小型工件、打样冲和敲击錾子进行切削等。管工常用 0.5kg、0.75kg 和 1.0kg 三种规格的锤头。

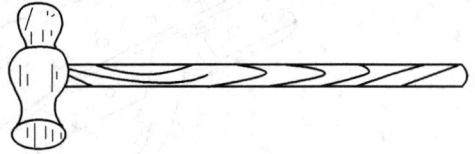

图 3-14　大锤　　　　　　　　　　　　　　图 3-15　手锤

二、管工常用机具

1. 弯管器

1) 固定式手动弯管器

固定式手动弯管器结构型式很多,图 3-16 所示是一种自制的小型固定式手动弯管器,用螺栓固定在工作台上使用。弯管时,先根据所弯管子的外径和弯曲半径选择合适的定胎轮和动胎轮,把定胎轮用销钉固定在操作平台上,把要弯曲的管子插入管子外径相符的定胎轮和动胎轮之间的凹槽内,管子一端固定在管子夹持器上,推动煨杠,带动管子绕定胎轮转动,直到把管子弯成所需角度为止。一对胎轮只能煨一种管径的弯管,管子外径改变,胎轮也必须更换。

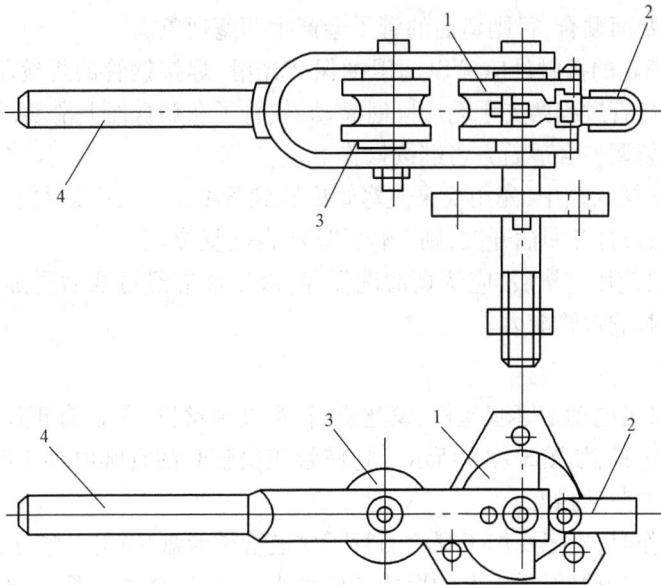

图 3-16　一种自制的小型固定式手动弯管器
1—定胎轮;2—管子夹持器;3—动胎轮;4—煨杠

2）液压弯管器

液压弯管器(图3-17)的操作方法与手动弯管器基本相同,它省力省工、功效较高。弯管角度为90°~180°。

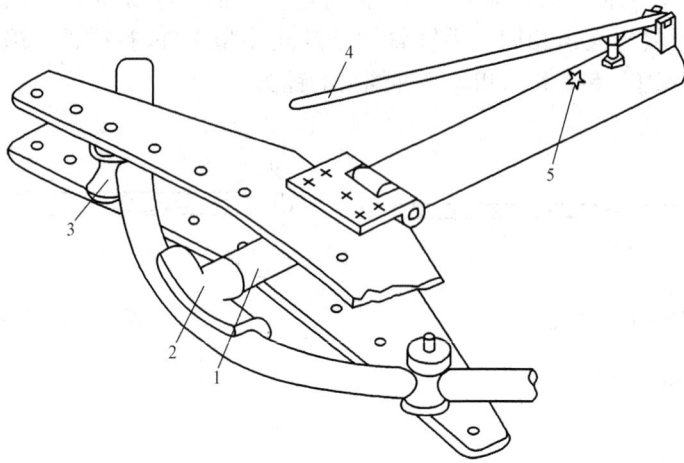

图3-17　液压弯管器
1—顶杆;2—胎模;3—管托;4—手柄;5—回油阀

液压弯管器的使用方法与要求:

(1)使用前首先检查油箱内的油是否充满,如不足应加满,否则会影响弯管能力,然后关闭回油开关。

(2)根据所弯管径选择相应的弯管模,先将弯管模装到油塞杆顶端,再将两个与支承轮相应的尺寸凹槽转向弯管模,且放在两翼板相应尺寸的孔内,用插销销住。所弯管子的外径一定要与弯管模的内槽壁面贴合,否则弯曲的管子会产生凹瘪现象。

(3)管壁与支撑轮的接触处应涂以润滑油保持光滑,焊接钢管的焊缝不要处在弯曲处的正外侧或正内侧。弯管过程两支承轮应同时转动,使管子在贴合面上滑动,如单面不动应停止操作,检查原因,重新调整合适后方可继续操作。

(4)把所弯管子插入槽中,先用快泵使弯管模压到管壁上,再用慢泵将管子弯到所需要的角度。当管子弯好后,打开回油开关,则工作活塞将自动复位。

(5)液压弯管机使用完毕后,应认真清洗保养,液压油应经过滤后再加入,以免杂质堵塞油道,损伤密封面,影响弯管能力。

2. 电动套丝机

电动套丝机(又名电动切管套丝机、绞丝机、管螺纹套丝机)是设有正反转装置、用于加工管子外螺纹的电动工具,如图3-18所示。它使管道安装时的管螺纹加工变得轻松、快捷,降低了管道安装工人的劳动强度。

电动套丝机工作时,先把要加工螺纹的管子放进管子卡盘,撞击卡紧,按下启动开关,管子就随卡盘转动起来,调节好板牙头上的板牙开口大小,设定好螺纹长短,然后顺时针扳动进刀手轮,使板牙头上的板牙刀以恒力贴紧转动管子的端部,板牙刀就自动切削套丝,同时冷却系统自动为板牙刀喷油冷却,等螺纹加工到预先设定的长度时,板牙刀就会自动张开,螺纹加工结束。此时关闭电源,撞开卡盘,取出管子。

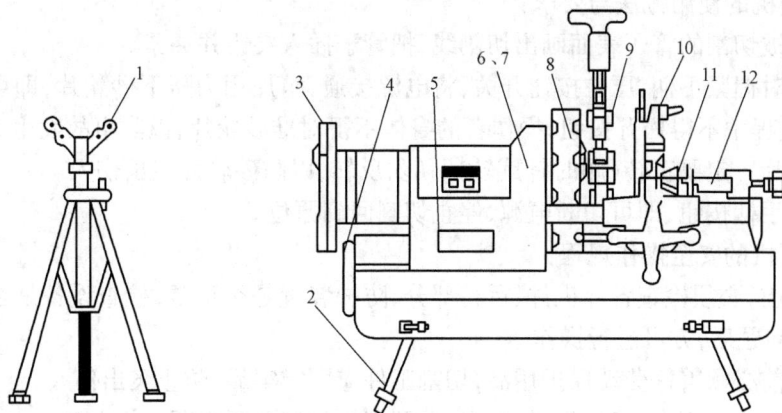

图 3 - 18   电动套丝机构的结构

1—料架;2—脚架;3—后卡盘;4—电动机;5—减速箱;6—箱体;7—油泵;
8—前卡盘;9—切刀架;10—铰板架;11—大支架;12—倒角刀架

3. 冲击电钻

冲击电钻是以旋转切削为主,兼有依靠操作者推力生产冲击力的冲击机构,用于砖、砌块及轻质墙等材料上钻孔的电动工具。

冲击电钻的使用方法与要求:

(1)使用冲击电钻时,可通过工作头上的调节手柄调节钻头的位置,使钻头处于只旋转无冲击或既旋转又冲击的操作状态。

(2)使用时需戴护目镜。要注意防止铁屑、沙土等杂物进入电钻内部。

(3)使用时,先将钻头顶在工作物上,然后合上开关。待冲击电钻在钻头的位置正常后才能进行钻孔。钻孔时不宜用力推进,应尽量做到操作平稳、用力适度。如发现转速变慢、火花过大、温度升高、响声不正常或有异常气味等现象,应立即切断电源,停止使用。

(4)在钢筋混凝土进行冲击钻孔时,应先使用金属探测器探明钢筋的位置和深度,避开钢筋进行钻孔。

(5)钻头为顺时针方向旋转,而电动机的旋转方向出厂时已接好,故不得随意改动,并切忌反转,以免损坏工具。

(6)冲击电钻连续使用时,如发现机壳温度超过70℃,应暂停使用,并注意加入适量的润滑油,经检查确认无故障后方可继续使用。

(7)当钻头卡住时,安全离合器会自动打滑,而离合器出厂时已调整好,若打滑频繁、扭力不足,则可适当调整,旋紧压紧螺母。

(8)装卸钻头时,转动卡轴180°,即可将钻头装入或取下。

(9)冲击电钻的塑料外壳要妥善保护,不能碰裂,不能与汽油及其他腐蚀溶剂接触。

(10)冲击电钻使用完毕,应将其外壳清洁干净,将橡套电缆盘好,放置在干燥通风的场所保管。

4. 砂轮切割机

砂轮切割机是用来切割管子的常用设备,主要由机座、砂轮、电动机或其他动力源、托架、防护罩等组成。砂轮较脆、转速很高,使用时应严格遵守安全操作规程。

砂轮切割机的使用方法与要求：

（1）先在被切割的管子表面画出切割线，把管子插入夹钳并夹紧。

（2）切割时握紧手柄，压住按钮开关，将电源接通，稍加用力压下砂轮片，即可进行摩擦切割。在操作过程中不得松开按钮，操作者的身体不得对准砂轮片，以防事故发生。

（3）砂轮片一定要正转（顺时针旋转），切勿反转，以防砂轮片飞出伤人。

（4）松开手柄按钮，即可切断电源，停止切割回到原位。

砂轮切割机的安全操作规程：

（1）操作前，必须检查各部机件、运转部分、防护装置是否正常，检查设备是否有合格的接地线，确认无问题后，方可进行操作。

（2）工作前必须着好劳动保护用品，切割工件应固定牢靠，防止飞出伤人。

（3）切料时不可用力过猛或突然撞击，遇到有异常情况要立即关闭电源。

（4）砂轮运转时，禁止卸零件和进行修理、清扫等工作，也不得将手伸到砂轮附近。

（5）操作砂轮切割机切料时，人必须站在砂轮片的侧面。

（6）更换砂轮片时，要待设备停稳后进行，并要对砂轮片进行检查确认。

（7）工作结束后，应关闭电源、擦净机床、清理工具和现场。

三、管工常用量具

1. 钢卷尺

图 3 - 19 所示的钢卷尺刻有公制刻度线。测量时用手将钢尺由盒中拉出，用后要将钢卷尺擦净，收入盒中。钢卷尺分为大钢卷尺和小钢卷尺两种。大钢卷尺的规格有 5m、10m、15m、20m、30m 和 50m 六种，用于测量较长管线或距离；小钢卷尺的规格有 1m 和 2m 两种，用于测量较短管线或距离。

2. 皮卷尺

皮卷尺（又称皮尺）如图 3 - 20 所示，常用于测量较长管线或距离，其规格有 5m、10m、15m、20m、30m、50m 六种。

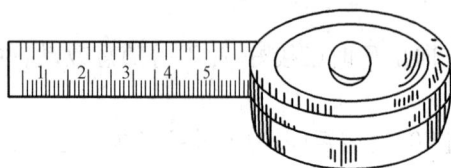

图 3 - 19　钢卷尺

图 3 - 20　皮卷尺

3. 法兰直角尺

法兰直角尺（又称法兰弯尺）的结构如图 3 - 21 所示。组对法兰和管子时，用于检查法兰端面和管子中心线的垂直情况。使用时将法兰直角尺一端贴紧管子外表面，另一端如果贴紧法兰面，则表明法兰端面和管子中心线垂直，否则表示不垂直。法兰角尺多在现场自制，使用时应放样校对。

4. 角度尺

角度尺（又称活弯尺）的结构如图 3 - 22 所示。它在预制和安装管线中用于划线和检验各种角度，角度尺多在现场自制。

图 3 – 21 法兰直角尺

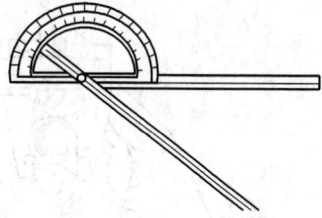

图 3 – 22 角度尺

5. 卡钳

卡钳是一种间接测量工具,用它来度量尺寸时要在工件上测量,再与量具比较,才可得出数据,常用的卡钳有内、外卡钳两种。使用时将外(内)卡钳的两只脚尖紧贴圆筒外(内)壁,使两脚尖之间的距离等于圆筒的外径,然后再用刻度尺测出这段距离。卡钳的结构如图 3 – 23 所示,卡钳的使用如图 3 – 24 所示。

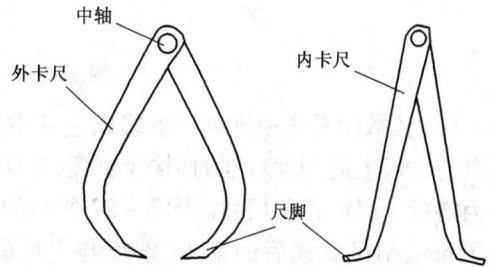

图 3 – 23 卡钳的结构

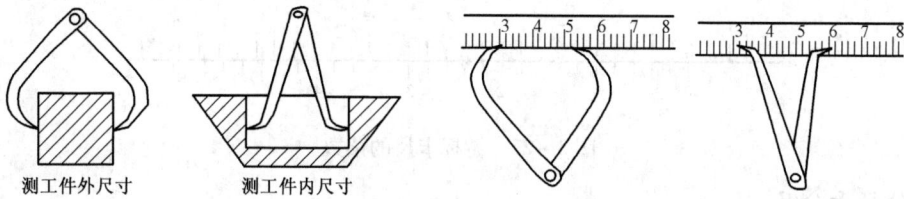

测工件外尺寸   测工件内尺寸

图 3 – 24 卡钳的使用

6. 游标卡尺

游标卡尺是一种中等精度的量具,它可以直接测出工件的内外尺寸,如图 3 – 25 所示。常用的游标卡尺有 150mm 和 200mm 两种规格,这两种游标卡尺的精度均为 0.02mm。

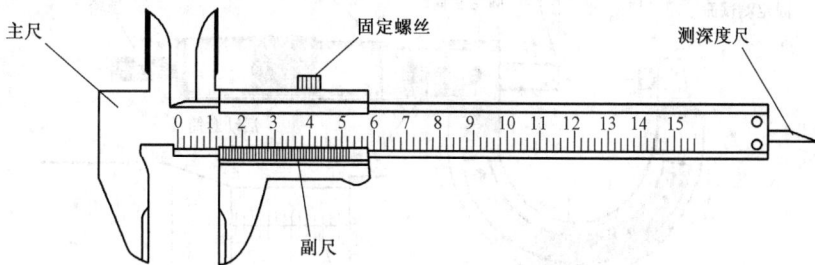

图 3 – 25 游标卡尺

游标卡尺的使用方法:

(1)使用游标卡尺测量工件的尺寸时,应先检查尺况,再校准零位,即主副两个尺上的零刻度线同时对正即为合格,这样才可以使用。

(2)测量时,右手拿住尺身,大拇指移动游标,左手拿起待测外径的物体,使待测物体位于外测量爪之间,当与量爪紧紧相贴时,即可读数,如图 3 – 26 所示。

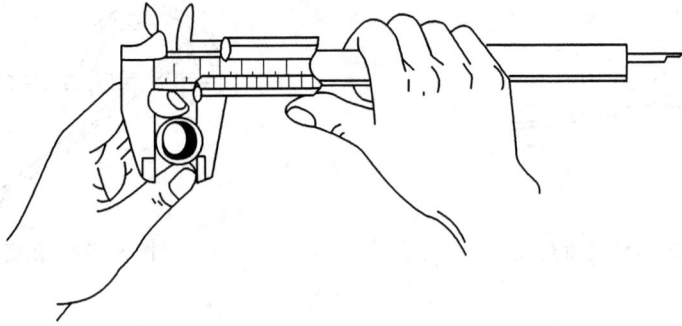

图 3 - 26　游标卡尺的使用

(3)读数时首先根据副尺零线以左的主尺上的最近刻度读出整毫米数,再根据副尺零线以右与主尺上的刻度对准的刻线数乘以 0.02 读出小数,将上面的整数和小数两部分加起来,即为游标卡尺测得的尺寸。图 3 - 27 所示的游标卡尺测量尺寸,副尺 0 线以左所对主尺的刻度 33mm,副尺 0 线后的第 12 条线与主尺的一条刻线对齐。副尺 0 线后的第 12 条线表示 $0.02 \times 12 = 0.24(mm)$,所以被测工件的尺寸为:$33 + 0.24 = 33.24(mm)$。

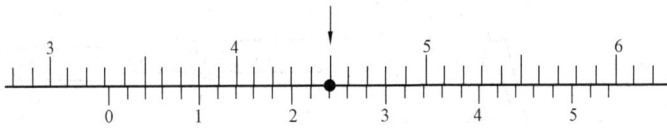

图 3 - 27　游标卡尺的读数

7. 外径千分尺

外径千分尺(又称分厘卡、螺旋测微器)是一种精度较高的量具,如图 3 - 28 所示。外径千分尺主要是用来测量精度要求较高的工件,其精度可达 0.01mm,比游标卡尺精度高出一倍,常用的有 50 ~ 75mm、75 ~ 100mm 等多种千分尺。

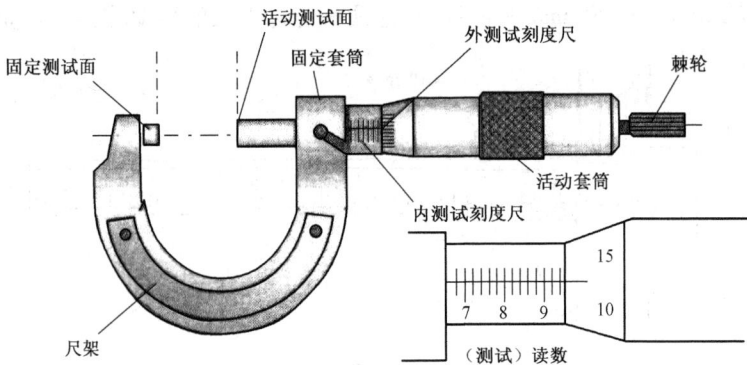

图 3 - 28　外径千分尺

外径千分尺的使用方法:

(1)将外径千分尺的测量面擦拭干净,检查零位是否准确。

(2)将工件的被测表面擦拭干净。

(3)用单手或双手握持外径千分尺,先转动活动套筒,外径千分尺的测量面一接触工件表面就转动棘轮,当测力控制装置发出嗒嗒声时,停止转动,此时即可读数。

(4)读数时,要先从内测试刻度尺刻线上读取毫米数或半毫米数,再从外测试刻度尺(即活动套筒)与固定套筒上中线对齐的刻线上读取格数(每一格为0.01mm),将两个数值相加,就是测量值。

需要注意的是:不可用千分尺测量粗糙工件表面,使用后测量面要擦拭干净,并加润滑油防锈,然后放入盒中保存。

第二节 管件预制加工

一、管子的调直

管子在生产、搬运和堆放过程中,常因碰撞而弯曲,加工和安装时也有可能使管子变形,但是管道施工要求管子必须是直的,成品必须做到横平竖直,否则将影响管道的外形美观和管道的应有功能。因此,在安装过程中为了保证工程质量,弯曲的管子在加工安装前要进行调直处理。

1. 调直前的检查

管子在未进行调直之前,首先应检查出管子的弯曲部分。最简单的方法是将管子一端抬起(直径较大的管子可平放在地面上),用一只眼从一端看向另一端,如果管子一侧的表面是一条直线,则管子是直的。如果一面凸起,则另一面必然凹下,这时,就要在管子的弯曲部位上做标记,以备调直。

直径较大、较长的管子可采用滚动方法进行检查。将管子放在两根平行且等高的型钢或钢管支架上,这两根型钢或钢管支架间的距离最好为所检查管子长度的一半,然后使管子在支架上轻轻滚动。如果管子以均匀的速度滚动而不摆动,且可在任意的位置停止时,可确定该管为直管。如果在滚动过程中时快时慢且来回摆动,而且停止时都在同一位置朝下,则可确定这根管子是弯曲的,并且弯曲部分在下凹位置,在该位置做好标记,以备调直。

2. 管子调直的方法

管子调直的方法有冷调法和热调法两种方法,前者适用于小口径且弯曲度较小的管子,后者适用于大口径且弯曲度较大的管子。

1)冷调法

管子的冷调法有手工法和机具法。

(1)手工法。

手工法调直管子又分为锤击和扳别法。锤击法一般要准备两把手锤,一把手锤顶在管子凹向的起点,以它作为支点,用另一把手锤敲打管子背面,即凸面高点,如图3-29(a)所示。

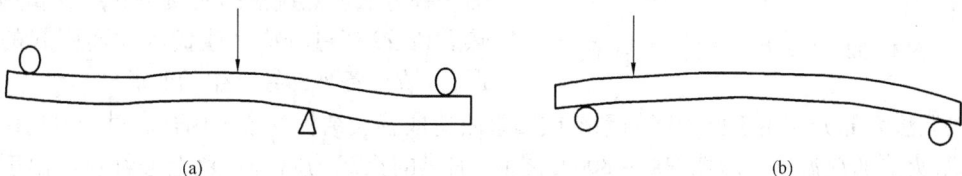

(a)   (b)

图3-29 锤击法

注意两把手锤不能对着打,以免打扁管子。两锤着力点应有一定距离,用力适当,反复矫正,直到调直为止。对于长度较大的弯管,可将管子平放在地面上,凸面在上。一个人在管子的一端观察管子的弯曲部位,另一个人可按观察者的指点,用木锤在弯曲部位凸面处敲打,方法是沿弯曲部位顺着管子进行,如图 3 - 29(b)所示,绝不能在凸起的最高点开始,那样反而会给调直工作带来不便。

对于口径为 15 ~ 25mm 的管子,如果是大慢弯,可用弯管平台人工扳别的办法进行调直,操作时把弯管平放在弯管平台上的两根别桩(铁桩)之间,然后用人力扳别,如图 3 - 30 所示。

弯管较长时可以从中间开始,如果弯管不太长(2 ~ 3m),可从弯曲起点开始,边扳别边往前移动,扳时不要用力太猛,以免扳过劲,如一次扳不直可按上述方法重复,直到调直为止。在扳别中管子与别桩间要垫上木板或弧形垫板,以免把管子挤扁。

(2)机具法。

使用专用工具如螺旋顶顶直弯曲的管子,如图 3 - 31 所示,它可以很方便地调直 DN125 以内的管子,即使是担任操作也照样可以进行。

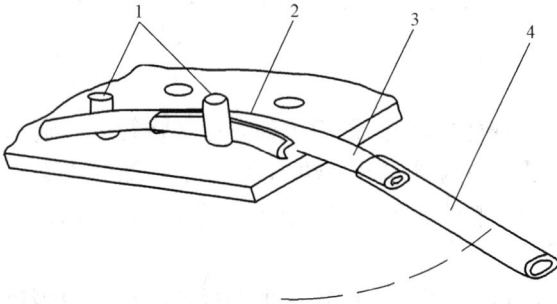

图 3 - 30　扳别法

1—铁桩;2—垫板;3—钢管;4—加长套管

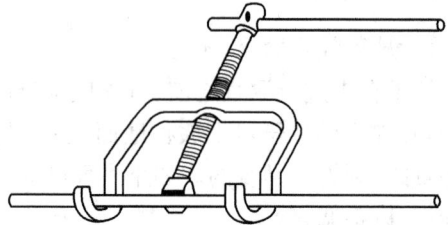

图 3 - 31　用螺旋顶顶直弯曲的管子

图 3 - 32　用丝杠压力机调直管子

采用丝杠压力机调直管子,操作时,沿着逆时针方向旋转丝杠,将压块提升到夹持管子所需高度,然后插入管子,并将管子凸面朝上放置,可根据管子弯曲长度进行调整,再沿着顺时针方向旋转丝杠,驱使压块下压,从而使管子的凸起部位被压平。用丝杠压力机调直管子的操作如图 3 - 32 所示。

2)热调法

热调法(又称火焰矫正法)是利用氧—乙炔火焰及其他火焰,对管子的变形进行加热矫正的一种方法。热调法的实质是利用金属局部受热后,在冷却过程中产生的收缩而引起的新变形,去矫正各种已经产生的变形。

热调法大部分应用于已生产的系统或因事故造成管线结构变形等场合。对于普通碳素钢管来说,火焰加热温度一般取 600 ~ 800℃ 之间,加热的火焰为暗樱红色至樱红色。温度过低不能取得矫正的效果,温度过高有损于金属的组织结构。热调法有两种方法,一种是点状加热,一种是均匀加热。

(1)点状加热。

点状加热适用于已安装好的管线,如锅炉因点火不当造成爆炸,致使炉管变形,如图3 - 33所示。根据管子的直径、变形程度来确定加热的点数。加热位置选在管子背部,加热温度约为600~800℃,加热速度要快。每加热一点后迅速移到另一点,使两点同时收缩,使之达到所需要求。

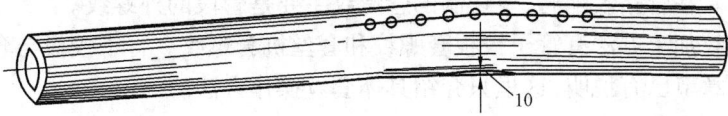

图3 - 33　点状加热

(2)均匀加热。

将有弯曲部分的管子放在地炉上,边加热边转动,当温度升至600~800℃时,将管子移放到由四根管子以上组成的支承面上滚动,火口在中央,被矫正管子的重量分别支承在火口两端的管子上,如图3 - 34所示。支承用的四根管子保持在同一水平面上,加热的管子在上面滚动,利用管子的自重或用木锤稍加外力就可以将管子调直。

调直后,为了加速冷却,可用废机油均匀地涂抹在火口上,保持均匀冷却,防止再发生弯曲及氧化。

热调法的关键在于掌握火焰局部加热引

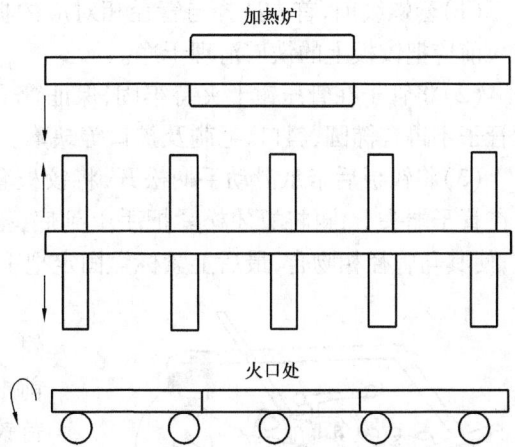

图3 - 34　均匀加热

起变形的规律。不同的加热位置和加热形状,可以矫正不同方向的变形。不同的加热量可以获得不同矫正变形的能力。一般情况下,加热量越大,矫正能力越强,矫正变形量也越大,但重要的是要确定正确的加热位置和加热形状。如果加热位置错误、加热形状不对,则不能得到预期的调直效果,甚至事与愿违。

二、管子的校圆

管子的校圆主要用在管壁较薄、直径较大的管子上。校圆的目的是防止管子在安装组对过程中造成错口,以达到焊接的质量要求。

校圆之前需要制作一个同所校管子内径相同的扇形样板,以样板弧形为标准进行校正。方法是用两把手锤,其中一把抵住凹陷的边缘,作为支点,另一把手锤敲击凸出点,反复进行,直到管子内径的圆弧与样板的圆弧完全吻合为止。

对于小直径的管子,轻微的椭圆也可以进行校圆,如果变形过大则只能将变形处切掉。如果一根直管直径较大、壁薄,同时凹陷面积也比较大时,可采用冲压校圆。方法是将管两端用盲板焊死,向管内冲入压缩空气,使管内压力慢慢升高。当管子回复到原来形状时,立即停压,充气时不应过快,应缓慢进行,防止产生意外。

三、管螺纹加工

管螺纹加工(又称管子套丝)是在管道的安装和检修过程中,螺纹连接时常用的管道连接方法之一,常用于上、下水与煤气管道安装上。螺纹连接就需要对管子进行套丝,套丝是管道工人的基本操作技能,必须熟练掌握。

管螺纹是英制螺纹,它的名义尺寸不是根据螺纹的尺寸(如外径)规定的,而是根据所刻螺纹的瓦斯管的名义尺寸规定的。另外,管螺纹是细牙螺纹,因为粗牙螺纹的牙深大,会严重降低所切螺纹外径管子的强度。在螺纹连接的管路中所用的各种管件,在制造时已制有的螺纹大都是内螺纹。在管路装配时,要切制的管螺纹主要是管段的外螺纹。

常用管子螺纹加工方法有管子铰板套螺纹和套丝机套螺纹。管子铰板与套丝机的结构及工作原理在前面章节已有说明,这里只介绍具体套丝操作方法。

1. 用管子铰板套螺纹

采用管子铰板套螺纹的步骤与方法如下:

(1)套螺纹前,首先选择与管径相对应的板牙,按顺序将4个板牙依次装入铰板板牙室,装入前应把铰板上的铁屑清理干净。

(2)将管子在管压钳上夹持牢固,保证管子处于水平状态,管端伸出管压钳约150mm。注意管子不得有椭圆、斜口、毛刺及扩口等缺陷。

(3)将铰板后卡爪滑动手柄松开,将铰板套进管口,然后转动后卡爪滑动手柄,将铰板固定在管子端头上,再将板牙松紧把手上到底,把活动标盘对准固定盘上与管径相对应的刻度上,使其与管径相吻合,最后上紧标盘固定把手。

图3-35 用管子铰板套螺纹

(4)操作时,首先站在管端的侧前方,面向管压钳,两腿一前一后叉开,一手压住铰板,同时用力向前推进,另一手握住手柄,按顺时针方向扳动铰板,待铰板在管头上戴上扣后,再斜侧身站在管压钳旁边,扳动手柄。用管子铰板套螺纹操作如图3-35所示。

(5)开始套螺纹时,动作要慢、要稳,不可用力过猛,以免套出的螺纹与管子不同心而造成啃扣、偏扣等缺陷,待套进两扣后,为了润滑和冷却板牙,要间断地向切削部位滴入润滑油。

(6)套制过程中吃力不宜太深,套完一遍后调整一下标盘,增加进刀量,再套一遍,具体做法是:DN25 以内的管子,可一次完成螺纹套制;DN25 ~ DN40 的管子,需两遍套成;DN50 以上的管子,宜分三次套成。

(7)扳动手柄最好由两人操作,动作要协调,这样不但操作省力,且可避免套出的螺纹产生与管子不同心的缺陷。套制 DN15 ~ DN20 的管子,一次可扳转 90°;套制稍大直径的管螺纹,一次可扳转 60°;套制 DN50 或 DN50 以上的管子,应根据实际需要增加人力,同时也要增加扳转的次数。

(8)当螺纹加工到接近规定长度时,在扳动手柄的同时应缓慢地松开板牙和松开松紧把手,且边松开边套制出 2 ~ 3 扣,以使螺纹末端具有一定锥度。

(9)套完螺纹退出铰板时,铰板不得倒转,以免损伤板牙和螺纹或造成乱扣。

(10)螺纹套好后,要用螺纹连接件进行检验,以用手力拧进 2 ~ 3 扣为宜。如套制的螺纹过松,则连接后的严密性差,且螺纹会很快被管道中的介质腐蚀;如套制的螺纹过紧,连接时则容易将管件胀裂,或因大部分管螺纹露在管件外面,而降低了连接强度。在严密性要求较高的情况下,可用逐渐松开板牙松紧把手的方法,加大螺纹的锥度。

2. 用套丝机套螺纹

套丝机的种类很多,用套丝机套螺纹的操作步骤及方法如下:

(1)根据管子的直径选择相应的板牙头和板牙,按板牙上的序号,一次装入对应的板牙头。

(2)将支架托板拉开,插入管子,旋转前后卡盘,将管子卡紧。

(3)如套螺纹的管子较长,则应采用辅助支架做支撑,高度要调整适当。

(4)将板牙头及出油管放下,合上开关,调整喷油管,对准板牙喷油,移动进给手把,将板牙对准管口并稍加压力,待板牙入扣后,可依靠自身的力量实现自动进给。

(5)注意套螺纹的长度。当达到套螺纹要求长度时,应及时扳动板牙头上的手把,使板牙沿轴向退离已加工完的螺纹面,关闭开关,再移动进给手把,拆下已套好螺纹的管子。

为保持套丝机处于最佳工作状态,必须注意加强机械保养。对套丝机上所有相对运动的部件应定期注入润滑油,特别要保证喷油管的油路畅通,箱体上的注油杯应经常注入规定的机械油。套丝机使用完应擦拭干净,尤其是黏附在各部件上的金属屑沫,必须及时清理干净,盖上滤网盖子,切管器、板牙头也应放下并收好。

四、管子的煨弯

管道施工过程中常常需要改变管路走向,将管子弯曲以达到设计、规定的角度。弯管制作方法很多,按加热与不加热分为热煨法和冷弯法。

1. 管子的弯曲半径

弯曲管径较大或管壁较薄的管子,应采用较大的弯曲半径;弯曲管径较小或管壁较厚的管子,应采用较小的弯曲半径。管子的最小弯曲半径应符合表3-5的规定。

表3-5 管子的最小弯曲半径

管 子 类 别	弯管制作方法	最小弯曲半径
中低压钢管	热煨	$3.5D_w$
	冷弯	$4.0D_w$
	褶皱煨	$2.5D_w$
	压制	$1.0D_w$
	热推煨	$1.5D_w$
	焊制	$1.0D_w$($DN \leqslant 250mm$)
		$0.75D_w$($DN > 250mm$)
高压钢管	冷弯、热煨	$5.0D_w$
	压制	$1.5D_w$
有色金属管	冷弯、热煨	$3.5D_w$
硬聚氯乙烯管	热煨	$3.5D_w$

注:D_w 为管子外径。

2. 管子的热煨加工

对于管壁超薄、管径较大、铜铝等特殊材料制成的管子以及皱褶弯管等,常采用热煨法进行弯管。管子的热煨加工是对管子的弯曲部位进行加热,然后再进行弯曲加工的一种方法。

热煨时应首先将管子的一端用木塞堵上,灌入干燥砂(一定要干燥,必要时要进行烘烤),用榔头轻轻在管子外壁上敲打,使管内的砂子震实,再将管子的另一端用木塞堵上,然后根据尺寸要求划好线进行加热。加热方法可使用加热炉,也可使用氧气—乙炔焰加热(施工现场一般采用后者加热),应使受热管段受热均匀,并使管内的砂子同时受热,当受热管段表面呈橙红色时(900~950℃)即可进行煨制。如管径较小(32mm 以下)或者弯曲的度数不大,可适当降低加热温度。热煨的主要工序为:计算弯曲长度、填砂、加热和煨弯、清砂等。

1)管子弯曲长度的计算

(1)90°弯管的计算。

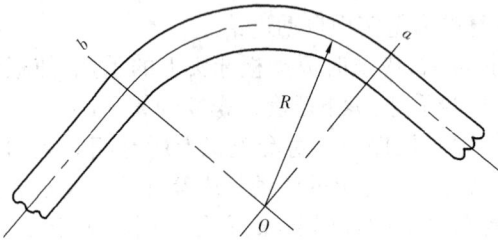

图 3 – 36　90°弯管

90°弯管在管道预制和安装中应用最多。90°弯管的弯曲半径一般为管子公称直径的四倍(有特殊要求时除外),即 $R = 4D$。由图 3 – 36 可以看出,弯曲部分的长度近似等于中心线 ab 弧的长度($\overset{\frown}{ab} = \dfrac{\pi R}{2} = 1.57R$),也就是说 90°弯管的弯曲长度为弯曲半径的 1.57 倍。

(2)任意角度弯管的计算。

① 弯曲部分展开长度的计算。

任意角度和任意弯曲半径的弯管,弯曲部分的展开长度可按下式进行计算:

$$L = \frac{\pi \alpha R}{180} = 0.1745 \alpha R$$

式中　L——弯曲部分的展开长度,mm;

　　　α——弯曲角度,(°);

　　　R——弯曲半径,mm。

② 起弯点和终弯点位置的确定。

先按表 3 – 5 确定弯曲半径 R,再计算切线长,确定管端距起弯点尺寸,计算出弯曲部分的长度,最后在制作管道材料上划线。

2)填砂

热煨时灌砂是为了防止管子弯曲时产生椭圆或褶皱,减慢加热部位的冷却速度,增加弯曲时间。在管段加热前要向管内充砂,充砂时要不断敲击管子,装砂后将管子两端封死。

3)管子加热

管子加热是否适当,将直接影响弯管质量,若温度不够,不但煨弯费力,还易将管子煨瘪,温度过高易将管子烧毁变质。加热方法有电炉、炭炉或氧乙炔焰加热等。

4)煨管

在管段加热的同时,应做好煨管的准备工作。在煨弯的过程中,应有一位弯管经验丰富的工人师傅站在管子的弯曲部位旁指挥煨管的全过程。操作时用力要平稳,不得冲击或速度过快,但操作要连续,不可间断,并用样板进行检测,达到要求即停止用力。

5)清砂

煨制好的钢管冷却后,应及时清除管内的砂子。

6）注意事项

（1）要力争一次煨弯成功，如果反复几次不但效率低，而且影响质量。在管子温度低于弯曲温度（暗红色）仍未弯好时，应停止弯曲，重新加热后再煨。

（2）煨制有缝管时，管缝位置应在侧面45°处，以免在煨制时管缝由于承受过大的拉力或压挤而开焊。

（3）管子煨完冷却后由于冷缩的原因容易出现角度不够的现象，因此煨制时要比要求的角度大3°～4°。

（4）在煨制过程中要注意安全，必须将管子固定在压力架下，以防受热管烫伤操作人员。操作人员必须穿戴好防护用品。

3. 管子的冷弯加工

冷弯弯管是指在常温下依靠弯管机具对管子进行弯曲，常用的冷弯弯管设备有手动弯管器、液压弯管器和电动弯管机等。手动弯管器一般用于管径在25mm以下的管子；液压弯管器一般适用于管径100mm以下的管子；电动弯管机可在150mm的范围内使用。其共同优点是管子不需加热，管内不需灌砂，操作简便，效率很高，但冷弯只适用于管径小、管壁薄的管子。

1）手动弯管器

手动弯管器分为携带式和固定式两种，一般可以弯曲公称直径25mm以下的管子。弯管时一般需要配有几对与常用管子外径相应的胎轮。

携带式手动弯管器的结构如图3-37所示。弯管前，先根据弯管的弯曲长度，在弯管胎轮上划出所弯制弯管的终弯点，一般终弯点要比所需弯曲角度大3°～5°。操作时，将被弯制的管子放在弯管胎槽内（注意：在用水煤气输送的钢管和直缝焊接钢管冷弯时，应使焊缝位于距中心轴线45°的区域内），管子一端固定在活动挡板上，慢慢地推动手柄，将管子弯曲到所需要的角度，然后松开手柄，取出弯管。

固定式手动弯管器与液压弯管器的结构及使用方法在上一节中已有介绍，这里不再重复。

2）电动弯管机

电动弯管机由电动机通过传动装置，带动主轴以及固定在主轴上的弯管模一起转动进行弯管。图3-38为电动弯管机弯管示意图。

使用电动弯管机弯管时，先根据所弯管子的弯曲半径和管子外径选取合适的弯管模、导向模和压紧模，安装在弯管机操作平台上。将被弯曲的管子沿导向模放在弯管模和压紧模之间，调整导向模，使管子处于弯管模和导向模的公切线位置，并使起弯点处于切点位置，再用U型管卡将管端卡在弯管模上。根据弯曲角度和起弯点位置，在弯管模上定出终点位置。

启动电动机，使弯管模和压紧模带着管子一起绕弯管模旋转，当终弯点接近弯管模和导向模公切点位置时，立即停车，拆除U型管卡，松开压紧模，取出弯管。

使用电动弯管机时，应注意以下几点：

（1）操作人员必须熟悉弯管机的性能、操作方法及要求。

（2）操作前需认真检查电气装置、限位开关、润滑系统中存油器的油位。

（3）胎具与机械应保持清洁光滑，胎具凹槽应与所弯管子外径一致。

（4）做好角度样板，调好弯曲角度。

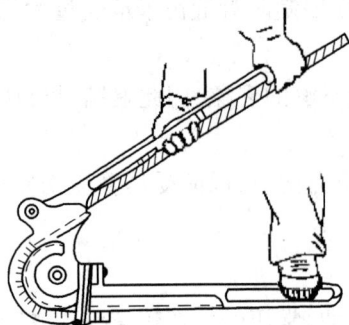

图 3 - 37   携带式手动弯管器

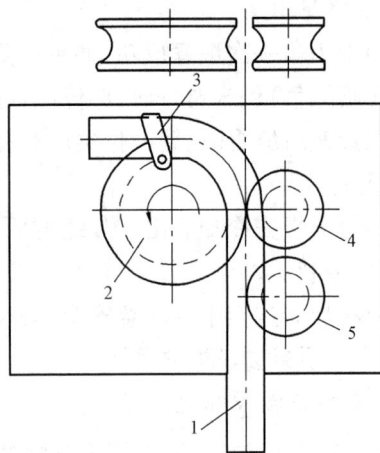

图 3 - 38   电动弯管机弯管示意图
1—管子;2—弯管模;3—U 型管卡;
4—导向模;5—压紧模

(5)当被弯曲管子外径大于 60mm 时,必须在管内放置芯棒,芯棒外径比所弯管子的内径小 1.0～1.5mm,芯棒前端呈圆锥形。弯管时,将芯棒放在管子起弯点稍前处,芯棒的圆锥部分为圆柱形部分的交线,应放在管子的起弯点上,弯管操作时,芯棒始终保持在这一位置。

(6)凡使用芯棒弯管时,必须在弯管前将管腔内杂物清除干净,有条件可在管内壁涂少许润滑油,以减少芯棒与管子内壁的摩擦。

五、管子的切割

在管道的安装与维修中,为了得到所需长度的管子,就必须根据使用长度将长管截断。管子的切割方法很多,常用的有锯割、刀割、磨割、气割、錾切等,施工时可根据现场条件和管子的材质、规格,选用合适的切割方法。

1. 管子切割前的准备工作

管子切割前的准备工作主要是确定切管的长度尺寸。在安装现场测量管子长度的工具主要有钢卷尺和纤维卷尺。沿管子中线测量长度,在测量时依据设计图样并到实地进行校核,同时还要考虑阀门、管件、设备、法兰等所占长度,这样会使所测量管子的长度尺寸准确。

2. 管子切割的一般要求

(1) $DN \leqslant 50mm$ 的中低压碳钢管一般采用机械法切割; $DN > 50mm$ 的中低压碳钢管常采用气割法切割;镀锌钢管必须使用机械法切割。

(2)高压钢管或合金钢管宜采用机械法切割。当采用氧—乙炔焰切割时,必须要将切割表面的热影响区排除,其厚度一般不小于 0.5mm。

(3)有色金属管和不锈钢管应采用机械或等离子方法切割。当用砂轮切割不锈钢管时,应选用专用的砂轮片。

(4)铸铁管、混凝土管常采用钢錾子凿切,塑料管均采用锯割。

3. 管子切割的方法

1)锯切

锯切是最常用的一种切割方法,它适用于各种金属管道、塑料管道、橡胶管道等。锯切可分为手工锯切和机械锯切两种。

手工锯切即用手锯切断钢管。在切割管子时,应预先划好线。划线的方法是用整齐的厚纸板或油毡缠绕管子一周,然后用石笔或铅笔沿样板纸边划一圈即可。切割时,锯条应保持与管子轴线垂直,用力要均匀,锯条向前推动时加适当压力,往回拉时不宜加力。锯条往复运动应尽量拉开距离,不要只用中间一段锯齿。锯口要据到管子底部,不可把剩余的部分折断,以防止管壁变形。

为满足切割不同厚度金属材料的需要,手锯的锯条有不同的齿距。在使用细齿锯条时,因齿距小,会有几个锯齿同时与管壁的断面接触,锯齿吃力小,而不至于卡掉锯齿,且较为省力,但这种齿距切断速度慢,一般只适用于切断直径40mm以下的管材。使用粗齿锯条切断管子时,锯齿与管壁断面接触的齿数较少,锯齿吃力大,容易卡掉锯齿且较费力,但这种齿距切断速度较快,适用于切断直径50~200mm的钢管。

机械锯切可分为两种:一种是装有高速钢锯条的往复式G72型弓锯床,可切断DN220mm以下的各种金属管、塑料管等;另一种是圆盘式机械锯,其锯齿间隙较大,适用于切割有色金属管及塑料管。

机械锯床使用时的注意事项:

(1)使用前必须检查电源并使用断电保护器,检查传动装置是否良好,防护罩是否齐全,存油器内存油是否符合固定数量。

(2)管子一定要垫稳、放平、夹紧。先用手盘车检查锯床,一切正常时再闭合开关。开车后应首先空锯来回运转几次,再正式开始锯割。

(3)管子快锯断时,可适当降低速度,防止管子落地伤人。

(4)切断完毕后,应及时切断电源,清扫场地,做好机具保养工作。

2)刀割

刀割是指用管子割刀切断管子。管子割刀又叫管子切割器,可以截断管径为100mm以内的碳素钢管。它的优点是割口整齐、效率高,缺点是割后管口内径收缩,需用绞刀或圆锉处理。

割管前,先将管子固定在管子压力钳上,割口距钳口在不妨碍操作的前提下越近越好,然后将管子套进割管器的两个压紧滚轮与切割滚刀之间,刀刃对准管子上的切断线,再沿顺时针方向拧动手轮,使两个滚轮压紧管子。割管时,先在管子切断线处和滚刀上涂上润滑油,以减少刀刃磨损,然后用力将丝杠压下,使割管器以管子为轴心向刀架开口方向旋转,切割分几遍完成。第一圈进刀量要小,在管壁上划一道痕迹即可,视位置正确后,再旋转螺杆调节进刀量,每转一圈调节一次进刀量,每次进刀量都不宜太大。转动管子割刀时用力要均匀平稳,并始终保持割刀与管中心线垂直,边垂向绕管件旋转边均匀加力,最后直至割断管件。

管子割刀使用时的注意事项:

(1)根据被割管径选择割刀规范。

(2)检查割刀、加力丝杠、刀架扶正轮等各部件是否完好。

(3)将被割管件用管子压力钳夹牢,按要求的长短划好线。

(4)松开刀口,将割刀卡在管件上,使刀刃对准划线,同时用加力丝杠逐渐进刀。切割时,应始终让割刀在垂直于管子中心线的平面内平稳切割,不得偏斜。每转动1~2周进刀一次,但进给量不宜过大,并应对切口处加冷却润滑剂,以延长其使用寿命。

(5)当管子快要切断时,即应松开割刀,取下割管器,然后折断管子,严禁一割到底。

(6)管子切割后,应用刮刀或半圆锉、圆锉修整管口内侧的缩口和毛刺。

（7）割刀使用后，应除净油污，妥善保管，长期不用者应涂上防锈油。

3）磨割

磨割是利用高速旋转的砂轮将管子切断。常用的磨割设备有便携式金刚砂锯片机、卧式砂轮切割机及金刚砂轮片切割机等。

图 3-39　便携式金刚砂锯片机
1—夹紧装置；2—底座；3—电动机；
4—传动带罩；5—手柄；6—砂轮片

便携式金刚砂锯片机由夹管装置、底座、电动机、传动带罩、手柄及砂轮片组成，如图 3-39 所示。

切割前，先将划好切割线的管子安装到台面上的夹管器内，调整管子，使管子切割线对准金刚砂锯片，然后放下摇臂，使锯片与管壁相接触。再次确认锯片刃口与管子切割线对准无误后，闭合开关，轻轻地压下摇臂上的手柄，开始进刀切割管子。切割时，下压手柄不可用力过猛，否则会因锯片进给过量而打碎锯片，当管子即将被切断时，应逐渐减小压力或不再施加压力，直至将管子切断为止。

切割时如发现锯片不平稳或有冲击、振动时，应立即停机，检查锯片刃口处有无缺口，并注意校正锯片与主轴的同轴度。对已出现缺口的锯片，不能继续使用，必须立即更换。更换锯片时，应注意使主轴与锯片中心孔周围的间隙相同，以尽可能保持锯片与轴的同轴度。

4）气割

气割（又叫火焰切割）是利用氧气和乙炔燃烧时所产生的热能，使被切割的金属在高温下熔化，产生氧化铁熔渣，然后用高压氧气气流将熔渣吹离金属，从而将金属分离的过程。气割的优点是效率高、成本低、设备简单、操作方便，并能在各种位置上进行切割，广泛用于碳钢管、低合金管以及各种型钢的切割；缺点是切口不够平整，切口处有氧化铁渣残留，需要套螺纹的管子不宜采用气割。

气割的工具有氧气瓶、乙炔瓶、割炬等，割炬是气割的主要工具，目前使用较多的是 G01-30 型射吸式割炬。切割前，首先在管子上划好线，将管子垫平、放稳；管子的下方要有一定的空间，以利于氧化铁渣的吹出和防止混凝土地面的炸裂。切断后要用锉刀、扁錾或手砂轮清除管口的氧化铁渣，使之平滑、干净，同时应保证管口断面与管子中心线垂直。

手工气割时，使用的割嘴号数及切割氧压力的大小应根据割件厚度来确定。如切割小于 4mm 的薄钢件时，一般选用 1~2 号割嘴，氧气压力为 0.3~0.4MPa；当切割 4~10mm 的厚钢件时，一般选用 2~3 号割嘴，氧气压力为 0.4~0.5MPa。气割时火焰应采用中性焰，一般以焰心末端距工件 3~5mm 为宜。

切割开始时，先在割件边缘预热，待呈亮红色时将火焰略移出工件边缘，并慢慢打开切割氧气阀。如果看到铁水被氧气射流吹掉，应加大切割氧气流，待听到割件下面发出"噗、噗"的声音，说明已被割透。此时即可按割件的厚度灵活掌握切割速度。操作中若因割嘴过热或割嘴堵塞发生回火，使火焰突然熄灭并发生"啪"的声响时，应立即关闭切割氧气阀，同时迅速将割炬抬起,关闭预热开关,再关闭乙炔阀。待割嘴冷却后,清通割嘴,再点火继续切割。

气割结束时,应立即关闭切割氧气阀,再相继关闭乙炔阀和预热氧气阀。如停止工作时间较长,应旋松氧气减压调节杆,再关闭氧气阀和乙炔阀。

5)錾切

给排水管道工程中的铸铁管、陶土管、水泥管的材质较脆,可用錾切法将其剁断,管工常用的錾子有扁錾、尖錾和克子。

錾切时,在管子的切断线下和两侧垫上厚木板,用扁錾沿切断线凿1~2圈,錾出线沟,然后用手锤沿线沟用力敲打,同时不断地转动管子,连续敲打直至管子折断为止,如图3-40所示。切断小口径的铸铁管时,使用扁錾和手锤由一人操作即可。切断大口径的铸铁管时,需由两人操作,一人打锤,一人掌握錾子,必要时还需有人帮助转动管子。掌握錾子要端正,錾子与被切管子间的角度要正确,如图3-41所示,千万不能偏斜,以免打坏凿子或手锤,砸坏管子。

图3-40 管子的錾切

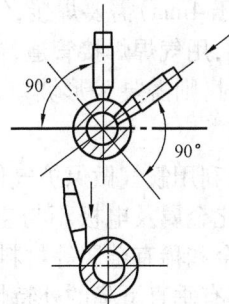

图3-41 錾切角度

铸铁管和陶瓷管是脆性材料,要注意锤击力的大小,防止管子震裂。操作人员应戴好防护眼镜,以免铁屑飞溅伤及眼睛。

第三节 管道连接

管道连接是按照设计图纸和有关标准的规范要求,将管子与管子或管子与管件和阀门等连接起来,使之形成一个严密的整体,以达到使用目的。

管道连接的方法很多,最常用的有焊接、法兰连接、螺纹连接和承插连接等。施工中应根据管材、管径、管道壁厚、工艺要求以及施工现场的具体条件等不同情况,分别选用各种不同的连接方法。

一、焊接连接

焊接是管道工程中常用的连接施工方法,常用于大口径钢管的焊接,如建筑外给水埋地钢管、给水架空钢管;建筑外热力钢管,建筑内供热钢管等。在不同的管道工程中,应根据管子的材质、管径、壁厚及传输介质的不同选择合适的焊接工艺。

管道焊接连接的主要优点是接头强度大、严密性好、不易渗漏、不需接头配件、成本低、工作性能可靠等优点;缺点是焊接是一种不可拆卸连接,如需检修、清理管道等则需将管路切断。另外,还有可能由于焊接加热而造成材料变质,降低构件的机械强度或造成设备构件的变形。

1. 常用焊接方法

1）电弧焊

电弧焊是以电焊机产生电弧作热源,将焊条熔化的一种只加热不加压的焊接方法。施工中,焊接钢管和普通无缝钢管通常使用交流电焊机,而对各种结构钢、不锈钢管和低合金钢的焊接则使用直流电焊机。交流电焊机具有体积小、质量轻、移动方便、成本低、效率高、构造简单、容易维修等优点,在施工现场使用较多。在工作性能上,直流电焊机除了能产生直流电以外,还具有焊接电流能在较大的范围内均匀调节、空载电压不大、电弧稳定性好等优点。但由于焊机构造复杂、维修困难、噪声大、成本高,导致它在工地上使用不多。

2）气焊

气焊是利用可燃性气体(如乙炔、液化石油气以及氢气等)和氧气混合后燃烧时所产生的高温,将金属加热至熔化状态,并在熔化点填充与金属相应的焊丝,使焊缝熔合成一体,冷却后即成牢固焊缝。气焊主要用于焊接有色金属、硬质合金以及铸铁件等。如遇管壁较薄的钢管(一般厚度小于4mm)需要焊接,气焊应是首选的方法。

在施工中,用气焊焊接管道,当管壁厚度小于4mm时,不需要坡口,可直接焊接;当管壁厚度大于4mm时,则需要V形坡口,以保证焊缝全部焊透。

3）氩弧焊

氩弧焊是利用氩气做保护气体的一种焊接方法。在焊接过程中,氩气在电弧周围形成保护气罩,使熔化金属及电极不与空气接触,能获得高质量的焊缝。氩弧焊适用于合金钢、铝、铜、镁及其合金和稀有金属等材料的焊接。

氩弧焊具有垂直下降的外特性,其焊接电流稳定,焊机具有电流自动衰减装置,保证焊缝的收尾质量,使焊缝平整美观、没有弧坑;同时还具有长弧、短弧转换装置,以适应长焊缝、间断焊缝和点焊的需要。焊接电流衰减时间及气体滞后时间全部采用无级调节,使用方便;另外,氩弧焊机体积小、质量轻、移动方便。随着科学技术的发展,今后稀有金属和合金材料的焊接将会更广泛地使用氩弧焊。

2. 焊前准备

(1)焊前根据管件的材质、壁厚及焊接方式等选择管子、管件的坡口形式和尺寸。选择时应充分考虑易保证焊接接头的质量、填充金属少、便于操作及减少焊接变形等原则。

(2)对于采用等离子弧或氧—乙炔等方法切割的管子坡口,为了消除表面的淬硬性,可用锉刀或手砂轮进行磨削。对于重要的焊接坡口,最好直接用电动角向砂轮机磨出坡口。

(3)管子焊接组对前应对焊接端的坡口面及管壁内外10~20mm范围内进行清理,不得有铁锈、油污等脏物,应露出金属光泽。

(4)不圆的管子要事先进行校圆,管子对口时要检查平直度,在距焊口200mm处测量。当管子公称直径小于100mm时,允许偏差为1mm;当管子公称直径大于或等于100mm时,允许偏差为2mm,一根管子全长偏差不大于10mm。

(5)管子对口间隙应符合设计或相关标准要求,除设计规定的冷拉焊口外,对口时不得强力对正。连接闭合管段的对接焊口,如间隙过大,应更换一根长管,不允许用加热管子的方法来缩小间隙,也不允许用加偏垫或多层垫等方法来弥补过大的间隙、错口等缺陷。

(6)对接焊接的管子端面应与管子轴线垂直,管道对接焊口的组对应做到内壁平齐,对于钢质焊件,内壁错边量不宜超过壁厚的10%,且不大于2mm,不等厚管道组件组对时,当内壁错边量超过规定值或外壁错边量大于3mm时,应进行修整。

3. 焊接要求

(1)管子、管件组对好后,先施定位焊,一般分上下左右四处定位焊,但最少不应少于三处。定位焊用的焊条和焊工技术水平应与正式焊接相同。定位焊长度一般为10~15mm,高度为2~4mm,且不应超过管子壁厚的2/3。

(2)管子、管件组对、定位焊好并经检查调直后再焊接,焊接时应垫牢、固定,不得将管子悬空处于外力作用下施焊。焊接时应尽量采用转动方法,减少仰焊,以保证焊接质量,提高焊接速度。

(3)焊接时应采取合理的施焊方法和焊接顺序,施焊过程中应保证起弧和收弧的质量,收弧时将弧坑填满,多层焊的层间接头应错开,最后一层应把焊缝全部填满,焊缝到母材的过渡应平缓。

(4)每道焊缝均应焊透,且不得有裂纹、夹渣、砂眼等缺陷,焊缝表面成型良好。

(5)对管内清洁要求高且焊接后不易清理的管道,其焊缝底层应采用氩弧焊施焊。

(6)管道的焊缝位置应遵守下列规定:

① 不易在管道焊缝及其边缘上开孔。

② 管子上对接焊缝距弯管起弯点不应小于管子外径,且不得小于100mm。

③ 钢板卷管对接时,钢板卷管上的纵向焊缝应错开一定距离,一般应为管子外径的1/4~1/2,但不得小于100mm;卷管的纵向焊缝应置于检修的位置,且不宜在底部;有加固环的卷管,加固环的对接焊缝应与管子纵向焊缝错开,其间距不应小于100mm;加固环距管子的环焊缝不应小于50mm。

④ 直管段上两对接焊口中心面间的距离:当公称直径大于或等于150mm时,不应小于150mm;当公称直径小于150mm时,不应小于管子的外径。

⑤ 管道上的焊缝不得设在支架或吊架上,也不得设在穿墙或楼板等处的套管内;环焊缝距支架、吊架的净距不应小于50mm;需要热处理的焊缝距支架、吊架不得小于焊缝宽度的5倍,且不得小于10mm。

4. 钢管的焊接

1)管道的转动焊接

转动焊接不仅操作方便、生产率高,而且焊接质量易于保证,所以在施工现场大量使用。

焊接前要求进行对口及点固焊。不带垫圈的管子转动焊,为了使根部容易焊透,运条范围选择在立焊部位,如图3-42所示。操作手法应采用直线形或稍加摆动的小月牙形。如果对口间隙较大,则可采用灭弧方法焊接。

对于厚壁管子,为防止因转动时振动而使焊口根部出现裂纹,在对口前,应将管子放在平整的转动台或滚杠上。焊接时,最好每一焊段焊接两层后转动一次,同时点焊焊缝必须有足够的强度;靠近焊口的两个支点距离最好不大于管径的1.5~2倍,见图3-43。

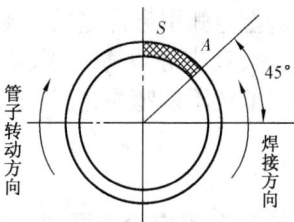

图3-42 转动焊立焊部位

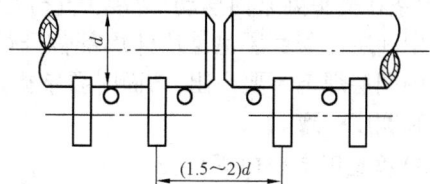

图3-43 滚动支架的布置

转动焊的多层焊接选择在平焊部位,焊条在垂直中心线两边15°~20°范围内运条,而焊条与垂直中心成30°,如图3-44所示。采用月牙形手法,压住电弧做横向摆动,这样可得到整齐美观的焊缝。

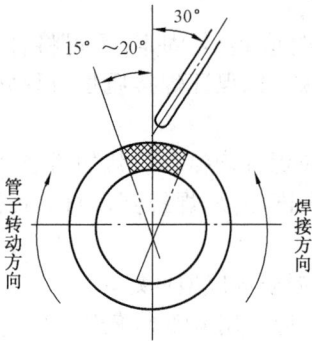

图3-44 多层焊的运条位置

2)水平固定管的焊接

由于焊缝是环形的,在焊接过程中需要经过仰焊、立焊、平焊等几种位置,焊条角度变化很大,操作困难,所以要注意每一环节的焊接要领。

管子组对前,在坡口及附近20mm左右的区域,用角向磨光机打磨干净,露出金属光泽。组对时,管子轴线中心必须对正,内外壁要平齐,避免产生错口现象。焊接时由于管子处于吊焊位置,一般先从底部起焊,考虑到焊缝的冷收缩不均,对直径较大的管子,平焊位置的接口间隙应大于仰焊位置间隙0.5~2mm。选择接口间隙也与焊条有一定关系,当使用酸性焊条时,接口上下间隙都约等于所用焊条直径;当选用碱性焊条时,接口间隙一般为1.5~2.5mm,这样底层焊缝双面成型良好。间隙过大,焊接时容易烧穿,产生焊瘤;间隙过小,则不容易焊透。

按要求定位焊好后开始焊接,焊接时从管子的仰焊位置开始,分两半施焊,先焊的一半称为前半部,后焊的一半称为后半部。两部分的焊接都按照仰—立—平的顺序进行。底层用直径3.2mm的焊条,先在前半部的仰焊处坡口边上用直击法引弧,引燃后将电弧移至坡口间隙中,用长弧加热起焊处,经过2~3s,坡口两侧接近熔化状态,立即压低电弧,当坡口内形成熔池,随即抬起焊条,熔池温度下降且变小,再压低电弧往上顶,形成第二个熔池。如此反复,一直向前移动焊条。当发现熔池温度过高、熔化金属有下滴趋势时,应采取灭弧方法,待熔池稍变暗,再从新引弧,引弧部位应在熔池稍前。

为了防止仰焊部位出现内凹现象,除合理选择坡口角度和焊接电流外,引弧要准确和稳定,灭弧动作要快,从下向上焊接保持短弧,电弧在坡口两侧停留时间不宜过长。随着操作位置不断变化,焊条角度也要相应改变。平焊时,容易在背面产生焊瘤,电弧不能在熔池前停留过久,焊条可做幅度不大的横向摆动,这样能使背面获得较好的成型。

后半部的操作与前半部相似,但要完成两处焊道接头。其中仰焊接头比平焊接头难度更大,也是整个水平固定管焊接的关键。为了便于接头,前半部焊接时,仰焊起头处和平焊收尾处都应超过管子垂直中心线5~15mm,在仰焊接头时,要把起头处焊缝用角向磨光机磨掉10mm左右,形成缓坡。焊接时先用长弧烤热接头部位,运条至接头中心时立即拉平焊条,压住熔化金属,切忌灭弧,并将焊条向上顶一下,以击穿未熔化的根部,使接头完全熔合。当焊条至斜立焊位置时,要采用顶弧焊,即将焊条前倾,并稍有横向摆动,如图3-45所示。当距接头3~5mm即将封闭时,绝不可灭弧,此时应把焊条向里压一下,可听到电弧击穿根部的"噗噗"声,焊条在接头处来回摆动,使接头充分熔合,然后填满弧坑,把电弧引导焊缝的一侧熄灭。

中间层与盖面层也是从仰焊部位开始、平位终止的。起头处应焊得薄一些,避免形成焊瘤。中间层焊肉不要凸出,盖面时要掌握好高度,特别是仰焊部位不能超高,要与平、立焊焊缝高度和宽度一致。

3)垂直固定管的焊接

垂直固定管焊接操作位置如图3-46所示。其坡口与组装和固定管相同,打底焊时先选定起焊处,用直击法引弧,拉长电弧加热坡口,待坡口处接近熔化状态,压低电弧,形成熔池,随后采取直线或斜齿形运条向前移动,运条角度如图3-46所示。更换焊条时速度要快,在焊缝尚未冷却时再次引燃电弧,便于接头。焊完一圈回到始焊处,听到有击穿声音后,焊条略加摆动,填满弧坑后收弧。打底层焊道位置应在坡口中略偏下,焊道上不要有尖角,下部不能有粘合现象。中间层焊道可采用斜锯齿形或斜圆圈形运条。这种操作方法焊道少,不易出现缺陷,生产效率高,焊缝均匀但操作难度较大。如用多道焊,可略增大焊接电流,直线运条,使焊道充分熔化,焊接速度不能太快,使焊道自下而上整齐而紧密地排列。焊条的垂直倾角随焊道位置改变,下部倾角要大,上不倾角要小。焊接过程中要保

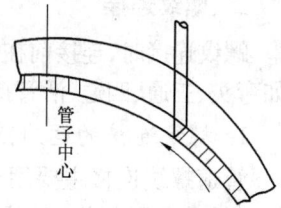

图 3 - 45　采用顶弧焊

持熔池清晰,当熔渣与熔化金属混淆不清时,可采用拉长电弧并向后甩一下,将熔渣与铁水分清。中间层不应把坡口边缘盖住,焊道中间部位稍微凸出,为盖面焊道做好准备。盖面焊道从下而上,上下焊道焊速要快,中间焊速稍慢,使焊缝呈凸形,焊道间不清除渣壳,以使温度缓慢下降,焊道间易于熔合。最后一道焊条倾角要小,以消除咬边现象。

　　4)固定三通管的焊接

　　管道施工中三通是常见的管件,大部分三通的连接都采用固定位置焊接。三通的固定位置焊接按空间位置也可分为平焊三通、立焊三通、横焊三通和仰焊三通四种形式。

　　(1)平焊三通。

　　平焊三通的焊缝实际上是坡立焊与斜横焊位置的综合,其焊接操作也与立焊、横焊相似。一圈焊缝要分四段进行,如图 3 - 47 所示。底层起头在中心线前 5～10mm 处开始,运条采用直线往复法,以保证根部焊透。同时注意不要咬边,中间层可用多层多道焊,焊条角度随焊缝位置变化而变换。采用短弧、小电流焊接。两侧停留时间稍长,使焊缝成型平整。

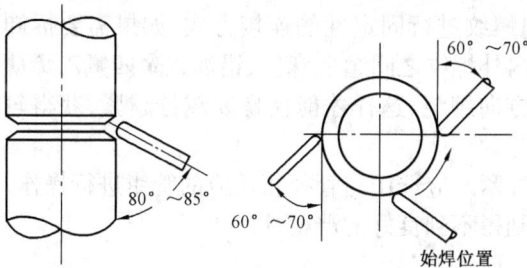

图 3 - 46　垂直固定管焊接操作位置

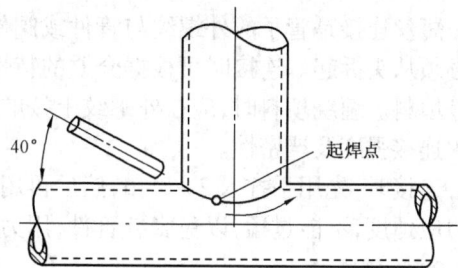

图 3 - 47　平焊三通

　　(2)立焊三通。

　　立焊三通分两半焊接,从仰位中心开始,逐步过渡到下坡立角焊—立焊—上坡立角焊,再到平角焊结束。起头、收尾及运条、操作方法与平焊三通相似。

　　(3)横焊三通。

　　横焊三通的焊接也分两半进行,从仰位中心开始,逐步过渡到上平焊中心结束。起始点处不易焊透,其操作方法与水平固定管焊接相似,引弧时要拉长电弧,预热 3～5s 后压低电弧,用击穿法焊透根部,宜用直线往复法连续焊接,并注意保证各部位焊缝宽度一致。

　　(4)仰焊三通。

　　仰焊三通焊缝是仰角缝、坡仰缝和立缝、横缝的综合。要分四段进行,从仰角处开始,操作与立位三通的下半部分相同。底层采用直线跳弧法运条,中间和盖面层采用锯齿形运条。在主管的中心部位较难焊透,应特别注意其内壁根部的熔合。

二、螺纹连接

螺纹连接时,连接前在管端部分加工成外螺纹,再在此管端外螺纹处拧上带有内螺纹的管件(如弯头、三通、四通、活管接头等)或带有内螺纹的阀门,然后再与其他管端连接,形成管路系统。

1. 螺纹连接的适用范围

管道螺纹连接主要用于以下几种情况:

(1)为了不损坏镀锌层,保证工艺要求,低压流体输送用焊接钢管,特别是低压流体输送用镀锌焊接钢管必须采用螺纹连接。

(2)管子公称直径在 100mm 以下,介质工作压力在 1.0MPa 以下,温度在 100℃ 以内且便于检查和维修的各种管道须采用螺纹连接。

(3)建筑给排水、室内热水、煤气供应以及采暖管道,DN100mm 以下一般均采用螺纹连接。

(4)钢管与带螺纹的设备、附件的连接也必须采用螺纹连接。

(5)需要经常拆卸又不允许动火的生产场合须采用螺纹连接。

2. 管螺纹的类型

焊接钢管采用螺纹连接时,使用的是牙型角为 55° 的英制螺纹。管螺纹有圆锥形和圆柱形两种,圆锥形管螺纹如图 3-48 所示。图中,L_1 为螺纹的工作长度,L_2 为管端到基面的长度,L_3 为螺纹尾长度。基面是一个指定的截面,在该截面中,圆锥形管螺纹的直径(外径、中径、内径)与同规格圆柱形管螺纹的直径相等。

圆柱形管螺纹的螺距、每英寸长螺纹扣数、牙型角、螺纹工作长度和工作高度都与圆锥形管螺纹相等,直径与圆锥形管螺纹基面直径相等。

1)短丝连接

短丝连接是管子的外螺纹与管件或阀件的内螺纹进行固定性的连接方式,如果需要拆卸则必须从头拆起。连接时可根据介质的特性,在内外螺纹之间缠上麻丝、铅油或聚四氟乙烯薄膜等填料。缠绕填料时,应在外螺纹上按顺时针方向缠绕,这样才能使螺纹越拧越紧,获得较好的连接强度及严密性。

连接时,先用手拧入 2~3 扣,然后再用管钳拧紧。应选用与管径相适应的管钳进行操作,用力应适度,不能过猛,以免胀裂管件,用力不足则得不到良好的严密性。

2)长丝连接

长丝连接是管道常用的活动连接方式之一。它由一根一端为普通螺纹(短丝),另一端为长丝(长丝根部无锥度)的短管和一个锁紧螺母组成。

图 3-49 为散热器进、出口处的长丝连接,在实际应用中还需加一个内壁为普通螺纹的管箍。

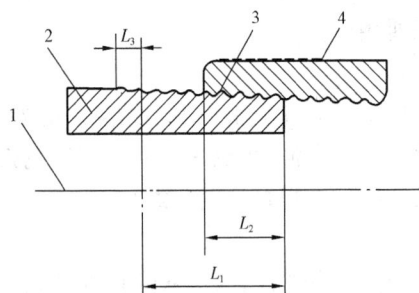

图 3-48　圆锥形管螺纹

1—管子中心线;2—管子;3—基面;4—管接头

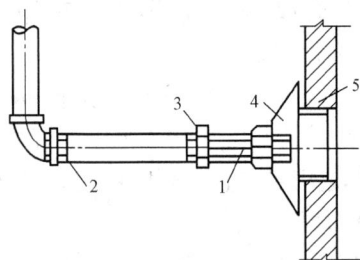

图 3-49　长丝连接

1—长丝;2—普通螺纹;3—锁紧螺母;

4—散热器补心;5—散热器

（1）安装。先将锁紧螺母拧至长丝根部，然后不缠填料将长丝全部拧入散热器补心的内螺纹中，此时，在长丝另一端的普通螺纹上缠绕填料。再用倒扣的方法将普通螺纹（短丝）拧入另一管件的内螺纹中（图3-49中弯头）。确认上紧后，把长丝根部上的锁紧螺母旋转到距散热器补心（或普通螺纹管箍）3~5mm处，再在间隙中缠绕适当的填料，缠绕方向要与锁紧螺母旋紧的方向相同，以防松脱，然后用管钳拧紧锁紧螺母，压紧填料。

（2）拆卸。拆卸长丝时，与安装顺序正好相反。先松锁紧螺母，清除填料，将长丝拧入散热器补心或普通螺纹管箍内，此时普通螺纹（短丝）端即可退出，然后把长丝退出，便可完成拆卸。

长丝连接优点是成本低、简单易行，也较美观；缺点是锁紧螺母处填料容易渗漏，在没有散热器补心和普通螺纹管箍时，不能使用长丝，只能使用活管接。

3）活管接连接

短丝、长丝连接拆装不便，活管接连接则可以不转动两端直管，只要旋紧或松开连接螺母即可达到连接或拆卸的目的，故在需要经常拆卸的管段上，要适当地安排一些活管接，以便安装拆卸管子。

活管接由公口、母口和套母三部分组成，如图3-50所示。公口的一端带插嘴，与母口的承嘴相配；另一端有内丝，与管子外丝呈短丝连接。套母的内孔有内丝，内丝与母口上的外丝连接。套母设在公口一端，并使套母内丝对着母口。套母在锁紧前，必须使公口和母口对好找正，接触平面平行，否则容易渗漏。

更换活管接时，一般应全套更换，否则由于产品不统一，公口与母口配合不严密，容易造成渗漏。连接时公口上应加垫，蒸汽和热水管道加有棉橡胶垫，水管或低温水暖管道可加胶皮垫。

活管接连接有方向性，应注意水流方向是从活管接的公口到母口方向的。

4）锁母连接

锁母连接是管道连接的另一种形式，如图3-51所示。锁母的一头有内丝，另一头有一个与小管外径相应的小孔。锁母的连接大部分是通过小管，连接时，先要使小孔的一面从小管穿进去，再把小管插入要连接的配件中，在连接处加好填料，用扳手将锁母锁紧在连接件上即可。

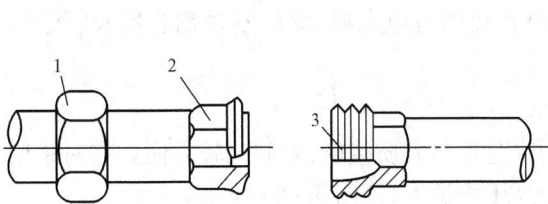

图3-50 活管接
1—套母；2—公口；3—母口

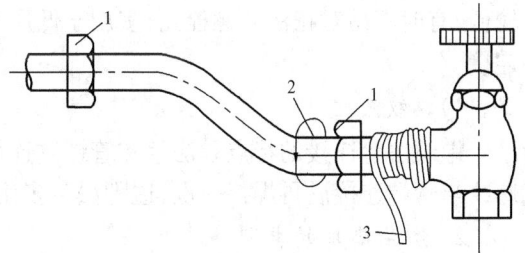

图3-51 锁母连接
1—锁母；2—石棉绳缠绕方向；3—石棉绳

三、法兰连接

法兰（又称为法兰盘或凸缘盘）是将管子与管子、管件连接的零件。管道的法兰连接用螺栓将固定在管件上的一对法兰拉紧封闭，使管件连接成一个可拆卸的整体。法兰连接由一对

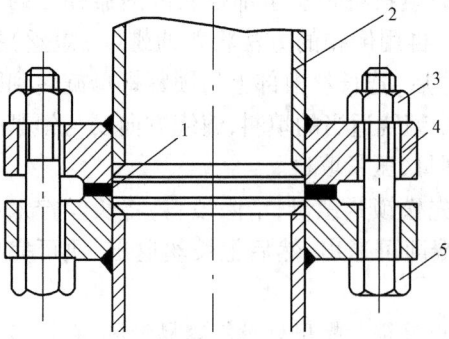

图 3 - 52 法兰连接
1—垫片；2—管子；3—螺母；4—法兰；5—螺栓

法兰、一个垫片和若干个螺栓、螺母组成,如图 3 - 52 所示。法兰连接具有较好的强度,而且适用的尺寸范围较广,可以拆卸,所以在工业管路中得到极为广泛的应用。

1. 常用法兰的类型

1)平焊法兰

平焊法兰的结构如图 3 - 53(a)所示,该法兰易于制造、成本低,但法兰刚度差,焊接工作量大,在温度和压力较高时容易泄漏。它常用于温度在 300℃以下,公称压力小于 2.5MPa,输送介质为水、蒸汽、空气、煤气等的中低压管道上。

用于碳素钢管管道连接的法兰一般用 Q235 或 20 号钢制作,用于不锈钢管道连接的法兰要用材质相同的不锈钢制作。

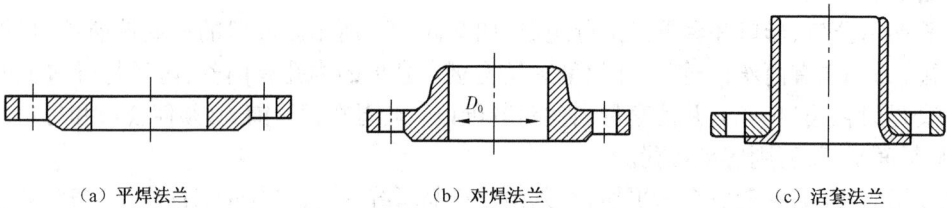

（a）平焊法兰　　　　　　（b）对焊法兰　　　　　　（c）活套法兰

图 3 - 53 法兰

2)对焊法兰

对焊法兰(又叫高颈法兰)的结构如图 3 - 53(b)所示。因法兰本身带一段短管,法兰与管子连接时是短管与管子对口焊接。这种法兰钢性好、强度高、密封性好、不易泄漏,能经得起高温、高压和温度的波动,适用于高温、高压及有腐蚀性介质的管道连接。

3)活套法兰

活套法兰(又称为松套法兰)的结构如图 3 - 53(c)所示。法兰不和设备或管道直接连成整体,所以设备或管道不受附加外力。这种法兰的特点是拆卸、维修、更换比较方便,但其强度较低,有时不易对正法兰螺栓孔,多用于低压和小直径的有色金属、耐酸不锈钢容器及管道的连接。

4)螺纹法兰

螺纹法兰连接的特点是法兰和管螺纹连接,法兰不与介质接触,安装比较方便。有时采用螺纹与管端连接后再焊接一次,这种法兰多用于高压管道上,如图 3 - 54 所示。

2. 法兰垫片的类型

垫片在法兰连接中起密封作用,它与被密封介质接触,直接受到介质的腐蚀,并受温度和压力的影响。要使法兰密封达到预期效果,应选择合适的垫片材料,这是保证法兰连接质量的关键。

法兰垫片应符合要求,不允许使用斜垫片或双层垫片。平面法兰所用垫片要加工成带把的形状(图 3 - 55),以便于安装或拆卸。垫片的内径不得小于管子的直径,外径不得遮挡法兰盘上的螺孔,安装时要注意与管子同心。

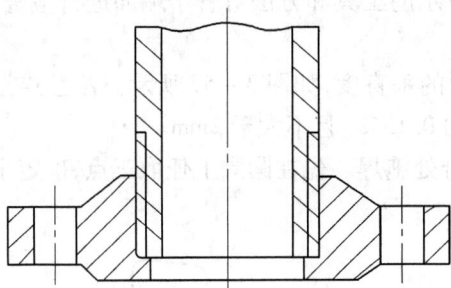

图 3-54　螺纹法兰

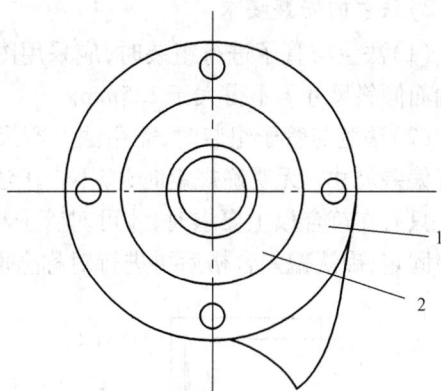

图 3-55　法兰垫片
1—法兰;2—垫片

法兰垫片分软垫和硬垫两大类,一般情况下,水暖、煤气、中低压工业管道采用软垫片,垫片厚度无特殊要求时,一般规定管径小于 125mm 时为 1.6mm,大于 125mm 且小于 500mm 时为 2.4mm,500mm 以上为 3.2mm。高温高压和化工管道上多采用硬垫片即金属垫片。

常用垫片介绍如下:

(1)橡胶垫片:用橡胶板制成,其作用是借助安装时的预加压力和工作时工作介质的压力,使其产生变形来实现密封效果。

(2)橡胶石棉板垫片:橡胶石棉是橡胶和石棉的混合制品。此垫片在用作水管和压缩空气管道法兰时,应涂点鱼油和石墨粉的拌和物;用作蒸汽管道法兰时,应涂以机油与石墨粉的拌和物。

(3)金属垫片:由于非金属垫片在高压下会失去弹性,所以不能用在高压介质的管道法兰上。当工作压力为 6.4MPa 时,则应考虑使用金属垫片。常用的金属垫片截面有齿形、椭圆形和八角形等数种。选用时注意垫片材质应与管材一致。

3. 法兰的装配与连接

1)安装前的检查与处理

法兰安装前应对法兰、螺栓和垫片进行检查和处理,即:

(1)首先应对法兰外形尺寸进行检查,包括外径、内径、坡口、螺栓孔中心距、凸缘高度等,应符合设计要求。

(2)法兰密封面应平整光洁,不得有毛刺及径向沟槽。

(3)螺纹法兰的螺纹、连接螺栓及螺母的螺纹应完整、无伤痕、无毛刺等缺陷,螺纹连接配合良好,无松动卡涩现象。

(4)橡胶石棉板、橡胶板等软垫片应质地柔韧,无老化变质和分层现象,材质应与设计选定的一致。

(5)金属垫片的加工尺寸、精度、表面粗糙度及硬度应符合要求,表面无裂纹、毛刺、凹槽、径向划痕及锈斑等缺陷。

(6)法兰装配前,必须清除表面及密封面上的铁锈、油污等杂物,直至露出金属光泽为止。

2)法兰的安装要求

(1)法兰与管子进行组装时,应采用图3-56所示的工具和方法对管子端面进行检查,管口端面倾斜尺寸 c 不得大于1.5mm。

(2)法兰与管子组装时,需用法兰弯尺检查法兰的垂直度,如图3-57所示。法兰连接的平行偏差尺寸 c 无明确规定时,应不大于法兰外径的0.15%,且不大于2mm。

只有在符合以上要求时,才可对管子与法兰接合处施焊。先在圆周上任取三点,确定平面施焊固定,确认偏差合格后再进行对称全面施焊。

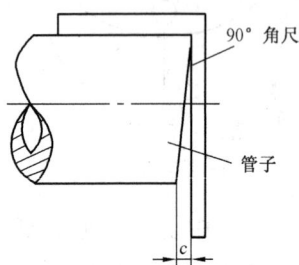

图3-56　管子端面检查

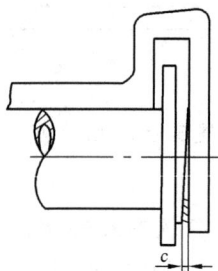

图3-57　法兰垂直度检查

在管端焊接法兰盘,当管道的工作压力为0.25~1.0MPa时,采用普通焊接法兰;工作压力在1.6~2.5MPa时,采用加强焊接法兰。加强焊接法兰与普通焊接法兰的不同之处是前者法兰端面靠管孔周边进行开坡口焊接,如图3-58所示。

(3)法兰与法兰对接连接时,密封面应保持平行,法兰密封面的平行度及平行度允许偏差应符合相关规定。

(4)法兰装配时,法兰面必须垂直于管子中心线。当 $DN < 300$ mm时允许偏斜度为1mm,当 $DN > 300$ mm时允许偏斜度为2mm。

(5)法兰连接应采用同一规格螺栓,其安装方向一致,即螺母应在同一侧。连接阀门的螺栓、螺母一般应放在阀件一侧。

(6)拧紧螺栓时,要使用合适的扳手,分2~3次拧紧。紧固螺栓应按照图3-59所示的次序对称均匀地进行,大口径法兰最好两人在对称位置同时进行。连接法兰的螺栓端部伸出螺母的长度一般为2~3扣。螺栓紧固还应根据需要加一个垫片,紧固后,螺母应紧贴法兰。

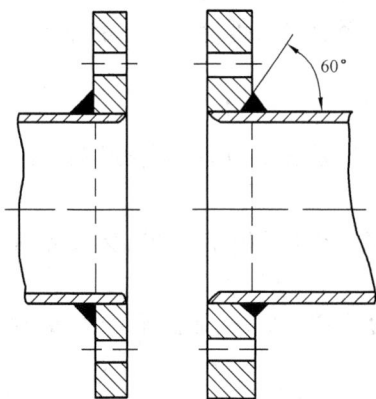

图3-58　法兰与管端的焊接

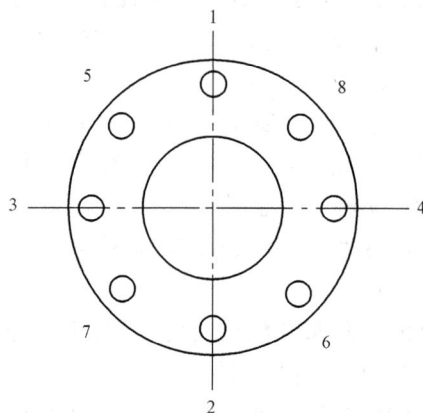

图3-59　紧固螺栓次序

(7)为了便于拆卸,法兰与支架边缘或建筑物的距离应在 200mm 以上。

(8)法兰不应直接埋在地下。埋地管道及不通行地沟内管道的法兰接头处应设置检查井。

4. 管道与法兰的连接

1)管道与管道法兰的连接

管道与管道法兰连接时,两管端安装同一规格的法兰,对正找齐,放入法兰垫片,拧上螺栓螺母并按要求扳紧,如图 3-60 所示。

2)管道与阀门法兰的连接

管道与阀门法兰的连接是管端焊接法兰与阀门上的法兰连接,带有法兰的阀门称为法兰阀门。法兰阀门有截止阀、闸阀、安全阀、浮动阀等。

管道上的法兰与阀门上的法兰连接首先要使阀门位置正确(常规定手柄轴线应与管道中线垂直),再把管端法兰对正阀门上的法兰,装入法兰垫片,穿入螺栓,拧紧螺母并检查合格。

四、承插连接

管道的承插口连接(又称捻口)是把承插式管道的插口插入承口内,在承口与插口之间的间隙内加入填料,使之密实,并达到一定的强度,以达到密封介质的目的,如图 3-61 所示。

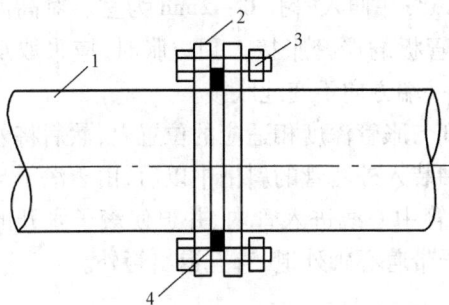

图 3-60 管道与管道法兰的连接
1—管子;2—法兰;3—螺栓螺母;4—垫片

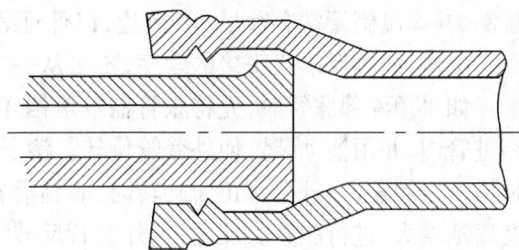

图 3-61 承插连接

承插口的填料分两层:内层用油麻丝或胶圈,其作用是使承插口的间隙均匀,并使下一步的外层填料不致落入管腔,且有一密封作用;外层填料主要起密封和增强作用,可根据不同要求选择接口材料。

承插连接适用铸铁管、陶瓷管、水泥制品管、玻璃管和塑料管等。承插连接的插口和承插口连接端面处应留一轴向间隙,以补偿管道的热伸长。间隙的大小与管材、管径有关,承口环形间隙宽度应保持均匀,其上下左右偏差不能超过 2mm,在环形空间内充填密封填料。承插连接难以拆卸、不便修理,一般用于压力较低的场合。

五、胀接连接

胀接连接(又称辗接)时,使用胀管器把管径扩大,以消除管子与管孔之间的间隙。管子壁减薄而发生塑性变形,管孔产生弹性变形。胀管器取出后,由于管孔是弹性变形,试图恢复原状而向管子产生挤压力,而管壁是塑性变形,无法回复原状,从而使管壁和管孔紧密结合在一起。

胀接连接主要用于水管锅炉的沸水管与锅筒的连接,还有热力站的加热器、空调机和冷凝器以及化工企业、食品、医药部门的换热器等设备的管束与管板的连接。采用胀接连接可避免焊接变形,同时也便于维修时更换损坏的管子。

1. 胀接方法

胀接是利用金属的塑性变形和弹性变形的性质使管端膨胀,使其连接在锅炉联箱、汽包或换热器管板上,因为汽包、联箱或换热器的管孔比管端外径稍大,当管子插入后,管子与管孔之间还有一定的间隙。胀接时先按胀接长度调整好胀管器挡环并使其固定好,将胀管器的滚柱端塞入管子内,加肥皂水润滑,转动胀杆,转动方式可以是人工转动也可以是机械转动。随着胀杆的深入,胀珠对管端施加径向压力,使管径逐渐扩大产生塑性变形,使其与相配的管板内孔发生弹性变形。当胀管器对管端及管板管孔的挤压力达到一定值时,管板内孔依靠弹性变形,紧紧地固定住已发生塑性变形的管端,达到胀接的目的。

胀壳弹子槽轴心线的偏斜角通常以2°为宜,如偏斜角过大,则在胀管中会有胀台产生,导致胀管器很难继续前进;如偏斜角太小,虽然胀管器在胀接过程中前进速度提高,但由于作用力减小而使胀紧度减小。

由经验得出,一般胀紧度宜取管径的1%～2%。胀紧度小于1%时,表明管端未胀透,胀紧度大于2%时,表明管端被胀过头。胀接管端伸出量以6～12mm为宜,具体数值根据管径大小选用。

管端喇叭口的翻边应与管子的中心线成12°～15°,并伸入管孔0～2mm为宜。对高温火管锅炉,高温侧管端必须呈90°扳边,以保证管边与管板的严密胀接。翻边胀时,应采取从中心向两侧,两侧反阶式胀接的顺序,不可从一端向另一端方向不变地胀接。

如采用深部胀管时,先将胀管器轴承挡环调节到与胀管深度相适应的位置上,然后将外套伸进管内,并用拖动装置使外套管旋转。滚子与心轴装入外套管的斜槽中以后,由于滚子与心轴呈一定倾角,在外套管正向旋转时,心轴沿着外套管中心线进入管内,并迫使滚子张开的角度逐渐增大,进行胀管。反之,当外套管反转时,滚子带着心轴外退,直至退出管外。

2. 操作注意事项

为了保证胀接质量,操作时应注意以下事项:

(1)胀管前应进行试胀工作,以确定合适的胀管率和控制胀管程度的方法。试胀用的试件材质、厚度、直径、加工精度以及工具、工艺和操作人员均应与正式胀管一样。

(2)胀管前,一定要用氯化碳或汽油管孔及管端上的油脂清洗干净。

(3)装管后随即进行胀管。

(4)胀管工作宜在环境温度0℃以上时进行,温度过低应采取措施,防止胀口出现冷脆裂纹。

(5)翻边胀管时,为避免临近胀口松弛,应采取反阶式胀管顺序。

(6)胀管过程中应严防油、水和灰尘等进入胀接面。

(7)胀管器放入管内时,应保持胀杆正对管孔中心。

(8)胀口内壁应平滑,无凹陷、擦伤、重皮和起皮现象。

(9)需要补胀的接口应使用翻边胀管器补胀,补胀好后应对其临近的几个胀口稍加补胀,以免受到影响而松弛,同一个胀口的补胀次数不宜超过两次。

3. 胀接检验

胀接过程中,应随时按下列质量标准进行胀接检验:

（1）管端伸出管孔的长度，当管外径为 32~62.5mm 时，管端伸出长度为 10mm，偏差不应超过 ±3mm；当管外径为 70~108mm 时，管端伸出长度为 12mm，偏差不应超过 ±3mm。

（2）管口翻边斜度为 15°，并伸入管孔口 1~2mm 处开始倾边，翻边根部开始倾斜处应紧贴管孔壁面。

（3）胀口不应有过胀偏挤（单边）现象，胀紧率应在 1%~1.9% 的范围内。

（4）胀口内壁由胀大部分过渡到未胀大部分均应平滑，不得有切口和沟槽。

（5）翻边喇叭口的边缘上下不应有裂纹。

（6）胀口应有足够的严密性，水压试验不应有渗漏现象。

胀接过程中，应根据上述标准随时检查胀口的胀接质量，及时发现和消除缺陷，并对检查结果做完整的记录。

六、卡套式连接

卡套式连接是目前国内外广泛采用的一种结构比较先进的管道连接方式。卡套式连接的类型很多，如挤压式、撑胀式、自撑式、啮合式等。国家标准规定我国卡套式连接属于挤压式和啮合式，其结构由接头体、卡套及螺母三个零件组成，关键零件是卡套。

1. 卡套式连接的特点

卡套式连接的特点是依靠卡套的切削刃口紧紧咬住钢管管壁，使管内的高压流体得到完全密封。这种接头还具有放松的结构特点，它耐冲击、耐振动，啮合式长套连接适用于小管径的高压系统。挤压式卡套连接适用于中低压管道，如室内热水采暖、给水、燃气管道。目前采用的铝塑管管道连接即为挤压式卡套连接。室内采暖、热水、给水、燃气管道采用上述连接工艺，减少了螺纹连接，极大地改善了操作工人的劳动强度，有效地降低了工程造价。由于无需专用的工具及动火焊接，因此它在易燃、易爆区及高空场所的管道尤为适用。

2. 卡套式连接的密封原理

当管子按图 3-62 的形式装配好以后，用手将螺母转动进扣，同时转动管子，当管子和螺母用手转不动时，说明接头体、卡套、管子和螺母器件均处于准备工作状态，然后再用扳手将螺母上 1~1¼ 圈，整个装配完成。在接头装配过程中，卡套在外力作用下，被推入接头体的锥孔中，卡套刃口端受锥孔约束产生径向收缩，使卡套刃口切入管子外壁（切入深度 $t = 0.25 \sim 0.5mm$），从而形成图 3-62 所示的环形凹槽 a，以确保管子与卡套之间的密封和连接。同时，卡套刃口端的外锥与接头体间紧密贴合，形成图 3-62 所示的一道可靠的外密封带 b，保证了卡套与接头体间的密封。另外在螺母拧紧时产生压缩力作用下，卡套中部拱起，呈鼓形弹簧状，可避免因振动而使螺母松脱的现象；卡套尾部与钢管紧密抱紧，可起到防止钢管振动传递到卡套刃口端的作用，其密封原理如图 3-63 所示。这种连接结构具有良好的耐冲击和抗振动性能，同时为了实现上述功能，卡套应具有足够的硬度和良好的韧性。

挤压式卡套连接的密封原理和装配形式与啮合式卡套连接的密封原理基本相同，但其卡套采用的是开口刃口和橡胶卡套。

3. 卡套式连接的装配方法

卡套式连接必须进行预装，首先根据图纸的要求，按零件及组件的标记选择管子，按需要的长度切断管子，并保证管道与中心线呈垂直状态，其尺寸偏差不得超过管子外径允许公差的 0.5 倍。加工后，管端周边的毛刺及管内外的金属屑、锈蚀、污垢必须清理干净。连接时在卡

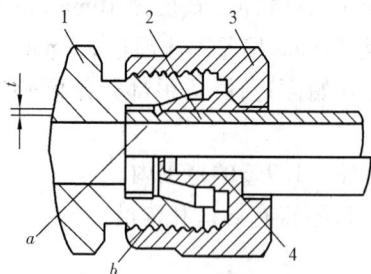

图 3 - 62　卡套式连接的结构
1—接头体;2—钢管;3—螺母;4—卡套

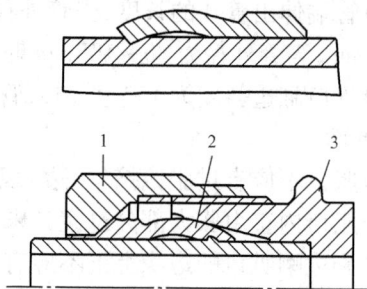

图 3 - 63　卡套式连接的密封原理
1—压紧螺母;2—双刃卡套;3—接头体

套刃口、螺纹及各接触部位涂以少量润滑油(禁油管道除外),按先后顺序将螺母、卡套先套在管子上,再将管子插入接头体内锥孔,放正卡套,旋紧螺母,同时转动管子(给水、热水管道只需将螺母、卡套套在铝塑管上,插入接头体内,室内采暖管道把螺母、橡胶卡套及垫片套在管子上放入接头体内即可,不需转动管子),直到管子不动为止。做好标记后再拧紧螺母 1~2 圈,使卡套刃口切入管子,注意不可旋得太紧,以免损坏卡套,然后将螺母松开,检查卡套的预装情况。合格标准为卡套的刃口切入管子,中部稍有拱形凸起,尾部径向收缩包住管子,卡套在管子上能轻微转动,但不能轴向滑动;不合格的卡套在管子上有轴向窜动,这表明刃口切入深度不够,需要继续拧紧螺母。

预装检查完毕后,进行卡套式连接正式装配,即将以预装了螺母和卡套的钢管插入接头体,用扳手拧紧螺母,直至拧紧力矩突然上升(即达到力矩的激增点),再将螺母拧紧 1/4 圈,即可完成装配。

进行管道拆卸和再装时,只要把螺母松开即可拆开管道,再装时应保证使螺母从力矩激增点起再拧紧 1/4 圈。

思 考 题

1. 管钳在使用过程中有哪些注意事项?
2. 常用扳手的种类有哪些,应如何使用活动扳手?
3. 管子的调直方法有哪些?
4. 管子的热煨弯操作应注意哪些事项?
5. 简要说明常用管子的切断方法。
6. 管道的连接方法有哪些?
7. 试说明管道焊接时的具体要求。
8. 管道的哪些连接场合适合采用螺纹连接?
9. 管道螺纹连接主要有哪几种类型?
10. 法兰的种类有哪几种,各有何特点?
11. 简要说明法兰垫片的种类与应用。
12. 法兰在安装过程中有哪些具体要求?

第四章　管道的安装

工业管道的安装施工一般可分为熟悉图纸资料、管道测绘、管道预制加工、管道安装及管道的试压、吹洗、脱脂、防腐、绝热、试车、交工等程序。这种程序有其自身的客观规律性,管道安装施工只有符合这种规律,才能确保施工的安全、质量和进度。

第一节　管道安装施工准备及一般规定

一、施工准备

管道安装施工准备是管道工程在施工中的第一道工序,而准备工作的好坏将直接影响工程的施工进度和施工质量,是关系到整个工程能否顺利进行的重要环节。管道施工准备主要包括技术准备、材料准备和机具准备三个方面。

1. 技术准备

技术准备是施工准备的中心环节,主要是指熟悉图样和其他技术资料,弄清设计意图,明确对管道施工的要求,熟悉图样可按下列步骤进行。

(1)看图样目录。

通过查看图样目录,查对图样是否齐全,如果图样齐全,再看图样总说明,了解其工程性质与用途,明确设计选用的材料设备、施工及验收等方面的特定要求。若图样不全,则要及时报告设计部门解决。

(2)看总平面图。

通过查看总平面图,了解拟建工程与周围建筑物之间的方位关系和管道布置情况。

(3)看平面图。

通过查看平面图,了解管道及附属设备的平面安装位置。

(4)看轴测图。

通过看轴测图,弄清楚管道系统的工艺流程、管道在空间几何位置、安装标高、坡度坡向、管径及管道与附属设备之间的相互联系。

(5)看材料设备明细表。

通过查看材料设备明细表,了解施工中所用管道及附属设备的材质、规格、型号和数量。

2. 材料准备

管道施工中所需要的材料可分为两大类:一类是主材,这类材料直接用在工程上,是永久性的,如管子、管件、法兰、阀门、紧固件、支吊架等;另一类材料是消耗材料,如棉纱、棉布、机油、粉线、氧气、乙炔等,这类材料在施工中只起到辅助作用,所以又称辅助材料或消耗材料。

材料准备工作的好坏对工程质量和施工进度有很大影响,因此必须做好以下各项工作:

(1)根据施工预算、施工图,结合现场具体情况,做全做好用料计划和先后进场日期。

(2)材料进场后应及时进行检查,其材质、型号、尺寸、误差、数量及外观等均应符合有关规定。没有说明书和合格证的材料不得验收和使用。管子及配件应根据出厂说明书或相应的技术文件做如下检验:

① 各类管子的内外表面不得有裂纹、褶皱、分层、结疤和严重锈蚀等缺陷。如有缺陷,应完全清除,清除后壁厚不得超过负偏差。钢管的尺寸偏差应符合国家颁布的钢管制造标准,经过验收和检查合格的高压管应及时填写"高压钢管检查验收记录"。

② 阀门壳体内外表面应平滑、洁净,没有砂眼、灰渣气孔、缩孔、裂纹等缺陷,阀门转动应灵活,阀体螺栓连接牢固,螺栓露出螺母以外 2~3 扣。阀门上的法兰或螺纹应按法兰和螺纹标准检查,并经试压合格。低压阀门要进行强度和严密性全查或抽查,对于中高压和有毒及易燃、易爆场合下使用的阀门,必须复核合格证书和试验记录,应逐个进行强度和严密性试验,并填写阀门试验记录。

③ 螺栓、螺母的螺纹应完整,无刻痕、毛刺及断丝等缺陷。螺母端面应平整,且与中心线垂直。螺栓与螺母应正确配合,螺母应能用手拧入全部螺纹,而不得在螺栓上晃动。经检查合格的螺栓、螺母应成套存放。不同材质的螺栓、螺母需标出明显标志,以免安装施工时装错。

④ 法兰和法兰盖的表面应光滑,不得有裂缝、斑点、剥离层、毛刺以及其他影响法兰强度和密封性的缺陷。其尺寸偏差应符合现行有关标准,材质应符合设计要求。高压法兰和法兰盖经验收后应填写"高压管件检查验收记录"。

⑤ 缠绕垫不得有松动现象,石棉橡胶板、耐油橡胶板外观不得有折损、皱纹、裂纹等缺陷。金属和金属包石棉垫片,用平尺目测检查,其表面应密贴,密封面不得有毛刺、裂纹、凹痕和凹凸不平等缺陷。

⑥ 钢质弯头、大小头、三通、补偿器及管帽的内、外表面都应光滑,没有砂眼、疤痕、裂纹等缺陷。其尺寸偏差应符合现行有关标准,材质应符合设计要求,

⑦ 管道支、吊架的形式、材质、尺寸、精度及焊接等应符合设计要求,外观检查不得有漏焊、欠焊、裂纹等缺陷。支架底板及支架、吊架弹簧盒的工作面应平整。管道支、吊架应有合格证书,弹簧表面不得有裂纹、折损、分层、锈蚀等缺陷,尺寸偏差应符合图纸要求,工作圈数偏差不得超过半圈;在自由状态时,弹簧各圈节距应均匀,其偏差不应超过平均节距的 10%;弹簧两端支撑面应与弹簧轴线垂直,其偏差不得超过自由高度的 2%。

(3)施工现场用料数量大、品种多,各工种同时施工,交叉作业多,现场材料如管理不好,容易造成混乱和丢失,因此材料进场后,应按品种、规格、材质进行整齐堆放、妥善保管。

(4)施工中应及时将剩余材料全部收集起来,办理退库手续,由物资供应部门收回,做到工完、料净、场地清。

3. 机具准备

施工中所需的工机具可分为专用工机具和常用工机具两大类。在管道施工中,要想提高劳动生产率和减轻劳动强度,就必须做好以下几项机具准备工作:

(1)施工前,根据所承担的工程量提出机具需用计划,交有关部门准备。其内容应包括工机具名称、规格、型号、数量,有时还需说明使用起止时间。

(2)机具进场后要核对数量和规格、型号,并对产量质量进行检查。

(3)在施工中,对所有的施工机具要经常检查、维修、保养,以提高机具的使用率和完好率。

二、一般规定

(1)与管道有关的土建工程经检查合格,满足安装要求。

(2)与管道连接的设备找正合格、固定完毕。

(3)必须在管道安装前完成的有关工序如清洗、脱脂、内部防腐与衬里等已完成。

（4）管子、管件及阀门等已按设计要求核对无误并经检验合格,具备有关的技术文件,内部已清理干净、无杂物留存。

（5）管道安装前要复测管道地沟或支架是否符合管道安装的标高、坡度及坡向;支架间距是否符合图纸和有关规范的要求。

（6）法兰、焊缝及其他连接件的设置应便于检修,不得紧贴墙壁、楼板或管架。

（7）脱脂后的管子、管件及阀门,安装前必须严格检查,其内外表面不得有油迹污染。

（8）合金钢管道不应焊接临时支撑物,如必须支撑,要符合焊接的有关规定。

（9）埋地管道安装时,如遇到地下水或积水,应采取排水措施。检查地基的承重能力和稳定性,不符合要求时应进行加固,然后才能进行管道安装。

（10）管道安装施工过程中与施工结束后应及时填写各种技术施工文件,并按有关程序签证。

（11）穿过楼板、墙壁、基础、层面的管道均应加装套管进行保护,在套管内不得有管道接口,穿过屋面的管道应有防水肩和防水帽。管道和套管之间的间隙应用不燃材料填塞。

（12）管道安装施工如中途间断,应及时封闭敞开的管口。

（13）管道连接时不得用强力组装,也不能用加热管子、加偏垫等方法来消除接口端面的空隙、偏差、错口和不同心等缺陷。

（14）管道安装的允许偏差见表4－1。

表4－1　管道安装的允许偏差　　　　　　　　　　　　　单位:mm

项　　目		允许偏差
坐标	架空及地沟 室外	25
	架空及地沟 室内	15
	埋地	60
标高	架空及地沟 室外	±20
	架空及地沟 室内	±15
	埋地	±25
水平管道平直度	$DN \leqslant 100$	2‰L,最大50
	$DN > 100$	3‰L,最大80
立管铅垂度		5‰L,最大30
成排管道间距		15
交叉管的外壁或绝热层间距		20

注:L 为管子有效长度。

（15）距离较近的两个设备连接管最好不直连（连接管有伸缩器者除外）,一般采用45°斜接或90°弯接。

（16）输送有毒或腐蚀性介质的管道,不应在人行道上方设阀件、法兰等,以免发生泄露及事故。

(17)管道安装合格后,不得承受设计外的附件载荷;管道试验、吹扫合格后,应对该管道与设备的结构进行复位检查,其偏差不得超过相关规定。

(18)管道布置的一般要求可参考表4-2,工艺管线与泵类管线的布置要点可参考表4-3。

表4-2 管道布置的一般要求

项目	布置要求
架空在垂直面内布置	(1)热介质管道在上,冷介质和液化气管道在下。 (2)无腐蚀性介质管道在上,有腐蚀性介质管道在下。 (3)小管道应尽量支撑在大管道上方或吊在大管道下方。 (4)气体管道在上,液体管道在下。 (5)不经常检修的管道在上,检修频繁的管道在下。 (6)高压管道在上,低压管道在下。 (7)保温管道在上,不保温管道在下。 (8)金属管道在上,非金属管道在下
室内沿墙平行布置	(1)大管靠墙,小管在外。 (2)常温管道靠墙,热介质管道在外。 (3)支管少的管道靠墙,支管多的管道在外。 (4)不经常检修的管道靠墙,经常检修的管道在外。 (5)高压管道靠墙,低压管道在外
管道间距的确定	(1)管道间距以便于对管子、阀门、保温层进行安装和维修为原则。 (2)对于管子外壁、法兰边缘、保温层外壁等管道突出部分距墙壁或柱边的距离应不小于100mm。 (3)管外壁距管架衡量端距离不小于100mm。 (4)两根管道最突出部分的净距:中低压管道为40~60mm,高压管道为70~90mm。 (5)并排管道上并列阀门手柄净距为100mm
管道相遇的避让原则	(1)分支管道避让主干管道。 (2)小直径管道避让大直径管道。 (3)有压力管道避让无压力管道,低压管道避让高压管道。 (4)常温管道避让高温或低温管道。 (5)辅助管道避让物料管道,一般物料管道避让易结晶、沉淀管道
管路布置注意事项	(1)管道不应挡住门窗,应避免通过电动机、配电盘、仪表箱的上方。 (2)管道布置应尽量避免在液体管道上产生"气袋"(即上凸现象)和气体管道上产生"液袋"(即下凹现象)。 (3)管道布置不能妨碍设备或阀门检修。 (4)输送易燃易爆介质的管道,不得布置在走廊、楼梯或生活间。 (5)管道上的安全放空管应引致室外并高出邻近建筑物

表 4 - 3　工艺管线与泵类管线的布置要点

项　目	内　容
工艺管线的布置	(1)塔和立式容器上的管线,除个别小管线可沿平台布置外,其余管线应尽量靠设备旁边布置。 (2)尽量避免把阀门和管线的重量加在设备的法兰接口短管上,当阀门直接与设备法兰短管连接时,对于 $DN \geqslant 80mm$ 的阀门应设置支架。 (3)真空管线应尽量减少和缩短转弯,以减少阻力降。 (4)塔和容器上的安全阀通往大气时,其放出口应尽量高出附近最高设备,并朝向空地,避免朝向通道和梯子,并要避免放出的油落到热油管线上引起火灾。 (5)为了便于清扫和消防,在塔和容器的每一层平台、换热器框架、冷凝器平台上等处均应有 $DN = 20mm$ 的蒸汽接头。 (6)塔底管线的阀门与法兰接口,不要布置在狭小的底座裙内,以防操作时发生漏油烫伤事故。 (7)易冻凝介质的冷却水箱应通入蒸汽管,以防介质过冷而冻凝
泵类管线的布置	(1)离心泵进口管线应尽量缩短,尽量减少转弯。 (2)离心泵进口管线应尽量避免产生"气袋"现象而导致离心泵抽空,若不能避免时,需在"气袋"顶加装 $DN = 15 \sim 20mm$ 的放气阀。 (3)离心泵进口管线在水平管段上变径,需采用偏心大小头,保持管顶平直,以避免产生"气袋"。 (4)在泵的进口管线靠进口法兰处,应考虑在开工时能安装临时过滤器。 (5)泵的进出口管线机阀门的重量不得压在泵体上,应在靠近泵的管段上装设恰当的支吊架。 (6)重油泵房或重油泵房区以及靠近燃料油火嘴的地方,需设有水管和蒸汽管接头,以便于吹扫。 (7)往复泵和压缩机进出口管线易振动,一般不能采用简单支吊架,应用托架卡死,或用弹簧支架,或进出口采用金属软管。 (8)泵进出口管线的布置必须便于操作及检修,输送热介质的泵进出口管线必须考虑热伸长,防止热应力影响法兰接口的严密性。 (9)泵进口管线的隔断阀直径应与进口管线直径相同,泵出口直径与出口管线直径相同时,阀门直径与管线直径相同;泵出口直径比出口管线直径小一档时,阀门直径应与泵出口直径相同。 (10)离心泵出口管线上的旋起式止回阀一般应装在出口隔断阀后的垂直管段上,止回阀直径与隔断阀直径相同

第二节　管道安装安全技术

"安全第一,预防为主"是劳动保护工作的基本方针。由于管工作业的特点是流动性大、作业面宽、施工现场较为复杂,所以安全生产特别重要。所谓"安全生产",就是指在生产经营活动中,为避免造成人员伤害和财产损失的事故而采取相应的事故预防和控制措施,以保证从业人员的人身安全,保证生产经营活动得以顺利进行的相关活动。

一、一般安全技术

1. 常见安全事故及主要原因

大部分管道施工现场都比较复杂,在管道安装和维修中容易发生事故。常见事故有:被工具及运输车辆撞伤、被动力机械绞伤或碰伤、被土石塌方压伤、被高温物体烫伤或烧伤、被高空落物砸伤、摔伤或跌伤、缺氧窒息或中毒、触电。

导致事故产生的主要原因是:思想麻痹,不重视生产安全;施工人员缺乏必要的安全技术教育和训练,作业中缺少完整的安全管理制度和作业规程,职工不知如何进行安全生产,乃至无章可循、有章不循,不认真贯彻执行安全技术规程和安全管理制度。

2. 管道施工一般安全技术知识

为了确保人身和设备安全,防止意外事故的发生,应对施工人员进行以下安全教育。

1)安全技术教育

(1)作业前,应对施工人员进行严格的安全技术教育,学习国家有关安全施工和安全生产的各项规定和安全技术规程,考试通过后才能进入施工现场作业。

(2)每天作业前,施工负责人应根据当天作业的特点,向操作者具体交代安全注意事项。严禁施工人员酒后上岗,操作中要保持注意力集中,不准在工作时争吵或打闹。作业时要注意自身和周围人员的安全,对违章违纪行为应设法制止或及时向领导汇报。

(3)集体操作的作业在操作前应分工明确、统一指挥、步调一致、相互配合,在特殊部位与特殊现场应有专门的安全措施,并认真贯彻执行。

2)安全防护教育

(1)进入施工现场时,必须穿戴好劳动防护用品。进入高空作业场地要戴好安全帽;配合电、气焊作业时要戴好黑色护目镜;与火、热水、蒸汽接触时,还应戴上防护脚盖或穿上石棉防护衣。

(2)进入含有有毒有害气体、液体和粉尘的管道、容器中进行作业或检修时,除应戴上口罩或防毒面具等防护用品外,事先还应通风和除尘。

(3)在地沟、地下井等阴暗、潮湿场所及有水的金属容器内作业时,应穿好绝缘胶鞋、戴好绝缘手套,采用电压为12V的安全照明灯照明,同时每个作业点的作业人员不得少于2人。

3)安全施工教育

(1)进入施工现场前,应认真检查周围环境是否符合安全要求,安全设施是否完好,安全通道是否畅通,机具设备是否安全可靠,如存在安全隐患,应向有关部门汇报,采取措施消除隐患后再施工。

(2)作业中要随时注意运转中的机械设备状况,发现异常应立即停车,查明原因、排除故障后再继续施工。严禁在起吊的物体下面停留或行走,必须通过高空作业现场时,应事先与高空作业人员取得联系。严禁乱动施工现场内的电气开关和电气设备,未经允许不得乱动非本职工作范围内的一切设施和机具。

(3)施工现场禁止随意存放易燃、易爆物品,应按安全技术规定存放在指定地点;对施工中室内外出现的土坑、井口、洞口等,在其周围要及时设置防护栏或警戒标识,夜间设红灯示警。

二、高处作业安全技术

1. 相关概念

(1)高处作业:在凡距坠落高度基准面2m及其以上,有可能坠落的高处进行的作业。

(2)坠落高度基准面:从作业位置到最低坠落着落点的水平面。

(3)异温高处作业:在高温或低温情况下进行的高处作业。高温是指工作地点具有生产性热源,其气温高于本地区夏季室外通风设计计算温度2℃及以上时的温度,低温是指作业地点的气温低于5℃。

（4）带电高处作业：作业人员在电力生产和供、用电设备的维修中采取地（零）电位或等（同）电位作业方式，接近或接触带电体对带电设备和线路进行的高处作业。

2. 注意事项

管道安装与维修中，常常需要在高处作业。为了保证施工安全，作业人员必须注意以下安全技术要求：

（1）高处作业前必须办理《高处安全作业证》，落实安全防护措施。审批人员应到高处作业现场检查确认安全措施后方可批准高处作业。施工人员在作业前应检查《高处安全作业证》，确认安全措施落实后方可作业，否则有权拒绝施工作业。

（2）高处作业人员必须经过安全教育，熟练掌握高处作业安全知识，熟悉现场环境和施工安全要求；作业人员必须经体检合格，凡患有高血压、低血压、心脏病等疾病以及神经衰弱、四肢有缺陷的人员，均不得从事高处作业。

（3）高处作业应采取相应的防高温、防冻、防滑、防风、防雨等有效的安全技术措施，6级以上大风及雷雨、大雪、大雾等恶劣气候条件下不准进行露天高处作业。

（4）高处作业前要认真检查登高工具和安全用具（如安全带、梯子、脚手架、安全网等）是否牢固可靠；劳动防护用品要穿戴整齐，衣袖和裤脚要扎好，系好安全带，不准穿硬底鞋或带钉子的鞋。

（5）高处作业使用的工具应放在工具袋内，不便入袋的工具应放在合适的地方，使用时要注意防止掉落伤人。上下时不准手中持物，不准在高处投掷工具、材料及其他物品，易滑动、滚动的工具、材料应采取措施防止坠落。

（6）高处堆放的物品、材料或设备，不准超过承载负荷；多层交叉作业时，如上下空间同时有人作业，其中间必须有专用的防护棚或其他隔离设施。

（7）使用梯子进行高处作业时，支设角度以60°～70°为宜，不可太大或太小，梯子脚应用麻布或胶皮包扎防滑。单梯只准上一人操作，双梯间应拉牢，移动梯子时，人必须下梯。

（8）高处作业人员应与普通电线至少保持1m以上的距离，距离普通高压电线应在2.5m以上，距离特高压电线应在5m以上。

三、吊装作业安全技术

吊装作业是利用各种机具将重物吊起，并根据生产需求改变重物位置的作业过程。在管道安装与维修中，吊运管件、阀门等设备材料、设备时，为了防止物件脱落或掉下造成人身设备事故，保证安全生产，作业人员必须牢记以下安全技术要求：

（1）从事吊装作业人员必须持有特殊工种作业证，熟悉各种指挥信号，并能够准确地按信号行动。吊装质量大于10t的物体应办理《吊装安全作业证》。

（2）吊装质量大于或等于40t的物体和土建工程主体结构，应编制吊装施工方案。吊物质量虽不足40t，但在形状复杂、刚度小、长径比大、精密、贵重、施工条件特殊的情况下，也应编制吊装施工方案。吊装施工方案经施工主管部门和安全技术部门审查，报主管领导或总工程师批准后方可实施。

（3）吊装作业前，应预先在吊装现场设置安全警戒标志并设专人监护，非施工人员禁止入内。夜间吊装作业应有足够的照明，遇大雪、大雨、大雾及6级以上大风时，严禁从事室外吊装作业。

（4）吊装作业前,应对吊装设备、钢丝绳、链条、吊钩等各种机具进行检查,确保安全可靠,不准带病及超负荷使用,吊装时应先进行试吊,确认无误方可作业。吊装作业人员必须佩戴符合安全标准的安全帽。

（5）吊装作业必须分工明确、坚守岗位,并按 GB 5082—1985《起重吊运指挥信号》规定的联络信号统一指挥。严禁利用管道、管架、电杆、机电设备等做吊装锚点,未经机动、建筑部门审查、批准,不得将建筑物、构筑物作为吊装锚点。

（6）任何人不得随同吊装重物或吊装机械升降。在特殊情况下必须随之升降的,应采取可靠的安全措施,并经过现场指挥人员的批准。

（7）不准在索具受力或吊物悬空的情况下中断作业,更不准在吊起重物就位固定前离开操作岗位。

（8）有下列情况之一者不准进行吊装作业:指挥信号不明,超负荷或物体质量不明;斜拉重物;光线不足,看不清重物;重物下站人或有人通过;重物埋在地下;重物紧固不牢,吊绳打结、不齐,安全装置失灵。

四、地槽、地沟作业安全技术

管道安装与维修中,作业人员要经常在地槽、地沟里作业。为了保证安全生产,作业人员必须采取以下安全技术措施:

（1）开挖管道沟槽要根据土质、地下水情况和开挖深度确定合理的坡度,必要时应采取加固措施。

（2）挖掘土方应由上而下施工,禁止采用挖空底脚的操作方法。在有地下水或在雨季施工时,要有排水措施。

（3）在深坑、深井或地沟中作业,应对有毒气体进行检查,经对流通风换气,通过化验分析确认合格后方可进入,并保证同时作业人员不得少于2人。

（4）在地沟中进行安装和维修作业,当天然采光不足时,需设置有足够照度的安全照明设施。

（5）拆除护壁支架时,应按照从上到下顺序逐步拆除。更换支撑时,应先安装新的,再拆除旧的。拆除支架或支撑时,必须有工程技术人员在现场指导。

五、电焊作业安全技术

管道安装施工离不开电焊作业,为防止发生烧伤、触电、火灾、爆炸、中毒等事故,应严格按照电焊作业安全技术要求进行焊接作业。

（1）从事电焊作业的人员,必须经过专业培训,考试合格并取得相应的施焊项目合格证后方准上岗操作,无相应资格证书不得从事焊接作业。

（2）作业人员施焊前应穿戴好工作服、皮手套、绝缘鞋、工作帽等劳动保护用品。施焊时应戴好防护面罩,清理焊渣时应戴好防护眼镜或面罩,以防飞溅熔渣损伤眼镜,多台焊机在一起集中施焊时,应设有隔光板。

（3）电焊机开关及电源线的拆除、安装和检修应由维修电工完成。电焊机外壳接地必须良好,每台焊机要设单独闸刀开关,开关应在防雨的闸箱内,拉、合开关时应戴手套侧向操作。电焊机的电源接线部分必须连接牢固,并应设置防止触电的防护罩,露天野外作业的电焊机要设防雨罩,雷雨天气禁止室外焊接作业。较长时间停止施焊或焊接结束应切断电焊机电源,检查工作场地,确认无火灾危险后方可离开。

(4)焊钳与焊把线必须绝缘良好、连接牢固,更换焊条应戴手套。在潮湿地点工作应站在绝缘板或木板上。焊把线、焊接地线严禁与钢丝绳接触,更不允许用钢丝绳或机电设备代替地线,所有地线接头必须连接牢固。更换场地或移动焊把线时应切断电源。

(5)在易燃、易爆场所施焊时,应事先办理动火手续,取得动火证,并采取相应的防火、防爆措施,设专人监护才可施焊。电焊时,周围5m内不得有机灰尘、木屑、棉纱和汽油、油漆等易燃、易爆物品。周围10m内不准有氧气瓶、乙炔瓶或乙炔发生器等。焊接存储过易燃、易爆和有毒物品的容器或管道时,必须将原存储残留物彻底清洗干净,并经有关人员用专门仪器检测、确认安全。施焊前还要解除容器及管道压力,打开所有孔口,然后才能进行焊接作业。

(6)在密闭金属容器内施焊时,容器必须可靠接地、通风良好,并设专人监护,严禁向容器内输入氧气。焊接预热工件时,应有石棉布或挡板等隔离措施。焊接铜、铝等有色金属时,必须戴加厚口罩或防毒面具,并加强通风换气。

六、气焊、气割作业安全技术

管道安装施工中,经常会用到气焊、气割操作,严格按照气焊、气割作业安全技术要求进行作业,可以有效防止烧伤、火灾、爆炸等事故的发生。

(1)从事气焊、气割作业人员,必须通过特种作业人员培训、取得相关资格证书后才可上岗操作。

(2)作业前必须穿戴好工作服、工作帽、鞋盖等劳动保护用品。施焊(割)时要戴好适度的有色防护眼镜以保护视力,要裹紧衣服、扎紧袖口,以防烫伤。

(3)在易燃、易爆场所进行气焊、气割作业时,应事先办理动火手续,取得动火证并采取相应的防火、防爆措施,设专人监护后方可进行作业。在存储过易燃、易爆和有毒物品的容器或管道上进行气焊、气割时,必须将原储存物清洗干净,并经有关人员专门检测合格,确认安全。作业前还要打开容器和管道所有孔口。

(4)气割密闭空心工件时,须留出排气孔。焊接铅金属工件时,必须戴好防毒面具,并保证有良好的通风换气。皮肤外露部分应涂护肤油脂,工作完毕应及时清洗。

(5)乙炔发生器必须装有防止回火的安全装置,氧气表和乙炔表应定期校验。氧气瓶、乙炔发生器及橡胶软管接头、阀门及紧固件连接应严密、牢固。氧气瓶、氧气表及焊割工具上严禁沾染油脂,禁止使用易产生火花的工具去开启氧气或乙炔气阀门。

(6)氧气瓶、乙炔瓶(或乙炔发生器)应分开单独存放在阴凉通风处,乙炔、氧气瓶的安全距离不得小于5m。严禁与易燃气体、油脂及其他易燃物质混放在一起,运输时必须分别单独进行。氧气瓶应有防震圈,要旋紧安全帽,避免碰撞和剧烈震动,要防止暴晒,冻结时应用热水加热,严禁用乙炔烘烤。乙炔气胶管用后需清除管内积水。胶管、防止回火的安全装置冻结时,应用热水或蒸汽加热解冻,不准用火烘烤。检查气焊、气割设备、附件及管道是否漏气,要用肥皂水涂抹检查,严禁用明火检查。

(7)乙炔发生器应每天换水,严禁在浮桶上放置物料,不准用手在浮桶上加压或摇动。夜间添加电石,严禁用明火照明。移动或搬运电石桶时,应将桶上的小盖打开,并注意要轻搬轻放。开电石桶时,头部要闪开,不得用金属工具敲击电石桶盖。

(8)工作完毕或离开作业现场时,应将氧气瓶、乙炔瓶阀门关好并拧上安全帽,如采用乙炔发生器时,应将乙炔浮桶提出,卧放在地面上,严禁扣放在地上,并对操作场地进行检查,确认无火灾危险后方可离开作业现场。

七、防火防爆安全技术

管道安装与维修施工现场一般比较复杂,容易发生火灾和爆炸事故。为了确保人身和设备安全,防止事故的发生,应掌握以下防火防爆安全技术(表4-4)。

表4-4 防火防爆安全技术

火灾及爆炸原因	燃烧及爆炸条件	防火防爆安全措施
使用明火作业(煨管、明火烘烤、火炉取暖、熬油等)	(1)有可燃物质或助燃物质在明火作业附近,如木材、棉纱、汽油、氧气等。 (2)火源温度达到可燃物质的燃点	(1)加热易燃液体时,应尽量避免采用明火,而采用蒸汽、热水或电热等。 (2)在禁火区或存储过燃易爆物质的设备、容器中动火时,必须先清洗或吹扫置换,进行空气成分分析,直到确认安全后方可动火作业
电焊、气焊(割)作业	焊接火花或熔渣引起附近易燃、可燃物着火	(1)在禁火区内,应尽量避免焊割作业,应将检修的设备或管段拆卸至安全处修理。 (2)电焊、气焊(割)人员必须经过防火安全培训,考试合格并取得相关资格证书后方可进行作业
电火花或静电放电	作业中因用电设备过载、短路或管路设备接地不良等,均易造成静电放电,引起火灾或爆炸	(1)在易燃易爆区作业,禁止用金属器具敲击或摩擦,防止发生火花而引燃爆炸。 (2)经常检查所用电气设备是否有过载、短路、局部接触不良等现象,防止产生电弧或电火花
易燃易爆物品存放不合理	由于易燃易爆物品相互作用、摩擦或异物碰撞发生迅速的化学反应产生高温、高压而引起爆炸	(1)确保设备的密闭,对危险设备及系统应尽量少用接头等易产生泄露的构件连接,密闭部位要保证严密。 (2)加强通风和排气。 (3)将不燃材料或惰性气体与易燃易爆物品隔离

第三节 管道的安装实例

一、管道支、吊架的安装

为了使管道能够牢固地固定在地沟壁上、柱上、墙上、楼板下,应根据需要在以上支撑固定管道的适当位置安装支、吊架,以使管道通过支、吊架与建(构)筑物结构紧密连成一体,避免管道变形、错位和损坏。管道支、吊架的安装可在管线位置确定后进行。

1. 管道支、吊架的种类

管道支、吊架通常按制作材料、作用和安装形式分类。

1)按制作材料分类

管道支、吊架的制作材料分为金属材料和非金属材料两大类。

(1)金属材料支、吊架。

由金属材料制成的支、吊架称为金属支、吊架,常用金属角钢、圆钢、板材制作,其特点是强度高、承载力大、抗弯抗折且使用时间长,但金属消耗大,广泛用于金属管道安装的托架、支架、吊架。

（2）非金属材料支、吊架。

由非金属材料制成的支、吊架称为非金属支、吊架,常用混凝土、钢筋混凝土、塑料制成,混凝土、钢筋混凝土主要制作管道的支墩、支架、托架。其特点是承载能力高、使用时间长、消耗金属材料少,但较笨重。塑料制成的支架有管卡、勾钩,主要用于塑料管道安装用的支撑和固定。

2）按作用分类

管道支、吊架按作用可分为托架、管卡、支架、吊架等。

（1）托架。

托架主要用于承载管道的重量,其次是使管道在托架上固定。托架常用角钢制成,角钢承托管子,再用双头螺纹 U 型圆钢穿过角钢上的圆孔,使管在双头螺纹 U 型圆钢内,双头螺纹处拧上螺母,使管固定在托架上。托架分为单托架和加固托架两种。单托架是用一根角钢预埋于支撑物上（如墙、梁、板等）,如图 4－1 所示。加固托架除把承托的角钢预埋于支撑物上外,另用一角钢对托架角钢进行加固,其加固用角钢一端与托架角钢离支撑物远端连接,另一端也预埋于支撑物上,以便增加托架角钢的承载力,如图 4－2 所示。单托架主要用于管径较小而且距支撑物近的管线;加固托架用于管径较大且距支撑物较远的管线或托架上所托管线数量较多的情况。

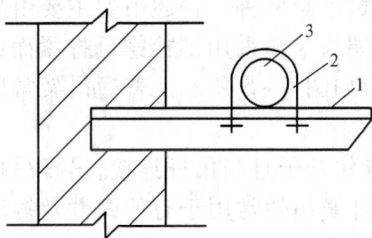

图 4－1　单托架
1—角钢;2—U 型螺栓;3—管子

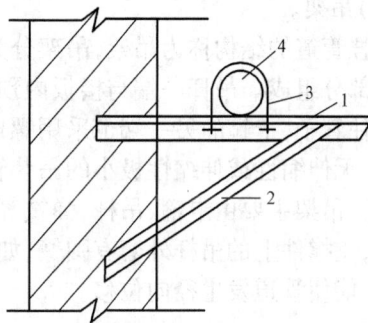

图 4－2　加固托架
1—托架;2—加固角钢;3—U 型螺栓;4—管子

（2）管卡。

管卡由支撑卡和卡环组成,常用于小口径的立管、横管管卡,立管管卡主要用于固定立管位置,不起承托作用;横管管卡除用于固定横管位置外,还起到承托的作用。立管管卡常见的有单位立管管卡和双位立管管卡,如图 4－3 所示。

（3）支架。

支架除可用于承托管道重量和固定管子的位置外,还可以限制管子的轴向位移。支架按限制管子轴向位移的作用可分为固定支架和活动支架两种。

① 固定支架。

管子在固定支架上,管子与固定支架的接触面不能产生轴向位移,该种支架称为固定支架。固定支架用于热力管道或需有补偿的管道上。如某管段中间有用于热力补偿的补偿器,则在该管段两端需安装固定支架,如图 4－4 所示。

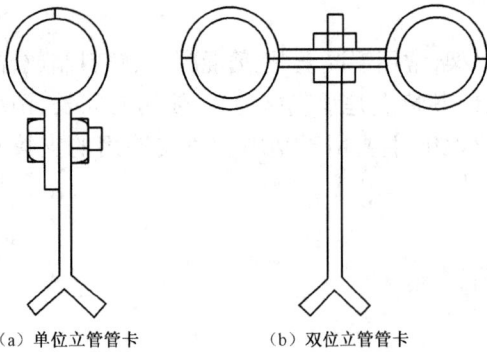

（a）单位立管管卡　　　（b）双位立管管卡

图 4-3　立管管卡

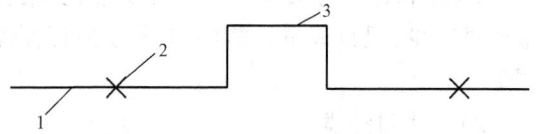

图 4-4　固定支架的安装位置

1—管道;2—固定支架;3—补偿器

② 活动支架。

活动支架对管子起承托、限位和允许管子轴向位移的作用。活动支架又分为滑动支架、导向支架、滚动支架等。

滑动支架能使管道在支撑面上自由滑动,它又分为低滑动支架和高滑动支架。低滑动支架用于非绝热管道上,高滑动支架用于绝热管道上。

导向支架能使管子在支架上滑动时不产生径向位移,只产生轴向位移。

（4）吊架。

吊挂管道的结构称为吊架,吊架分为普通吊架和弹簧吊架两种。普通吊架主要由吊杆和卡箍两部分组成。吊杆一端与楼板内预埋件焊接,另一端与卡箍采用螺栓螺母拧紧而成。卡箍能卡住管子,卡箍的另一端也采用螺栓螺母拧紧而成,如图 4-5 所示。普通吊架常用于口径较小、无伸缩性或伸缩性极小的吊装管道。

弹簧吊架主要由卡箍、吊杆、弹簧等组成。卡箍能卡住管子且与吊杆连接,吊杆吊挂在支撑件上,支撑件上的吊杆外套有弹簧,如图 4-6 所示。弹簧吊架常用于有伸缩性及振动较大的管道,能使管道发生径向位移。

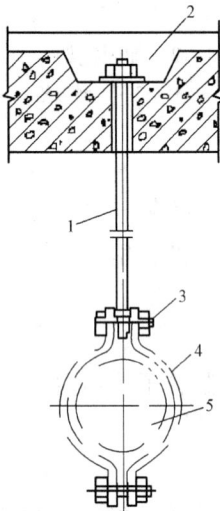

图 4-5　普通吊架

1—吊杆;2—吊杆焊接板;
3—螺栓连接;4—卡箍;5—管子

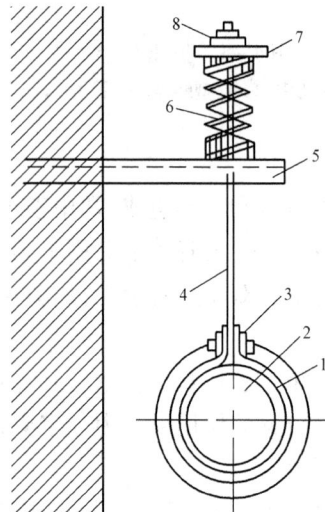

图 4-6　弹簧吊架

1—卡箍;2—管子;3—螺栓连接;4—吊杆;
5—支架;6—弹簧;7—弹簧压板;8—螺母

3）按安装形式分类

管道安装采用的吊挂结构称为吊架,管道安装采用的承托结构称为支架或管卡等。

2. 管道支、吊架的选用

在管道安装过程中,管道支、吊架是工程上必不可少的构件,除部分由设计确定外,大部分支、吊架需要施工人员根据施工现场的情况自行决定。在选用管道支、吊架时,应根据支、吊架的功能和受力情况进行正确的选择、计算及合理设置。管道支、吊架的选用一般应满足以下要求:

(1)选择管道支架的形式应考虑管道的强度和刚度、输送介质和工作压力、管材的线膨胀系数、管道运行后的受力状态及管道安装的实际位置状况等,同时也应考虑制作和安装成本。

(2)管道支、吊架材料常用 Q235 普通碳钢制作,其加工尺寸、精度及焊接等均应符合设计要求。

(3)在管道上不允许有任何位移的地方,应选择固定支架,固定支架要与承力结构牢固结合。

(4)在管道上无垂直位移或垂直位移很小的地方,可选用活动支架。活动支架的形式应根据管道对摩擦作用的不同进行选择:对摩擦产生作用力无严格限制的情况,可采用滑动支架;如要求减少管道轴向摩擦作用力时可采用滚动支架。

(5)在水平管道上只允许管道单向水平位移的地方,在铸铁阀件两侧、补偿器两侧适当距离的位置,应装设导向支架。

(6)在管道具有垂直位移的地方,应选用弹簧吊架,不便装设弹簧吊架时,也可采用弹簧支架;当同时具有水平位移时,应采用滚珠弹簧支架。

(7)仅对管道起支撑和限制位移时,可选用托架、管卡等承托支架。

3. 管道支、吊架的安装过程

1）安装前的准备工作

室内外管道支、吊架安装前的准备工作包括以下内容:

(1)支、吊架的制作与选择。

制作支、吊架的材料应符合要求,其成型尺寸应符合设计图样;需要焊接的支、吊架,在焊接处应符合焊接质量。

(2)确定支、吊架的安装位置。

支、吊架的安装位置由管道的走向(包括水平走向和垂直走向)、管道的坡度坡向、补偿器的位置与作用及支、吊架的间距或管道的跨度等因素确定,具体方法如下:

① 先根据设计要求定出固定支架和补偿器的位置,再按管道的标高,把同一水平直管段两端的支、吊架位置画在支撑体(如墙、板、柱等)上。要求有坡度的管道,应按两点间的距离和坡度的大小,计算出两点间的高度差,然后在两点间拉一根直线,按照支架的间距,在支撑体上画出每个支架的位置。

② 根据已确定的支、吊架位置,再对支、吊架位置的详细尺寸进行测定并画出。

③ 制作或预留埋设支、吊架的孔洞或在钢筋混凝土构件上预埋焊接支、吊架的钢板,应检查制作或预留孔洞是否符合要求。预埋钢板上的砂浆或油漆等污垢应清除干净。

2)常用支架的固定方法

(1)直接埋入墙内固定。

一般先在砖墙或混凝土墙上预留孔洞,安装时可先将孔洞内的碎砖和尘土清除,用水冲洗干净,将支架横梁埋入墙内,埋入深度一般不得小于150mm,填塞1:3的水泥砂浆,填塞密实并凝固后即可,如图4-7所示。

(2)预埋件焊接固定。

对于钢筋混凝土构件上的支架,可在预制或现浇钢筋混凝土时,在支架的位置预埋钢板后,将支架横梁焊接在预埋的钢板上,如图4-8所示。

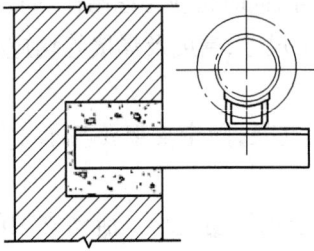

图4-7 直接埋入预留孔内的支架

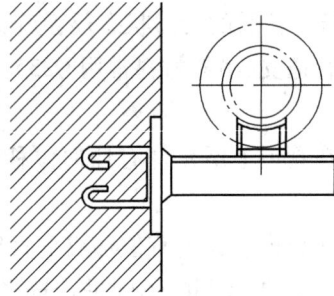

图4-8 焊接在预留钢板上的支架

(3)用膨胀螺栓或射钉固定。

当钢筋混凝土结构上未预埋焊接支架的钢板时,可采用膨胀螺栓或射钉(吊架不能用射钉)固定支架。

采用膨胀螺栓安装支架时,首先在安装支架的位置钻孔,孔的直径与套管的外径相等,深度与螺栓长度相等。将套管套在螺栓上并将螺母带在螺栓上,将螺栓打入孔内,待螺母接触孔口时,用扳手拧紧螺母,随着螺母的拧紧,螺栓被向外拉动,螺栓的锥形尾部便把开口的套管尾部胀开,使螺栓和套管一起固定在孔内。这样便可在螺栓上安装支架横梁,如图4-9所示。

用射钉固定支架时,先用射钉枪把射钉射入安装支架的位置,然后用螺母将支架横梁固定在射钉上,如图4-10所示。

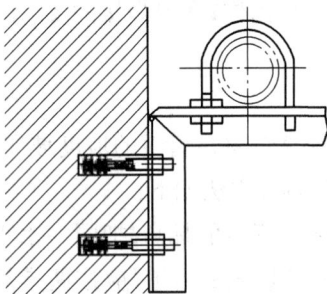

图4-9 用膨胀螺栓安装的支架

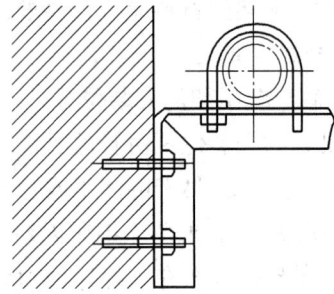

图4-10 用射钉安装的支架

4. 管道支、吊架的安装要求

(1)管道支、吊架安装前,应对所要安装的支、吊架进行检查,支、吊架的规格尺寸应符合设计要求。固定后的支、吊架位置应正确,安装要平整牢固,与管子接触要良好。

（2）对于有坡度要求的管道，支架的标高、坡度必须符合设计要求。

（3）固定支架应严格按照设计要求安装，并在补偿器预拉伸前固定；在无补偿装置、有位移的直管段上，不得安装一个以上的固定支撑。

（4）吊架安装时，吊杆要垂直，其长度应能调节。但管道有热位移时，吊杆应在位移相反方向按位移值的 1/2 倾斜安装。对两根热位移方向相反或位移值不等的管道，不能使用同一吊架。

（5）导向支架或滑动支架的滑动面应平整洁净，不得有歪斜或卡涩现象，安装位置应从支撑面中心向位移反向偏移，偏移值为位移值的 1/2。

（6）弹簧吊架的安装高度应按设计要求调整，并做好记录，待系统安装、试验完毕后，方可拆除弹簧的临时固定件。

（7）铸铁管或大口径管道上的阀门应设有专用支架，不得使管道承力。

二、中低压管道的安装

除长输管道外，工业管道的敷设特点是空间小、管道密、阀门多，中低压管道安装的一般要求如下：

（1）所有预制件均须按图纸和规范检验合格。

（2）应对管道法兰的密封面和密封垫片进行外观检查，不得有影响密封性能的缺陷存在。

（3）法兰连接应保持平行，其偏差不大于法兰外径的 1.5%，且不大于 2mm，不得用强力拧紧螺栓的方法消除歪斜。

（4）法兰连接应保持同轴，其中螺栓孔中心偏差一般不超过孔径的 5%，并保证螺栓自由穿入。

（5）法兰垫片应根据需要分别涂以石墨粉、二氧化钼油脂、石墨机油等涂料。

（6）当大口径的垫片需要拼接时，应采用斜口搭接或迷宫形式，不得平口对接。

（7）当采用软垫片时，垫片周边应整齐，尺寸应与法兰密封面相等，其允许偏差值见表4-5。

表4-5 软垫片尺寸的允许偏差 单位:mm

公称尺寸	法兰密封面形式					
	平面型		凸凹型		榫槽型	
	内径	外径	内径	外径	内径	外径
小于125	+2.5	-2.0	+2.0	-1.5	+1.0	-1.0
≥125	+3.5	-3.5	+3.0	-3.0	+1.5	-1.5

（8）软铜、铝等金属垫片，安装前应进行退火处理。

（9）管道安装时，如遇到露天安装、不锈钢、合金钢螺栓和螺母、管道设计温度高于 $100℃$ 或低于 $0℃$、有大气腐蚀或输送腐蚀性介质的情况，螺栓和螺母应涂以二氧化钼油脂、石墨机油或石墨粉。

（10）法兰连接应使用同一规格的螺栓，安装方向一致，紧固螺栓应对称均匀，紧固后外露长度应符合国家标准的要求。

（11）螺栓紧固后应紧贴法兰，不得有缝隙，需加垫片时，每个螺栓不应超过 1 个，不得用大规格的螺帽或厚铁片来调节螺栓的外露长度，更不能用短的管节做垫圈使用，以保证螺栓连接的稳定性和牢固性。

（12）高温或低温管道的螺栓，在试运行时一般应按下述规定进行热紧或冷紧。

① 管道热、冷态紧固温度见表4-6。

表4-6 管道热、冷态紧固温度

管道工作温度,℃	一次热、冷态紧固温度,℃	二次热、冷态紧固温度,℃
250 ~ 350	工作温度	—
>350	350	工作温度
−20 ~ −70	工作温度	—
<70	−70	工作温度

② 热紧或冷紧应保持工作温度24h后进行。

③ 紧固管道螺栓时，管道最大内压应根据设计压力确定，当设计压力小于6MPa时，热紧最大内压力为0.3MPa；设计压力大于6MPa时，热紧最大内压力为0.5MPa，冷紧一般应在泄压后进行。

④ 紧固要适度，并要有安全措施保证操作人员和相关人员的安全。

（13）管子对口时应检查平直度，在距接口中心200mm处测量，允许偏差1mm/m，但全长允许偏差值不应超过10mm。

（14）管子对口后应垫置牢固，避免焊接或热处理过程中产生变形。

（15）管道预拉伸或压缩必须符合设计规定，预拉伸前应具备下列条件：

① 预拉伸区域内固定支架间所有焊缝（预拉口除外）焊接完毕，需做热处理的焊缝热处理完毕，并检验合格。

② 预拉伸区域支、吊架已安装完毕，管子与固定支架已固定，预拉口附近的支、吊架已预留足够的调整余量，支、吊架弹簧已按设计值压缩，并临时固定，不使弹簧受管道载荷作用。

③ 预拉伸区域内所有连接螺栓已拧紧。

（16）需热处理的预拉伸管道焊缝，在热处理完毕后方可拆除预拉伸时所装的临时卡具。

（17）疏、排水的支管与主管连接时，宜按介质流向稍有倾斜。不同介质、不同压力的疏、排水支管不应接入同一主管。

（18）管道焊缝位置应符合以下要求：

① 直管段两环焊缝间距不小于100mm。

② 焊缝距弯管（不包括压制管和热推管）起弯点不得小于100mm，且不小于管子外径。

③ 环焊缝距支、吊架净距不小于50mm，需热处理的焊缝距支、吊架净距不得小于焊缝宽的5倍，且不得小于100mm。

④ 在管道焊缝处不得开孔，必须开孔时，焊缝应经无损探伤检验合格。

⑤ 卷管的纵向焊缝应置于易检修位置，且不宜在底部。

⑥ 有加固环的卷管，加固环的对接焊缝应与管子纵向焊缝错开，其间距不小于100mm，加固环距管子的环向焊缝不应小于50mm。

（19）工作温度小于200℃的管道，其螺纹接头密封材料宜用聚四氟乙烯带或密封膏，拧紧螺纹时，不得将密封材料挤入管内。

（20）对管内清洁要求较高且焊接后不易清理的管道（如锅炉给水管、高压油管等），其焊缝底层宜用氩弧焊施焊。

(21)管道上仪表接点的开孔和焊缝应在管道安装前进行。

(22)埋地管道安装前应做好防腐绝缘。焊缝部位未经试压不得防腐,在安装和运输过程中要防止损坏绝缘层。

(23)中高压、有毒、剧毒及甲、乙类火灾危险介质的阀门均应逐个进行强度和严密性试验。

三、高压管道的安装

1. 高压管道的特点

(1)输送介质的压力高,要求管道具有相应的耐压能力。

(2)输送介质的温度高,要求管道具有相应的耐热能力。

(3)输送介质的腐蚀性强,而且介质对管道的侵蚀能力随压力的温度的升高而加强,要求管道具有与设计腐蚀裕量相应的耐蚀能力。

(4)输送介质含有固体颗粒时,磨损性强,要求管道具有与设计磨损裕量相应的耐磨能力。

(5)渗透力大,要求管道具有相应的密封性。

(6)振动大,高压管道介质的压力波动大,从而引起管道的振动;同时设备运转时还产生机械振动,也会引起管道振动,要求管道要具有相应的防振能力和抗共振能力。

2. 高压管道的施工措施

鉴于高压管道的特点,在施工中应采取相应措施以适应其运行条件的要求:

(1)高压管道的材质选择。根据高强耐压、高强耐热、高强耐蚀等特殊要求,应选用专用的高压无缝钢管或不锈耐酸钢管。目前,高压管材与管件使用两种标准系列,即化工行业的HG标准和机械行业的JB标准。

(2)高压管件的结构形式。应采用能承受高温高压的加强结构,选用专用的锻制、焊制和弯制的加强管件。

(3)高压管件的连接密封。为适应高强度、高密封的要求,主要采用能耐高压的加强焊缝焊接和高压法兰透镜式、凸凹式和梯形槽式密封方式。

(4)高压管道的支架与吊架。为防止因管道振动和热位移而损伤管子,应采用柔性结构,即在管子支架或吊架之间放入木垫、软金属垫或石棉橡胶板,避免管子与支架、吊架金属表面直接接触,这样既能减振又能防止擦伤。

3. 高压管道的安装要求

高压管道的安装除应符合中低压管道安装的有关规定外,还应符合以下要求:

(1)高压管道安装前,应将管内清理干净,可用白布穿过管子检查,达到无铁锈、脏物、水分等为合格。

(2)螺纹部分应清洗干净,进行外观检查,不得有缺陷,并涂以二氧化钼(有脱脂要求的除外)。

(3)密封面和密封垫的表面粗超度应符合要求,不得有影响密封性能的划痕、斑点等缺陷,并涂以机油或凡士林(有脱脂要求的除外)。

(4)管道支、吊架应按设计规定设置,并应根据工作温度要求,加置木块、软金属片、橡胶石棉板、绝热垫木等垫层,并预先将支、吊架防腐。

(5)螺纹法兰拧入管端时,应使管端螺纹倒角外露,软金属垫片应准确放入密封座内。

（6）合金钢管应进行局部弯曲校正时,加热温度应控制在临界温度以下。

（7）管道膨胀指示器应按设计规定设置,管道吹扫前,将指针调直零位。

（8）高压管道的仪表取源部件应与管道同时安装完毕。

（9）对于高温高压管道,温度超过金属材料蠕变温度时,应按设计规定的位置安装监察管段及蠕胀测点。监察管段应选该批管子中壁厚负偏差最大的管子。监察管段安装前,应从该管子的两端切取长度为 300 ~ 500mm 的管段,连同监察备用管做好标记,一并移交生产单位。在管道冲洗前应将蠕胀测点焊接好,每组测点应在管子同一横断面上,并沿圆周等距分布。同一直径管子的各对蠕胀测点,其径向尺寸应一致,偏差值不应大于 0.1mm。在监察管段上不得开孔或安装仪表插座及支、吊架。

四、不锈钢管道的安装

1. 不锈钢管道的特点

耐大气腐蚀的铬钢和镍铬钢称为不锈钢。工业上常用的镍铬钢含量在 0.14% 以下,含铬约 18%,含镍大于或等于 8%,这种不锈钢俗称 18 - 8 不锈钢。经淬火后,其金相组织为奥氏体,在常温下无磁性,可根据这一特性与铬不锈钢相区别。这种不锈钢在淬火状态下塑性好,适宜各种冷加工,但对加工硬化很敏感,可用加工硬化方法使奥氏体钢强化。它的切削加工性能不好,刀具容易磨损。18 - 8 不锈钢具有一定的耐热性,在较高温度下不起氧化皮并保持较高的强度。当 18 - 8 不锈钢加热至 1100℃后缓慢冷却或在 450 ~ 850℃下长期加热时,铬的碳化物自固溶体中沿晶粒边界析出,从而大大降低其耐腐蚀性能和力学性能,在这种情况下与介质作用产生晶间腐蚀,因此在热加工中应特别注意。总之,18 - 8 不锈钢具有优良的耐腐蚀性、耐热性和塑性,可焊性好,是不锈钢中应用最广泛的一种。但其造价过高,多使用在重要结构中。

由于不锈钢具有良好的耐高温、抗腐蚀性能,故广泛用于石油、化工、医疗、食品、轻工、机械仪表等工业输送管道以及机械结构部件等。另外,在折弯、抗扭强度相同时,重量较轻,所以也广泛用于制造机械零件和工程结构,也常用于生产各种常规武器、枪管、炮弹等。

2. 不锈钢管道的验收与加工

1）验收

不锈钢管道使用前应按国家标准进行验收,检查出厂合格证标注是否完整,包括钢号、炉号、化学成分、力学性能和成品状况等,如标注不完整或无合格证或合格证与到货钢管的钢号、炉号不符,应按有关规定鉴定合格后才能使用。按要求检查钢管的外观,包括外径偏差、壁厚偏差、弯曲度偏差等。

2）清洗

清洗钢管有两种方法,即人工清洗和化学清洗。人工清洗是用干净的布团在管内朝一个方向托擦,或用压缩空气对管内进行吹扫,直到管内无污物为止。化学清洗是按要求将配制好的酸洗液倒入槽内,加温至 49 ~ 60℃,再把钢管放入槽内浸泡 15min 后取出,然后用清水将管子内、外壁冲洗干净并吹干,再用木塞将两端管口堵牢。

3）脱脂

当管道需要脱脂处理时,应用设计固定的脱脂剂及按要求脱脂。如设计未规定,可用四氯化碳脱脂。检验脱脂是否合格,应根据脱脂管件在生产中的不同作用及沾染油脂造成的危害程度而定。凡是可能或直接与浓硝酸等介质接触的管子、管件等,可用紫外线检查脱脂表面,以无油荧光为合格；也可用洁净干燥的白色滤纸擦抹管子内壁，以纸上无油脂痕迹为合格；或用脱脂溶剂，以检测油脂含量不超过 350mg/L 为合格。

4）切割与开坡口

不锈钢管不能用氧—乙炔焰切割和开坡口，因其有较大的韧性、较高的耐磨性和较强的切削黏结性以及容易产生加工硬化等特性。

切割不锈钢管的方法应根据管径的大小而定，管子公称尺寸 $DN<25mm$ 时，用手工钢锯或锯床切割；管子公称尺寸 $DN>25mm$ 时，用砂轮切割机切割，但砂轮片应是专用的，或者用等离子切割，切割过程中要及时冷却。

坡口加工形式按焊接规范而定，坡口可用手工、电动坡口机或机床加工。加工中应用冷却液润滑冷却，可以延长刀具使用寿命和降低坡口的表面粗糙度。

5）管口翻边

不锈钢管口翻边宜用短管段冲压成型。冲压模具用不锈钢或中碳钢制造，外模内径应比钢管外径大 1mm，内口的圆弧半径应达到翻边的要求，折弯处为圆角，外径应等距，表面无褶皱、裂纹和刮伤等缺陷。不便冲压时，可用手工翻边，将翻边管段套上法兰，管口伸出法兰盘面长度应等于翻边肩圈的宽度，用不锈钢或铜锤头从管口内向外击打成弯 90° 的肩圈。翻边过程中用力应均匀适度，不得在法兰盘面上击打出麻点或凹坑。在设计允许的条件下，也可以用焊环。

3. 不锈钢管道安装的技术要求

不锈钢管道的安装应尽量扩大预制量，力求做到整体安装，安装时应注意以下几点：

（1）安装前应对管子、阀件进行认真清洗、检查，以免由于牌号或化学成分与设计要求不符造成返工。如设计有特殊要求，需按要求处理。

（2）不锈钢管一般不宜直接与碳素钢管件焊接，当设计要求焊接时，必须采用异种钢焊条或不锈钢焊条。

（3）不锈钢管与碳钢制品接触处应衬垫不含氯离子的橡胶、塑料或在钢法兰接触面涂绝缘漆。因为不锈钢管直接与碳钢支架接触或采用钢活套法兰连接时，碳钢制品腐蚀后铁锈与不锈钢管表面长期接触，会发生分子扩散，使不锈钢管道受到腐蚀。

（4）不锈钢管道应尽量减少法兰个数。为了安全，法兰不得设在主要出入口的上方，工作压力较大的管道在法兰连接处应设置防护罩。由于不锈钢管道输送的介质多数是腐蚀性的，泄露后能对人造成伤害。

（5）不锈钢管的焊接要求基本与碳素钢管相同，不同之处有以下几点：

① 焊工使用的锤子和刷子最好是不锈钢制造的，这样可以防止不锈钢发生晶间腐蚀。

② 焊接前应使用不锈钢刷及丙酮或酒精、香蕉水对管子对口端头的坡口面及内外壁 30mm 以内的脏物、油渍仔细清除，清除后应在 2h 内施焊，以免再次沾污，坡口面上的毛刺应用锉刀或纱布清除干净，这样才能使焊条与管道焊接后结合紧密牢固。

③ 焊前应在距焊口两侧 4～5mm 处涂一道宽 100mm 的石灰浆保护层，待石灰浆自然干燥后再施焊，这样可防止焊接过程中飞溅物直接落在管材上，也可用石棉橡胶板或其他防飞溅物进行遮盖。

④ 焊接时不允许在焊口外的基本金属上引弧和熄弧。停火或更换焊条时，应在弧坑前方 20～25mm 处引弧，然后将电弧返回弧坑，同时注意每次焊接应在覆盖上一段焊缝 10～15mm

处开始。

⑤ 不锈钢焊缝上不允许打号,可用涂色等方法予以标记。

⑥ 不锈钢管的焊接方法有手工电弧焊、氩弧焊及氧—乙炔焰焊接。

由于氩弧焊时氩气层流能保护电弧及熔池不受空气氧化,同时电弧局部熔化焊件和焊条,然后凝固成坚实的接头,焊接质量高,所以氩弧焊在不锈钢管焊接中应用广泛。

⑦ 不锈钢管道的焊接,焊条应与母材相同。

⑧ 氩弧焊时,氩气的纯度要求达到99.9%以上。若水分过多,会使焊缝变黑,出现气孔,电弧不稳或飞溅;若含氧、氮过多时,会发生爆破声,使焊缝成型恶化。

⑨ 不锈钢管同一焊缝返修不能超过两次。

(6)不锈钢管道的酸洗钝化处理。为了清除不锈钢管表面的附着物和在其表面形成新的氧化膜,应对管子进行酸洗和钝化处理。由于不锈钢管在预制加工、焊接过程中,会使管子表面的氧化膜损坏或氧化,也会有其他不耐腐蚀的颗粒附着在管子表面引起局部腐蚀。酸洗钝化的工艺流程一般为:去油→酸洗→冷水冲洗→钝化→冷水冲洗→吹干。

酸洗钝化的方法一般采用浸泡法。如果管子较长,不能采用浸泡法进行时,也可采用表面涂刷方法或灌注方法进行。

(7)不锈钢管道安装完毕后,应进行水压试验及冲洗,所用的水中含氯离子不能超过25%。

第四节　管道的检验

一、外观检验

外观检验应覆盖施工的全过程。施工开始时,应对现场的材料进行外观检查,施工过程中应按工序对安装质量进行检查。

(1)管道、配件及支承件材料应具有出厂质量证明书,其质量不得低于现行国家标准。

(2)施工过程中分项工程也应进行外观检查:管道、配件、支承件的位置是否正确,有无变形,安装是否牢固等。

① 管道安装应横平竖直,坡度、坡向正确无误。

② 螺纹加工应规整、清洁、无断丝,螺纹连接应牢固、严密。

③ 法兰连接应牢固,对接应平行、紧密且与管子中心线垂直,垫片无双层垫或斜垫。

④ 焊口应平直,焊缝加强面应符合设计规定,焊缝表面应无烧穿、裂纹、结瘤、夹渣及气孔等缺陷。

⑤ 承插口应保证环缝间隙均匀,灰口平整、平滑,养护良好。

⑥ 管道支架应结构正确,埋设平整、牢固、排列整齐。

⑦ 阀门型号、规格、耐压试验应符合设计要求;安装位置及进出口方向正确;连接牢固、紧密;启闭灵活,朝向合理,表面清洁。

⑧ 埋地管道防腐层应牢固、表面平整,无褶皱、空鼓、滑移及封闭不良等缺陷。

⑨ 管道、配件、支承件的防腐油漆应附着良好,无脱皮、起泡及漏涂,且厚度均匀、色泽一致。

二、无损探伤检验

无损探伤检验用于检查焊缝的表面和内部质量,在不损坏材料完整性的前提下应检测出所检查部位的缺陷。常用的无损探伤方法有射线探伤、超声波探伤、磁粉探伤及渗透探伤。射线及超声波探伤用于检测工件内部缺陷;磁粉探伤用于检测铁磁性材料表面及表面缺陷;渗透探伤用于检测工件表面缺陷。

管道焊缝的质量应按设计文件的要求进行检验。通常情况下,管道焊缝的射线照相检验数量应符合下列规定:

(1)下列管道焊缝应进行100%射线照相检验,其质量不得低于Ⅱ级:

① 输送剧毒流体的管道。

② 输送设计压力大于或等于10MPa或设计压力大于或等于4MPa且设计温度大于或等于400℃的可燃流体、有毒流体的管道。

③ 输送设计压力大于或等于10MPa且设计温度大于或等于400℃的非可燃流体、有毒流体的管道。

④ 设计温度小于 -29℃的低温管道。

⑤ 设计文件要求进行100%射线照相检验的其他管道。

(2)当设计没有明确规定时,管道焊缝射线照相抽检比例与合格标准应遵守以下规定:

① 输送设计压力小于或等于1MPa且设计温度小于400℃的非可燃流体、无毒流体管道的焊缝,可不进行射线照相检验。

② 除上述规定的管道外,其他管道射线照相抽检比例不得低于5%,其质量等级不得低于Ⅲ级。

经建设单位同意,办理相关手续后管道焊缝的检验可采用超声波代替射线照相,其检验数量应与射线照相检验相同。

碳素钢和合金钢焊缝的射线照相检验应符合 GB/T 3233—2005《金属熔化焊焊接接头射线照相》的规定;超声波检验应符合 GB 11345—1989《钢焊缝手工超声波探伤方法和探伤结果分级》的规定。

(3)对管道焊缝进行射线或超声波检验时,应对每一个焊工所焊焊缝按规定的比例进行抽检,检验位置应由施工单位和建设单位的质检人员一同确认。若发现不合格者,应对被抽查的焊工所焊焊缝按规定比例加倍探伤;若仍有不合格者,则应对该焊工所焊这一批焊缝全部进行检验。凡不合格的焊缝必须进行返修,焊缝返修后应按原规定方案进行检验。

对要求热处理的焊缝,热处理后应测量焊缝及热影响区的硬度值,检验数量不应少于热处理焊口总数的10%。焊缝及热影响区的硬度值,对于碳素钢,不宜大于母材硬度的120%;对于合金钢,不宜大于母材硬度的125%。

三、管道试压

管道现场安装工作完成后,投入使用前应进行分段压力试验。压力试验是对安装完毕的管道进行综合性试验的一种方法,用于检验管道的强度和严密性能否满足设计要求和使用要求。根据使用介质不同,压力试验分为液压试验和气压试验两种。

1. 管道试压安全技术

管道的试验压力一般均大于工作压力和公称压力,管路及配件、支架、吊架在试压时要承受比管路工作时更大的压力。为了试验安全,必须做到以下几点:

（1）管道系统强度和严密性试验前，应检查管道与支、吊架的紧固性，必要时应采取临时加固措施。用铸铁管敷设的埋地管道，在转弯、分支处应设挡墩，承插管路端部的堵头要用千斤顶顶牢，确认安全可靠后才能进行试压工作。

（2）试压压力必须按设计或验收规范的规定进行，不得擅自增压或减压，对于位置高度差较大的管路系统，应考虑试验介质的静压影响。

（3）试验过程中，液压强度试验应缓慢升压，严密性试验压力应逐级缓升，不得操之过急。如遇焊缝、接口泄露，不得带压修理。

（4）试压压力较高的管道应划定危险区，安排人员负责警戒，禁止无关人员入内。系统试验完毕后，试验介质应在室外合适的地点排放，并注意安全。

2. 管道试压前的准备工作

1）试压方案编制

试压方案应根据设计和安全施工的要求，结合施工现场具体情况编制，明确分段试压范围、试验压力、试验介质及其来源、检验标准、安全措施等。通常在试压方案中要以"试压流程图"表示管道系统的分段方法和试验压力，用以指导施工。"试压流程图"上应标明试压管线号、试压范围、需拆卸的管道组成件、盲板位置及编号、试压压力等内容。

2）安装质量记录审核

为了确保管道试压工作的安全性和有效性，试压前应对以下方面的资料进行审核：

（1）管道组成件、焊材的制造质量证明书。

（2）管道组成件、焊材的校验性检验或试验记录。

（3）管子弯曲和弯管加工记录。

（4）管道系统隐蔽工程记录。

（5）管道焊接记录及单线图。

（6）焊接检验记录及焊缝无损检验报告。

（7）焊接接头热处理记录及硬度试验报告（包括金相检验报告）。

（8）设计变更及材料代用文件。

（9）静电接地测试记录。

3）试压系统设置

试压系统应根据试压方案的要求设置，具体要求如下：

（1）气压试验时的空气压缩机或液压试压时用的试压泵处于完好状态。

（2）临时管线根据试验压力分别选用无缝管、焊接管或压力胶管。

（3）试压系统必须装设两块以上经检定合格、精度为1.5级且量程符合要求的压力表。压力表应装在系统中加压设备出口和试验系统最高点便于观察的位置。

（4）气压试验必须根据方案要求配置安全措施，安全阀应经检验调试合格。

4）试压介质要求

试压介质根据生产工艺要求结合现场实际情况进行选定，除生产工艺或设计要求不允许进行液压试验的管道外，原则上应采用液压试验方法。

5）试压条件确认

（1）试压用的水（气）源和电源充足，临时用电符合安全要求。

（2）试验范围内的管道安装焊接完毕，焊接及热处理工作全部完成。

（3）管道支、吊架的形式、材质、安全位置正确，符合要求。

（4）管道上膨胀节已按要求设置临时约束装置。

（5）试压临时加固措施安全可靠，临时盲板的位置正确、标识清楚。

（6）试压所用检测仪表的精度等级、量程和检定期符合规定要求。

（7）液压试验应用洁净水，当对奥氏体不锈钢或连有奥氏体不锈钢管道或设备的管道进行试验时，水中氯离子含量不得超过25μg/g。当采用可燃液体介质进行试压时，其闪点不得低于50℃。设计未规定时，非合金钢和低合金钢管道系统试压介质的温度不得低于5℃，含合金钢的管道系统，温度不得低于15℃。

（8）液压试验时，环境温度不宜低于5℃。当环境温度低于5℃，应采取防冻措施。

（9）试压系统最高点应有放空设施，埋地管线有可靠的排水措施。

（10）试压方案已经交底。

3. 液压试验

工业管道液压试验的压力应按照设计文件规定进行，当设计文件未做规定时，试验压力按照设计压力的1.5倍，当工业金属管道的设计温度高于试验温度时，试验压力按下式计算：

$$p_a = 1.5p \frac{[\delta]_1}{[\delta]_2}$$

式中　p_a——试验压力（表压），MPa；

　　　p——设计压力（表压），MPa；

　　　$[\delta]_1$——试压温度下管材的许用应力，MPa；

　　　$[\delta]_2$——设计温度下管材的许用应力，MPa。

当 $\frac{[\delta]_1}{[\delta]_2}$ 大于6.5时取6.5。

当在试验温度下，试验压力会使管道超过材料屈服强度的应力时，应将试验压力降至不超过屈服强度的最大应力。对位差较大的管道，应将试验介质的静压计入试验压力。液体管道的试验压力以最高点的压力为准，但最低点的压力不得超过管道的承受力，一般不得超过试验温度下材料屈服强度的90%。

承受内压的埋地钢质管道的试验压力为设计压力的1.5倍，且不得低于0.4MPa，承受内压的埋地铸铁管道的设计压力小于或等于0.5MPa时，应为设计压力的2倍，设计压力大于0.5MPa时，应比设计压力大0.5MPa。

承受外压的管道试验压力应为设计内、外压力之差的1.5倍，且不低于0.2MPa。夹套管内的试验压力按内部或外部设计压力的较高者确定，外管的试验压力按一般内压管道确定。

当管道与设备作为一个系统进行压力试验时，如管道的试验压力小于或等于设备的试验压力，应按管道的试验压力进行试验，如管道的试验压力大于设备的试验压力，且设备的试验压力不低于管道设计压力的1.15倍，则可按设备的试验压力进行试压，但需经有关单位同意。

管道在液压实验室应将系统内空气放尽，缓慢升压，达到试验压力后稳压10min，然后降至设计压力，停压30min，以压力不降、无渗漏为合格。试验完毕应将试压系统内试压介质缓慢降压排尽，液体试验介质宜在室外合适的地点排放干净，排放时考虑反冲力作用及安全环保要求。管道系统试压合格后，应及时拆除盲板、临时加固件、临时短管及膨胀节限位等。拆除时应仔细检查，不得漏拆，并及时恢复被拆除的部件，经核对无误后再填写试验记录。

4. 气压试验

由于介质或设计原因，或因为运行条件不允许残留试验液体的管道，可按设计图纸规定采用气压试验。管道采用气体作为试验介质，应符合下列规定：

（1）承受内压的钢管及有色金属管道的试验压力为设计压力的1.15倍，当设计温度高于试验温度时，试压压力的计算与液压试验压力计算相同。

（2）一般气压试验的压力不应超过0.6MPa；公称尺寸小于或等于300mm的管道，最大不应超过1.6MPa；真空管道的试验压力为0.2MPa。

（3）气压试验时，材料的内应力不得超过试验温度下材料屈服强度的80%，试验温度不得接近材料的脆性转变温度。未经单独水压试验合格的脆性材料严禁进行气压试验。

（4）正式试压前，应用空气或其他无毒、不可燃气体进行预试验，预试验的试验压力可在0.1～0.5MPa之间选取，一般采用0.2MPa。

（5）气压试验升压时，应逐步缓慢增加压力，压力升至试验压力的50%时，应稳压3min，如果发现异常或泄漏，可继续按试验压力的10%逐级升压。每级稳压3min直至试验压力，稳压10min后再将压力降至设计压力，停留足够的时间进行检查，以发泡剂检查不泄露为合格。

5. 其他要求

输送有毒、剧毒、可燃流体的管道必须进行泄漏性试验。泄漏性试验应在压力试验合格后进行，试验介质宜用空气，试验压力为设计压力。泄漏性试验应重点检验阀门填料函、法兰或螺纹连接处、放空阀、排气阀、排水阀等，以发泡剂检验不泄露为合格。经气压试验合格且在试压后未经拆卸的管道可免做泄漏性试验。

真空管道系统在压力试验后，还应按设计文件规定进行24h真空度试验，增压率不应大于5%。

第五节　管道吹扫、清洗与脱脂

一、管道吹扫、清洗

1. 管道吹扫、清洗的一般规定

管道经安装或修理后，在使用之前，首先应对管道进行吹扫和清洗，以便把施工时遗留在管内的焊渣、铁锈、泥沙、水及其他杂物清除干净，防止在管道运行过程中阻塞阀门、损坏设备、污染介质、沾污产品。这是一项工作量大而且要求细致的工作，一般应遵守以下规定：

（1）管道系统强度试验合格后，或气压严密性试验前，应分段进行吹洗。

（2）吹洗方法应根据管道的使用要求、工作介质及管道内的脏污程度和设计要求进行；吹洗顺序一般应按主管、支管、疏水管依次进行。

（3）系统吹洗前应先绘制完整的吹洗流程图，吹洗时按流程图上标出的吹洗顺序及要求进行工作。

（4）吹洗前应对系统内的仪表加以保护，并将妨碍吹洗工作的孔板、喷嘴、滤网、节流阀及止回阀芯等部件拆除，妥善保管，待吹洗后复位；对不允许吹洗的设备及管道，应与吹洗系统用盲板加以隔离，吹洗前还应考虑管道支、吊架的牢固程度，必要时应使用临时支架加固。

（5）吹洗过程中吹洗介质应有足够的流量，吹洗流速不得低于工作流速，当用气体吹扫时，流速一般不小于20m/s，吹洗压力不得高于工作压力。

(6)吹洗时,除有色金属管外,应用锤(不锈钢管用木锤或紫铜小锤)敲打管子,对焊缝、死角和管底部位应重点敲打,但不得使管道表面产生麻点或凹陷,损伤管子。

(7)吹洗后管子里还可能留存脏物时,应用其他方法补充吹洗,吹洗合格后,除规定的检查项目及必要的恢复工作外,不得再进行影响管内清洁的其他作业,知道管道系统最终封闭。

2. 管道吹扫

管道系统的吹扫适用于气体管道。蒸汽管道应用蒸汽吹扫;非蒸汽管道一般用空气进行吹扫,如不能满足要求时,也可用蒸汽吹扫,但要考虑管道承受高温和热膨胀因素的影响;氧气管道不用带油的压缩空气或氮气吹扫;仪表管道应用无油干燥压缩空气吹扫。管道吹扫的排气管应接至室外安全地点,管口朝上倾斜,保证排放安全,必要时排气管处应加明显标志。排气管应具有牢固的支撑,以承受其所排空气的反作用力。

1)蒸汽吹扫

蒸汽吹扫前,应先缓慢升温暖管,当吹洗管段末端与进气端温度基本相等时,恒温 1h 后进行吹扫,然后自然降温至环境温度,再升温、暖管、恒温,进行第二次吹扫,如此反复进行,一般不少于三次。

吹扫蒸汽总管时,用总气阀控制蒸汽流量,吹扫支管用管路分支处的阀门控制流量。在开启阀门前,应先将管道中的冷凝水经疏水阀排干净。吹扫压力应尽量维持在管道设计压力的75%左右,最低不应低于设计压力的 25%。吹扫流量为设计流量的 40% ~ 60%,流速一般不低于30m/s。吹扫时间为每次 20 ~ 30min,当排气后吹出的蒸汽完全清洁时,才能停止吹扫。蒸汽阀的开启和关闭都应缓慢,不能过急,以免形成水锤现象而引起阀件破裂。

蒸汽吹扫的排气管应引至室外,并加明显标志。管口应离开地面一定高度并向上倾斜,以保证排放安全。排气管应具有牢固的支撑,以承受排放的反作用力。排气管的直径不宜小于被吹扫管直径,长度应尽量短。

蒸汽吹扫的检查方法及合格标准为:对于一般蒸汽管道,可用刨光木板置于排气口处检查,木板上无铁锈、脏物为合格;对于通往汽轮机或设计文件有规定的管道,经蒸汽吹扫后应检验靶片。当设计无规定时,其质量标准为靶片上痕迹的大小应在直径 6mm 以下,每平方厘米粒数不超过 1 个,痕深小于 0.5mm。

管道系统吹扫后,对可能留存杂物的部位,应当用人工加以清除。在吹扫过程中,不应使用疏水器来排除系统中的凝结水,最好将疏水器暂时拆除,待吹扫工作结束后再装上,并进行调整和投入使用。绝热管道的蒸汽吹扫工作,一般宜在绝热施工前进行,必要时可采取局部的人体防烫措施,确保安全。

2)空气吹扫

空气吹扫的方法和步骤可参照蒸汽管道的方法进行。吹扫效果的检查可在排气口用白布或涂有白漆的靶板检查,当管道系统吹扫一定时间后,把用于检查的靶板在排出口处停放5min,若其上无铁锈、尘土、水分及其他脏物即为合格。

对于输送可燃及助燃气体的管道,用压缩空气吹扫合格后,使用前还必须用安全气体置换。常用工作介质的置换气体有以下几种:

(1)氧气管道。用不含油的压缩空气或氮气吹扫合格后,在投入使用前必须用氧气吹扫置换,氧气用量不小于被置换管道总容积的 3 倍,吹扫置换用排气管,应接至室外安全地点,排出口距地面不小于 2.5m,并应远离火源。

（2）乙炔管道。用空气或氮气吹扫合格后，在投入使用前必须用 3 倍于管道容积的氮气（含氧量不大于 1%）进行吹扫置换，直至排出管排出氮气中含氧量少于 3% 时，才允许输入乙炔气。

（3）煤气或天然气管道。采用压力不小于管道设计压力的压缩空气吹扫合格后，在投入使用前，天然气管道必须用天然气进行吹扫置换，直至气体经取样化验合格为止；燃气管道可先用氮气吹扫置换，再输入煤气进行置换，但此法费用较高，应用较少，通常是用煤气直接置换空气，直至取样化验合格后，才允许投入运行。应用此法，其压力不得超过 0.049MPa，并要求管道沿程无明火或炽热物。由于用燃气直接置换空气过程中，有一段时间的煤气浓度在爆炸区间范围内，在常温、常压下遇火就会爆炸。因此，在使用此方法时必须采取相应的安全措施。

3. 管道清洗

1）水冲洗

工作介质为流体的管道在投入使用前，一般应用洁净的水冲洗，以清除管内的焊渣等杂物。

冲洗用水可根据管道工作介质及材质选用饮用水、工业用水、澄清水或蒸汽冷凝水。如用海水冲洗时，则需用清洁水再次冲洗，奥氏体不锈钢管道不得使用海水或氯离子含量超过 25mg/L 的水进行冲洗。

水冲洗的排放管应接入排水井或排水沟中，保证排泄畅通安全。排放管的截面积不得小于被冲洗管道截面积的 60%。排水时，不得形成负压，以防止损坏与管道连接的设备。

水冲洗时宜采用最大流量，流速不得低于 1.5m/s，且应连续冲洗，以排出口的水色和透明度与入扣水目测一致为合格。

管道冲洗后应将水排净，必要时用压缩空气或氮气吹干。

2）化学清洗

（1）为满足一些特殊要求，有些管道需要进行化学清洗，其范围和质量要求应符合设计文件的规定。进行化学清洗的管道必须与无关设备隔离。

（2）化学清洗液的配方必须经过鉴定，并在生产装置中使用过，经实践证明是有效和可靠的。

（3）化学清洗时，操作人员应穿专用防护服装，并应根据不同清洗液对人体的危害，佩戴护目镜、防毒面具等防护用具。

（4）化学清洗合格的管道，不能及时投入运行时，应采取有效的保护措施，如进行封闭或冲氮保护。清洗后的废液处理和排放应符合环境保护的固定，以防造成污染。

3）油清洗

（1）润滑、密封及控制油管道，应在设备及管道酸洗合格后、系统试运转前进行油清洗。不锈钢管道，宜用蒸汽吹净后进行油清洗。

（2）油清洗应以油循环的方式进行，循环过程中每 8h 应在 40～70℃ 的范围内反复升降油温 2～3 次，并应及时清洗或更换滤芯。

（3）当设计文件或制造厂无要求时，管道油清洗后应采取滤网检验，按表 4 – 7 确定清洗是否合格。

表 4 – 7　油清洗合格标准

机械转速,r/min	滤网规格,目	合 格 标 准
≥6000	200	目测滤网,无硬颗粒及黏稠物,每平方厘米范围内,软杂物不多于 3 个
<6000	100	

（4）油清洗应采用适合于被清洗机械的合格油,清洗合格的管道,应采取有效的保护措施,以防被污染。试运转前应采取具有合格证的工作用油。

二、管道脱脂

直接法生产浓硝酸装置、空气分离装置和炼油、化工工程中的一切忌油设备、管道和管件必须按设计要求进行脱脂。脱脂的目的是避免输送或存储的物料遇油脂或有机物引起爆炸;避免输送或存储的物料和油脂或有机物相混合;控制油脂含量,以保证催化剂的活性;控制油脂及有机物的含量,以保证产品的纯度。

已安装的管道应拆卸成管段进行脱脂。安装后不能拆卸的管道应在安装前进行脱脂。有明显油迹或严重锈蚀的管子,应先用蒸汽吹扫、喷砂或其他方法清除干净再进行脱脂。

1. 脱脂剂的选择

管道脱脂可采用有机溶剂(二氯乙烷、三氯乙烯、四氯化碳、工业酒精、溶剂苯、丙酮等)、浓硝酸或碱液进行。

工业用二氯乙烷适用于金属管件的脱脂;工业用四氯化碳适用于黑色金属及非金属管件的脱脂;三氯乙烯适用于金属件及有色金属件的脱脂;工业酒精适用于脱脂要求不高及容器内壁表面人工擦洗;88%的浓硝酸适用于浓硝酸装置的部分管件和瓷环等的脱脂。

2. 脱脂的方法

1)管子的脱脂

管子外表面如有污垢,可先用清水冲洗干净,并自然吹干,然后用干布浸脱脂剂揩擦除油,再放在露天干燥。

对管子内表面进行脱脂时,可将管子一端用木塞堵严或用其他方法封闭。从另一端注入该管容积 15% ~20% 的脱脂溶剂,然后以木塞封闭,在平整干净的地方或置于有枕木的工作台上浸泡 60 ~80min,并每隔 20min 转动一次管子。带弯的管子应适当增加脱脂溶剂,使之全面浸泡。脱脂后,将管内溶剂倒出,用排风机将管内吹干,或用不含油的压缩空气或氮气吹干,或用自然风吹 24h,充分吹干。

大通径管子可用棉布浸蘸溶剂人工擦洗;小通径管子也可整根放在盛有溶剂的长槽内浸泡 60 ~80min。

浓硝酸装置的管道和设备,可在全部安装后直接以 88% 的浓硝酸用泵打循环进行酸洗。循环不到或不耐浓硝酸腐蚀的管子必须单独脱脂。阀门、垫片等管件在酸洗前也应单独脱脂。

2)管件、阀门及其他零部件的脱脂

阀门脱脂应在其研磨试压合格后进行。将阀件拆成零件,在溶剂内浸泡 60 ~80min,然后取出悬挂在通风处吹干,直至无味为止。法兰、螺栓、金属垫片、金属管件等均可采用同样方法进行脱脂。

非金属垫片和填料可置于溶剂内浸泡 80 ~120min,然后悬挂在通风处吹干,时间不少于 24h。

接触氧、浓硝酸等强氧化性介质的纯石棉填料可在300℃以下的温度中灼烧2～3min,然后涂设计要求的填料,如石墨粉等。

浓硝酸装置用的阀门、瓷环等,可用88%的浓硝酸洗涤或浸泡,然后用清水冲洗,再用蒸汽吹洗,直到蒸汽冷凝液不含酸为止。

紫铜垫片等经过退火处理后,如未被油脂沾污,可不再进行脱脂。

3. 脱脂检验

设备、管子和管件应检查鉴定。检验标准应根据生产介质、压力、温度对接触油脂危险程度而确定。管道脱脂后应将溶剂排净,当设计无规定时,检验脱脂质量的方法及合格标准规定如下。

1) 直接法

用清洁干燥的白滤纸擦拭管道及其附件的内壁,纸上无油脂痕迹,用紫外线灯照射,脱脂表面应无紫蓝荧光。

2) 间接法

蒸汽吹扫脱脂时,盛少量蒸汽冷凝液于器皿内,并放入数颗直径小于1mm的纯樟脑球,以樟脑球不停旋转为合格;有机溶剂及浓硝酸脱脂时,取脱脂后的溶液或酸分析,其含油和有机物应不超过0.03%。

脱脂合格后的管道应及时封闭管口,保证以后的工序施工中不再被污染,并填写管道系统脱脂记录。

第六节　管道防腐与绝热

一、管道防腐

在工业与民用建筑中,大多数设备及管道安装完毕后均暴露在空气中或埋在土壤中。此时,这些设备或管道的金属表面会受空气中的水分、氧以及酸、碱、盐等的腐蚀,使金属管道外表和内壁不断地被腐蚀损坏,致使管壁逐渐减薄,严重的会发生穿孔漏泄,缩短使用年限。所以,管道安装完毕后,一般均要采用涂漆(刷漆)防腐措施。在金属管道外表面以涂料作防腐层是一种常用的重要防腐措施。

防腐涂料经过干燥固化而形成的涂膜不透气、不透水,牢固地结合在金属表面上,由于涂膜紧密无孔能把金属表面同外界严密隔绝,并且有一定的机械强度和弹性,从而阻止金属与外界介质进行反应,有效地防止金属的腐蚀。

1. 涂料的组成

有机涂料简称涂料,俗称"油漆",主要由液体、固体和辅助材料三部分组成。液体材料有成膜物质、稀释剂(溶剂),固体材料有颜料、体质料(填料),辅助材料有固化剂、增韧剂、催干剂、防潮剂和脱漆剂等。

成膜物质也称为黏结剂、固着剂或漆料。它是经过加工的油料或树脂在溶剂中的溶液,能将颜料和体质颜料黏接在一起,形成牢固的附着到物体表面上的涂膜。常用的成膜物质有天然树脂、酚醛树脂、环氧树脂、过氯乙烯树脂、沥青和干性植物油等。

稀释剂(溶剂)也称稀料,是挥发性的液体,能溶解和稀释涂料,用以调节涂料的黏度以便于喷涂施工。常用的稀释剂(溶剂)有汽油、松节油、甲苯、丙酮、乙醇等。使用时应根据涂料的不同性质选择相应的稀释剂,否则会影响涂漆的效果和质量。

颜料是一种微细粉末状的有色物质,能使涂膜有一定的遮盖力和着色力。常用的颜料有铬黄、锌铬黄、铁红、锌钡白、钛白、红丹、铝粉、铜粉等。

填料可用来提高涂膜的机械强度、耐腐蚀性、耐热性和降低线胀系数等。常用的填料有硫酸钡、碳酸钙、滑石粉、高岭土、石英粉、瓷粉和石粉等。

此外,固化剂能促进涂膜的固化;增韧剂能增加涂膜的韧性和强性,改善涂膜的脆性;催干剂能加快涂膜的干燥时间,改善涂膜的性能。

2. 常用涂料及其选用

按涂料(油漆)的作用划分,可分为底漆和面漆。底漆直接涂在金属表面作打底用,要求具有附着力强、防水和防锈性能良好的特点;面漆是涂在底漆上的涂层,要求具有耐光性、耐候性和覆盖性能特点,从而延长管道的使用寿命。

为了使面漆层更具有耐蚀性,往往在面漆上再涂 1~2 道清漆。清漆是不加入颜料和填料的液体涂料,呈浅黄褐色透明液状,既可单独涂刷,也是配制各种颜色涂料的基本液体漆料。常用的清漆有脂酸清漆、酚醛清漆和醇酸清漆三种。

涂料的品种繁多,性能和特点也各不相同,根据使用条件不同正确选择涂料,对保证防腐层的质量是十分重要的,选用时应考虑如下因素:

(1)管道的使用条件(如腐蚀性介质的种类、温度和浓度等)应与涂料的适用范围一致,例如酸性介质宜选用酚醛清漆,碱性介质宜选用环氧树脂漆。

(2)根据不同的管材选用不同的涂料,例如铝管表面不宜采用红丹防锈漆,而必须采用锌黄防锈漆。

(3)考虑施工条件的可能性,例如缺乏高温烘干条件时,就不宜采用烘干型漆,而应采用自干固化型漆。

(4)考虑经济效益,选择涂料时应选成本低而质量好的涂料。

(5)各种涂料应正确配用,这样既可发挥某些涂料的优点,又可弥补另一种涂料的缺点。在配合中应注意底漆与面漆之间有一定的附着力且无不良作用,涂层与涂层之间应有相合性。

(6)考虑美观性的装饰作用。涂漆在管道工程中除了有防腐的作用外,还具有装饰作用,并可作为标志。根据管内流动的介质不同,可选择不同颜色、不同质量的面漆。

3. 涂漆准备

(1)在涂漆前,必须先熟悉涂料的性能、用途、技术条件等,再根据规定正确使用,所用涂料必须有合格证书。

(2)涂料不可乱混合,否则会产生不良后果。

(3)色漆开桶后必须搅拌才能使用,如不搅拌均匀,对色漆的遮盖力和涂膜性能都有影响。

(4)漆中如有粒状物,要用 120 目(0.125mm)钢丝网过滤后再使用。

(5)涂料有单包装,也有多包装。多包装在使用时应按技术规定的比例进行调配。

(6)根据选用涂料的要求,采用与涂料配套的稀释剂,调配到合适的黏度才能使用。

4. 涂漆防腐施工

涂漆施工一般应在管道试压合格后进行。在金属管道及支架的表面一般都有金属氧化物、油污、浮土、浮锈等杂质存在。因此,涂漆施工前应先是对金属表面进行处理,当露出金属本色后再喷刷涂料防腐。

1）钢管的表面处理

钢管的表面处理分为脱脂、除锈和酸洗三种,施工中应根据设计要求及具体条件来选择合理的处理方法。

2）涂漆的喷刷

涂漆一般采用刷漆、喷漆、浸漆和浇漆等方法,施工现场大多采用涂漆和喷涂两种方法。涂料使用前,应先搅拌均匀。表面已起皮的涂料,应加以过滤,除去漆皮;然后根据喷涂方法的需要,选择相应的稀释剂将涂料稀释至适宜稠度,调成的涂料应及时使用。

涂漆就是用刷子将涂料往返地涂刷在管子表面,涂层应均匀,不得漏涂。对于管道安装后不易涂漆的部位,应预先涂漆。涂漆施工宜在 15～35℃ 的环境温度下进行,并应有防火、防冻、防雨措施。现场涂漆一般应任其自然干燥,多层涂刷的前后间隔时间,应保证涂膜干燥,涂层未经充分干燥,不得进行下一工序施工。

喷涂就是利用压缩空气为动力,用喷枪将涂料喷成雾状,均匀地喷涂在钢管的表面上。用喷涂法得到的涂层,其表面均匀光亮、质量好、耗料少、效率高,适用于大面积的喷涂工作。

喷涂时,操作环境应保持洁净,无风砂、灰尘,温度在 15～30℃,涂层厚度以 0.3～0.4mm 为宜。喷涂后,不得有流挂和漏喷现象。涂层干燥后,需用砂布打磨后再喷涂下一层。这样做的目的是打掉涂层上的粒状物,使涂层平整,并可增加与下一层涂层之间的附着力。为了防止遗漏喷涂,前后两次涂料的颜色配比时可略有区别。

涂层的质量要求是:涂膜附着牢固均匀、颜色一致,无剥落、皱纹、气泡、针孔等缺陷;涂层应完整,无损坏、漏涂现象。

3）涂漆操作程序

涂漆施工的程序是否合理,对涂层的质量影响很大,涂漆施工程序如下:

（1）第一层底漆直接涂在管件表面上,与管件表面紧密结合,起到防腐蚀、防水、层间结合的作用;第二层面漆(调和漆、磁漆)涂漆应精细,使工件获得要求的色彩;第三层是罩光清漆。

一般底漆与防锈漆应涂刷一道至二道,第二层的颜色最好与第一层颜色略有区别,以便检查第二层有无漏涂现象。每层涂漆不宜过厚,以免起皱和影响干燥,如发现皱皮、流挂、露底时,需进行修补或重新涂刷。

（2）表面涂调和漆时,要尽量自然而均匀,如果涂料的覆盖力较差,也不允许任意增加厚度,而应分几次涂覆。每层涂膜厚度一般不宜超过 30～40μm。每涂一层漆后应留有充分干燥时间,待前一层真正干燥后再涂下一层。

（3）面漆上的罩光漆,可以用一定比例的辅漆和磁漆混合罩光。

（4）无保温层的管道一般应先涂两遍防锈漆,再涂一遍调和漆,有保温层管道一般涂两遍调和漆。

二、管道绝热

管道绝热的目的在于减少管内介质与外界的热量交换,从而达到节能、防冻以及满足生产工艺要求等。管道绝热按其用途可分为保温、保冷和加热保护三种类型。

1. 管道绝热的一般规定

（1）在满足技术要求的前提下,热绝缘层的厚度还要满足经济厚度的要求。厚度过大虽然可以降低热耗或能耗,但要增加投资;反之,厚度过小虽然可以降低投资,但要增加热耗或能耗。

（2）为了防止管道内介质的冷凝、结晶和冻结以及提高生产工艺管道的输送能力，应采取热绝缘措施，必要时采取伴热或加热措施。

（3）当人体短时间接触表面温度高于60℃或低于-5℃的管道时，有烫伤或冻伤的危险，为了保证操作人员的安全，改善劳动条件，应采取热绝缘措施。

（4）夏季输送介质温度低于环境温度时，管道外表面可能结露，为了防止结露，应采取热绝缘措施，使外表温度高于露点。

（5）在高温管道附近有可燃、易燃、易爆物品时，有发生火灾和爆炸的危险，为此应采取热绝缘措施，以降低管道表面温度至安全允许温度。

（6）管道和设备表面温度应低于50℃、高于0℃，有电气设备的房间、居住房间和操作间，管道和设备应防止结露。

（7）室外架空敷设的煤气管道、乙炔管道，如可能低于0℃时，一般应绝热防冻，所有可能处于0℃以下的各种气体管道冷凝水排出管，必须绝热防冻。

（8）室外架空敷设管道或安于潮湿环境中的管道，应在绝热层外加设防水层。

2. 常用绝热材料的选择要求

绝热材料一般采用轻质、疏松、多孔的粒状材料或纤维材料，如石棉制品、玻璃棉制品、矿渣棉制品等，在选择时应满足下列要求：

（1）热导率小，能绝热隔冷；密度小，一般低于$600kg/m^3$。

（2）耐振动，有一定的强度，用于保温的硬质绝热材料制品，其抗拉强度一般不小于0.29MPa；用于保冷的硬质绝热材料制品，其抗拉强度不得小于0.147MPa。

（3）材料的物理化学性能稳定、吸湿率小，不霉烂、不变质、不燃烧，对金属不得有腐蚀作用。当用在奥氏体不锈钢管道及其附件上时，其氯离子含量不能超标。

（4）用于保温时，应具有较高的耐热性，不至于由于温度的急剧变化而丧失原来的特性；用于保冷时应具有良好的抗冻性。

（5）防潮材料必须具有良好的防火、防潮性能，能耐大气腐蚀及生物侵袭，不得发生虫蛀、霉变等现象；不得对其他材料产生腐蚀或溶解作用，材料吸水率低。

（6）来源广、造价低、便于施工。

3. 绝热工程施工

1）施工要求

（1）一般情况下，应在绝热施工前对管道进行强度试验和严密性试验；需要蒸汽吹扫的管道，宜在吹扫后进行绝热工程施工。

（2）绝热施工顺序：首先做好管道外表防腐，然后依次敷设绝热层、防潮层、保护层。各层均应按设计规定的形式、材质、要求分别选用适当的施工方法。非水平管道的绝热施工应自下而上进行。防潮层、保护层搭接时，其宽度应为30～50mm。

（3）在加热保护系统的周围，如果有蒸汽管道或者输送介质有防火、防爆要求时，应采用伴管或夹套管类型。反之，才可用电热带保护。各种加热保护夹套管的管径一律按物料管径加大一级选用。

（4）伴管与夹套管的选用原则：输送凝固点低于50℃或具有腐蚀性、热敏性介质的管道，一律采用伴管保护；对输送凝固点高于50℃介质的管道，可以采用伴管或夹套管保护。当介质接触蒸汽会产生损害操作的事故时，则应选用伴管保护。

（5）需要绝热施工的管道配件，不应和管道的管子包扎成一个整体，应在管子绝热施工结束后，再对它们进行单独包扎，以便于检修或更换配件。管道上不绝热的支管及其他从绝热管道上伸出的金属件，它们的绝热长度为绝热层厚度的4倍，接管和阀门的绝热层厚度则按管子选用。阀门的绝热层敷设到阀盖法兰的上面，但不要妨碍填料更换。此外，为了便于管道的拆卸，法兰一侧应有大于螺栓长度25mm的空隙。

（6）在绝热层施工中，除伴热管道外，一般应单根包扎。保温层厚度大于100mm和保冷层厚度大于75mm时应分层施工。

（7）不适应潮湿环境的绝热材料，下雨天不可露天施工。

2）常用绝热结构施工方法

（1）涂抹式。

涂抹式是指用胶泥状绝热材料直接涂抹在管子上，其结构如图4-11所示。涂抹前，先将管子刷两道防锈漆，把硅藻土石棉粉用水调成胶泥。为了增加黏接力，可先在管道上抹一层胶泥做底层，厚度约为5mm，干燥后再涂第二层。厚度为10~15mm，以后每层厚度为15~25mm，直到达到设计要求为止。

当管内介质温度不超过100℃时，可采用草绳胶泥结构，先在管道上缠一层草绳，在草绳上涂抹胶泥，接着再缠一层草绳，再涂抹胶泥，直到达到要求厚度为止。

涂抹式结构在干燥后即变成整体硬质材料，因此每隔一定距离应留有热胀伸缩缝。管内介质温度不超过300℃时，伸缩缝间距7m左右，最小间隙为5mm；管内介质温度大于300℃时，伸缩缝间距为4m左右，间隙为20mm，因其间隙较大，应充填石棉绳、玻璃棉等软质材料。

涂抹式绝热结构不仅适用于管道保温，也适用于阀门、管件、石油化工等设备的保温，具有保温、保冷、隔声、防火等作用。

（2）预制块式保温结构。

预制块式保温结构是指将绝热材料由专门的工厂或现场预制成梯形、扇形或半圆形瓦块，俗称保温瓦，其结构如图4-12所示。

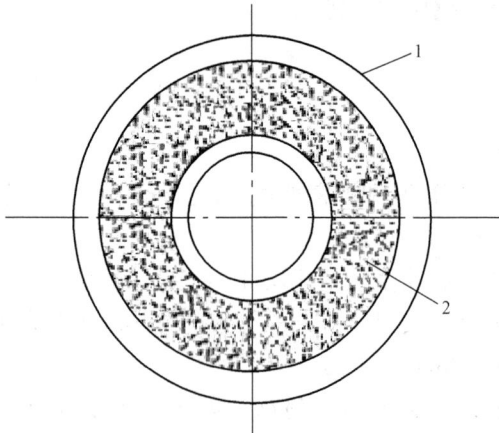

图4-11 涂抹式保温结构
1—保护层；2—保温层

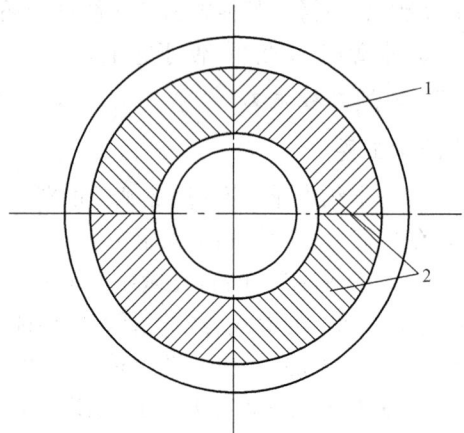

图4-12 预制块式保温结构
1—保护壳或保护层；2—预制件

预制块长度一般为300~600mm，块数可根据管径的不同每圈为2~8块。安装时用镀锌铁丝将其捆扎在管子外面。捆扎时应使预制块的纵、横接缝错开，并以石棉胶泥或同质绝热材料胶泥填充。捆扎预制块的铁丝直径为φ1.0～2.0mm,间距为150～200mm,并应使每块预制件至少捆扎两处。这种结构形式可在预制厂加工,因而效率高、施工速度快,可降低成本,应用较广。

(3)缠绕式保温结构。

缠绕式保温结构又称捆扎式绝热,采用矿渣棉毡或玻璃棉毡做绝热材料时,可把棉毡剪成适当的条块,直接卷在管子上,其结构如图4-13所示。在缠绕式包扎时应将棉毡压紧。如果缠绕一层棉毡的厚度不够,可增加缠绕层数,直到符合设计要求为止。棉毡的纵向接缝应放在管子的顶部,搭接宽度为50～300mm,可根据绝热层外径大小确定。缠绕式保温所用材料必须干燥,各段棉毡之间必须紧密相连,这种结构多用于临时性工程。

(4)填充式保温结构。

填充式保温结构是指将松散的颗粒状和纤维绝热材料,如矿渣棉、玻璃棉或泡沫混凝土等,填充在管子周围的特殊套子或钢丝网中,其结构如图4-14所示。由于这种绝热结构要用大量的支撑环(每400～600mm需一只),制作较费时间,造价又高,因此目前很少采用。

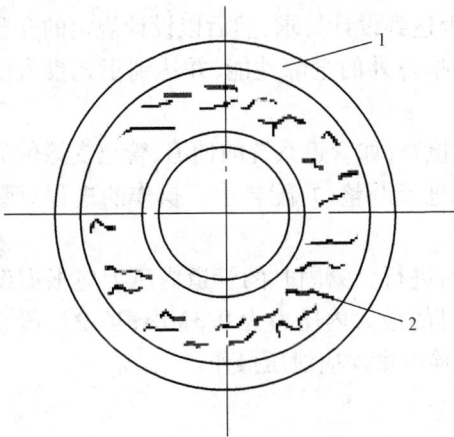

图4-13　缠绕式保温结构
1—保护层;2—保温层

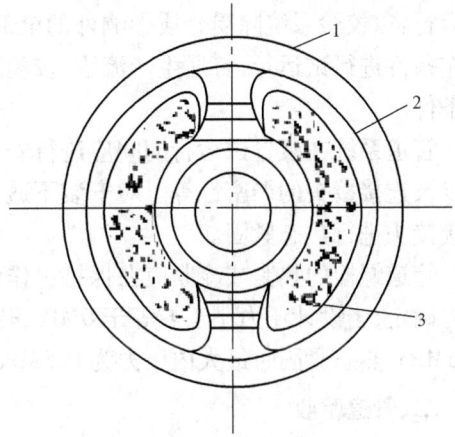

图4-14　填充式保温结构
1—保护壳;2—保温材料;3—支撑环

4. 绝热工程验收

管道的绝热工程验收是整个施工管理工作中重要的一环,也是保证工程质量的重要措施。

(1)施工前,首先应对选用的绝热材料及各种辅助材料按规定标准进行验收。

(2)在绝热工程施工过程中,要进行质量检查,逐道工序验收。前一道工序不合格时,不能进行下一道工序。工程验收时,施工单位必须提供设计、更改、代用材料和隐蔽工程等技术资料。

(3)绝热层厚度应符合设计要求。以钢针垂直插入施工面检查其厚度,但用成型预制块时,可免除厚度的检查。

(4)用表面温度计测量保护层外壁在轴向、同侧1m范围内任意两点的温度,不得有明显差异。

(5)对较长管道的绝热工程验收时,以100m长管线工程为一单元任选三处,进行厚度和壁温的检查。如有一处不合格,即可认为该单元工程不合格。

第七节　管道试运行与验收

一、管道试运行

管道在内部清理完成后正式运行前,应根据工作规范的要求,对可燃和有毒介质的管道进行泄漏性试验,以确保管道在使用中的安全。现行工业管道施工国家标准中规定的泄露性试验,仅需对管道系统的某些重点部位用规定的方法进行泄露检查,其试验压力为设计压力。试验时应使用发泡剂,并对法兰填料函、法兰或螺纹连接处、放空阀等部位进行重点检查,以检查结果不泄露为合格。

当设计文件规定用卤素、氦气、氨气或其他方法进行泄漏性试验时,则按设计文件进行。真空系统则应进行真空度试验,试验时间为 24h,其增压率不应大于 5%。

工业管道试运行一般和工业装置在整体运行时同时进行。通常在工业装置中的设备、管道、电气、自动控制系统各自完成安装任务并达到试车条件后,先以水、空气等为介质进行模拟试运行,以校验系统除受介质影响外的全部性能是否达到设计要求,然后以设计规定的介质和操作条件进行试运行,打通生产流程,校验其除经济指标外的全部性能,并达到正式投入使用的条件。

管道系统在装置试运行期间应进行安全可靠性检查,如管道系统的伸缩、管道支撑件的状态以及连接接头的严密性等。对安装不适当的部位进行调整,并配合生产操作的进程对管道连接接头进行热态紧固。

管道螺栓的热紧或冷紧应在保持工作温度 2h 后进行。紧固时的管道内压力应根据设计压力确定,当设计压力小于或等于 6MPa,热态紧固时的最大内压力为 0.3MPa;当设计压力大于 6MPa,热态紧固时最大内压力为 0.5MPa,管道螺栓冷紧均应泄压操作。

二、管道验收

管道施工完毕,现场复查合格后,应进行验收,管道验收应提交以下技术文件。

（1）中低压管道系统。

① 材料合格证书及材料复查记录。

② 设计修改及材料代用记录。

③ 补偿器预拉（预压）记录。

④ 管道系统实验（强度、严密性及其他实验）记录。

⑤ 管道吹洗及封闭记录。

⑥ 重要管道焊接、热处理及焊缝探伤记录。

⑦ 安全阀（爆破板）调试或试验记录。

⑧ 绝热工程记录。

⑨ 隐蔽工程记录和封闭系统记录。

⑩ 其他有关文件及竣工图。

（2）高压管道系统。

① 高压管子制造厂家的全部证明书。

② 高压管子、管件验收检查记录及校验报告单。

③ 高压管子加工（探伤、弯管、螺纹加工）记录。

④ 高压管件、紧固件及阀门制造厂家的全部证明书及紧固件的校验报告单。

⑤ 高压阀门试验报告。

⑥ 设计修改通知及材料代用记录。

⑦ Ⅰ、Ⅱ类焊缝的焊接工作记录，Ⅰ类焊缝位置单线图。

⑧ 热处理记录及探伤报告单。

⑨ 高压管道系统压力试验记录，系统吹洗、检查记录，系统封闭及保护记录。

⑩ 系统单线图、竣工图及其他有关文件。

思 考 题

1. 简要说明管道施工准备主要包括哪些内容？

2. 管道安装应具备哪些条件？

3. 管道施工一般安全技术知识包括哪些内容？

4. 为了保证高处作业施工安全,作业人员必须注意哪些安全技术要求？

5. 管道安装与维修施工引起火灾及爆炸的主要原因有哪些方面,应采取何种措施进行预防？

6. 管道支、吊架的选用应满足哪些要求？

7. 管道支、吊架的安装应满足哪些技术要求？

8. 中低压管道安装时,焊缝的位置有哪些要求？

9. 高压管道有何特点？

10. 高压管道有哪些安装要求？

11. 管道试压有哪几方面的安全注意事项？

12. 管道试压前应做好哪些准备工作？

13. 管道防腐的意义是什么？

14. 涂料由哪几部分组成？应该怎样正确选择涂料？

15. 涂料的喷刷有哪几种方法？质量要求有哪些？

16. 管道常用绝热结构有哪些,应如何进行绝热施工？

第五章 常用阀门的安装与维护

阀门是一种通过改变其内部通路面积来控制管路中介质流动的通用机械产品,具有截止、调节、导流、防止逆流、稳压、分流或溢流泄压等功能。

阀门的规格品种繁多,而且阀门的新结构、新材料、新用途不断发展。为统一制造标准,也为了正确选用和识别阀门,我国阀门行业规定了"三化"标准,即系列化、通用化和标准化。但应当指出的是,我国过去生产的阀门系列与行业规定的系列不尽相同,在一些老装置及部分生产系统中还有非"三化"标准的阀门仍在使用。因此,在选用、更换阀门时应仔细鉴别。

第一节 阀门的分类及型号

一、阀门的分类

阀门在工农业生产中有着非常广泛的应用,在不同场合中的使用要求也一样。随着科技的发展与进步,性能各异的新型阀门不断出现。阀门的种类繁多,名称也不统一,可按使用功能划分,也可按公称压力划分,还可按阀体材料划分。常用阀门的分类见表5-1。

表5-1 常用阀门的分类

分类	阀门名称	作用及使用范围
按使用功能分	(1)截断(闭路)阀类。 (2)止回(或单向、逆止)阀类。 (3)调节阀类。 (4)分流阀类。 (5)安全阀类	(1)接通或截断管路中的介质,包括闸阀、截止阀、旋塞阀、隔膜阀、球阀和蝶阀等。 (2)防止管路中介质导流,如止回阀。 (3)调节管路中介质流量、压力等参数,包括节流阀、减压阀及各种调节阀。 (4)分配、分离或混合管路中的介质,包括旋塞阀、球阀和疏水阀等。 (5)防止介质压力超过规定数值,对管路和设备进行超载保护,包括各种形式的安全阀、保险阀
按公称压力分	(1)真空阀。 (2)低压阀。 (3)中压阀。 (4)高压阀。 (5)超高压阀	(1)工作压力用真空度表示。 (2)$PN \leqslant 1.6\mathrm{MPa}$。 (3)$1.6\mathrm{MPa} < PN < 10\mathrm{MPa}$。 (4)$10\mathrm{MPa} < PN < 100\mathrm{MPa}$。 (5)$PN > 100\mathrm{MPa}$
按驱动方式分	(1)手动阀。 (2)动力驱动阀。 (3)自动阀	(1)用人力操纵手轮、手柄或链轮驱动阀门。 (2)利用动力源驱动阀门,包括电磁阀、电动阀等。 (3)凭借管路中介质本身的能量驱动阀门,包括止回阀、安全阀、减压阀及各种自立式调节阀

分类	阀门名称	作用及使用范围
按阀体材料分	(1)铸铁阀。 (2)铸铜阀。 (3)铸钢阀。 (4)锻钢阀。 (5)钛阀	(1)采用灰铸铁、可锻铸铁、球墨铸铁和高硅铸铁等。 (2)包括青铜、黄铜。 (3)包括碳素钢、合金钢和不锈钢等。 (4)包括碳素钢、合金钢和不锈钢等。 (5)采用钛及钛合金
按使用部门分	(1)通用阀。 (2)电站阀。 (3)船用阀。 (4)冶金用阀。 (5)管线阀。 (6)水暖用阀	(1)广泛用于各种工业部门。 (2)应用于火力、水力、核电厂(站)。 (3)应用于船舶、舰艇。 (4)应用于炼铁、炼钢等冶金部门。 (5)应用于输油、输气管线。 (6)应用于给排水、采暖设施

二、阀门的型号

我国阀门产品型号表示方法由下列7个单元组成,见图5-1。

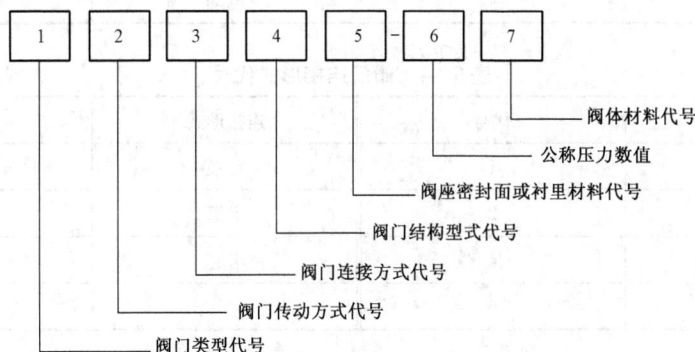

图5-1 阀门的型号示意图

注:

1 —用汉语拼音表示阀门类型,称为阀门类型代号,见表5-2。

2 —用阿拉伯数字表示阀门传动方式,称为阀门传动方式代号,见表5-3。

3 —用阿拉伯数字表示阀门与管道或设备接口的连接形式,称为阀门连接形式代号,见表5-4。

4 —用阿拉伯数字表示阀门结构型式,称为阀门结构型式代号。由于阀门类型较多,其结构型式代号按阀门的种类分别表示。同一阿拉伯数码(代号),对于不同类型的阀门,所代表的意义是不同的,见表5-5。

5 —用汉语拼音表示阀座密封面或衬里材料,称为阀座密封面或衬里材料代号,见表5-6。

6 —表示阀门的公称压力数值。在表示阀门型号时,只写公称压力数值,不写单位。

7 —用汉语拼音表示阀体材料,称为阀体材料代号,见表5-7。

表 5-2 阀门类型代号

阀门类型	代号	阀门类型	代号
闸阀	Z	球阀	Q
截止阀	J	蝶阀	D
节流阀	L	隔膜阀	G
旋塞阀	X	减压阀	Y
止回阀	H	疏水阀	S
安全阀	A		

表 5-3 阀门传动方式代号

传动类型	代号	传动类型	代号
电磁场	0	锥齿轮	5
电磁—液动	1	气动	6
电—液动	2	液动	7
蜗轮	3	气—液动	8
直齿圆柱齿轮	4	电动	9

表 5-4 阀门连接形式代号

连接形式	代号	连接形式	代号
内螺纹	1	对夹	7
外螺纹	2	卡箍	8
法兰	4	卡套	9
焊接	6		

表 5-5 各类阀门结构型式代号

类型	结构型式			代号	类型	结构型式			代号
截止阀和节流阀	直通式			1	旋塞阀	填料	直通式		3
	角式			4			T形三通式		4
	直流式			5			四通式		5
	平衡	直通式		6		油封	直通式		7
		角式		7			T形三通式		8
闸阀	明杆	楔式	弹性闸阀	0	安全阀	弹簧	封闭	带散热片 全启式	0
			刚性 单闸板	1				微启式	1
			刚性 双闸板	2				全启式	2
		平行式	刚性 单闸板	3			不封闭	带扳手 全启式	4
			刚性 双闸板	4				双弹簧微启式	3
	暗杆楔式		单闸板	5				微启式	7
			双闸板	6				全启式	8

— 104 —

类型	结构型式		代号	类型	结构型式		代号
球阀	浮动	直通式	1	安全阀	弹簧 不封闭 带控制机构	微启式	5
		L形	4			全启式	6
		T形	5			脉冲式	9
		三通式				薄冲式	1
	固定	直通式	7	减压阀		弹簧薄膜式	2
蝶阀		杠杆式	0			活塞式	3
		垂直板式	1			管纹管式	4
		斜板式	3			杠杆式	5
隔膜阀		层脊式	1	疏水阀		浮球式	1
		截止式	3			钟形浮子式	5
		闸板式	7			脉冲式	8
止回阀和底阀	升降	直通式	1			热动力式	9
		立式	2				
	旋启	单瓣式	4				
		多瓣式	5				
		双瓣式	6				

表 5－6　阀座密封面或衬里材料代号

密封面或衬里材料	代号	密封面或衬里材料	代号
铜合金	T	渗氮钢	D
橡胶	X	硬质合金	Y
尼龙塑料	N	衬胶	J
氟塑料	F	衬铅	Q
锡基轴承合金（巴氏合金）	B	搪瓷	C
合金钢	J	渗硼钢	P

表 5－7　阀体材料代号

阀体材料	代号	阀体材料	代号
灰铸铁	Z	铬钼合金钢 CrMo	I
可锻铸铁	K	铬镍不锈耐酸钢 1Cr18Ni9Ti	P
球墨铸铁	Q	铬镍钼不锈耐酸钢 Cr18Ni12Mo2Ti	R
铜、铜合金	T	铬钼钒合金钢 12Cr1MoV	V
碳素钢	C		

第二节 常用阀门、仪表及其安装

一、常用阀门类型

在工业生产中,为实现不同的控制流体输送过程,常用的阀门有闸阀、截止阀、球阀、止回阀、旋塞阀、安全阀、减压阀、疏水器以及一些特殊用途的阀门。

1. 闸阀

闸阀利用一块与流体方向垂直且可上下移动的平板来控制阀的启闭,如图 5-2 所示。

该种阀门由于阀杆的结构型式不同,可分为明杆式和暗杆式两种。一般情况下明杆式适用于腐蚀性介质及室内管道上;暗杆式适用于非腐蚀性介质及安装操作位置受限制的地方。

闸阀根据阀芯的结构又可分为楔式闸阀、平行式闸阀和弹性闸板。楔式闸阀大多用于制成单闸板,平行式闸阀两密封面是平行的,大多制成双闸板。从结构上讲,平行式闸阀比楔式闸阀容易制造,便于修理,不易变形,但不适用于输送含有杂质的介质,只能用于输送一般的清水。近几年来又发展一种弹性闸板,闸板是一整块的,由于密封面制造研磨要求较高,适用于在较高温度下工作,多用于黏性较大的介质,在石油、化工生产中应用较多。

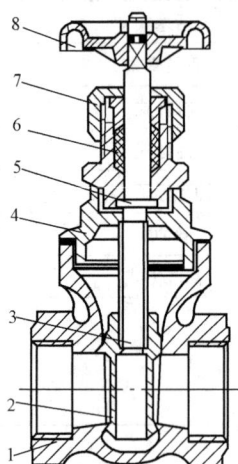

图 5-2 闸阀

1—阀座;2—闸板;3—阀杆;4—阀盖;
5—止推凸肩;6—填料;7—填料压盖;8—手轮

闸阀密封性能较好,流体阻力小,开启关闭力较小,适用范围比较广泛;闸阀也具有一定的调节流量的性能,并可从阀杆的升降高低看出阀的开度大小。闸阀主要用在大直径的给水、压缩空气、石油及天然气和含有粒状固体及黏度较大的介质管道上。但该种阀门结构比较复杂,外形尺寸较大,密封面易磨损,目前正在不断改进中。

2. 截止阀

利用装在阀杆下面的阀盘与阀体的突缘部分相配合来控制阀的启闭,称为截止阀,如图 5-3所示。

截止阀的主要启闭零件是阀盘与阀座,改变阀盘与阀座间的距离,即可改变通道截面的大小,使流体的流速改变或截断通道。为了能严密地截断流体,阀盘与阀座间应研磨配合,也可用装有软质的垫片材料或嵌镶耐磨蚀的材料制作密封圈,并且阀盘应采用活动连接,这样可以保证阀盘能正确地坐落在阀座上,使二者密封表面达到严密贴合。

根据连接方法的不同,截止阀可分为螺纹连接和法兰连接两种。截止阀的结构较闸阀简单,制造、维修方便,截止阀可以调节流量,应用广泛,但其流体阻力较大,为防止堵塞或磨损,不适用于带颗粒和黏度较大的介质。由于截止阀的阀体内腔两侧不对称,安装时要注意介质流向是下进上出。

3. 球阀

球阀是利用一个中间开孔的球体作阀芯,靠旋转球体来控制阀的开启和关闭。该阀也和旋塞一样可做成直通、三通或四通的,是近几年发展较快的阀门之一,如图5-4所示。

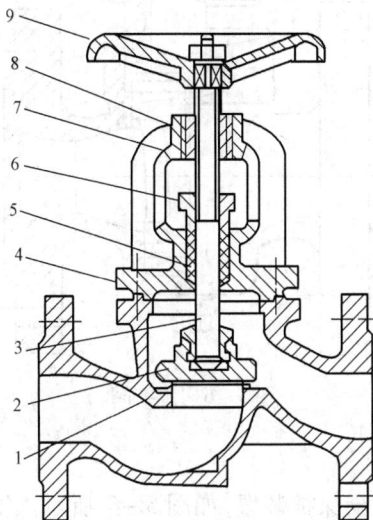

图 5 - 3 截止阀
1—阀座;2—阀盘;3—阀杆;4—阀盖;5—填料;
6—填料压盖;7—轭;8—螺帽;9—手轮

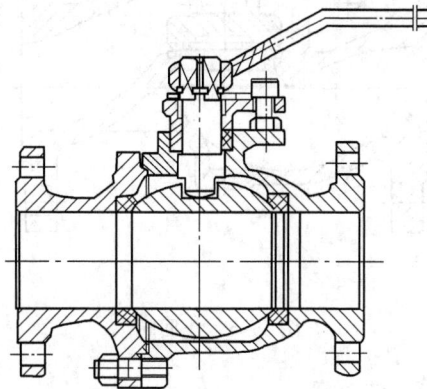

图 5 - 4 球阀

球阀结构简单、体积小、零件少、重量轻,开关迅速,操作方便,流体阻力小,制作精度要求高。球阀适用于水、油品、天然气及酸类介质,但由于密封结构及材料的限制,目前生产的球阀不宜在高温介质中使用。

4. 止回阀

止回阀是一种自动开闭的阀门,在阀体内有一阀盘或摇板,当介质顺流时,阀盘或摇板即升起打开;当介质倒流时,阀盘或摇板即自动关闭,故称为止回阀,如图5-5所示。根据结构不同又分为升降式和旋启式两大类。升降式止回阀的阀盘垂直于阀体通道作升降运动,一般应安装在水平管道上,立式的升降式止回阀应安装在垂直管道上;旋启式止回阀的摇板围绕密封面做旋转运动,一般应安装在水平管道上,小口径管道也可安装在垂直管道上。

止回阀一般适用于清净介质,对固体颗粒和黏度较大的介质不适用。升降式止回阀的密封性能较旋启式止回阀好,但旋启式止回阀流体阻力又比升降式止回阀小,一般旋启式止回阀多用于大口径管道上。

5. 旋塞阀

利用阀件内所插的中央穿孔的锥形栓塞来控制启闭的阀件称为旋塞阀,如图5-6所示。由于密封面的形式不同,旋塞又分为填料旋塞、油密封式旋塞和无填料旋塞。

旋塞阀结构简单,外形尺寸小,启闭迅速,操作方便,流体阻力小,便于制作成三通路或四通路阀门,可作为分配换向用,但其密封面易磨损,开关力较大。该种阀门不适用于输送高温、高压介质(如蒸汽),只适用于一般低温、低压流体做开闭用,不宜做调节流量用。

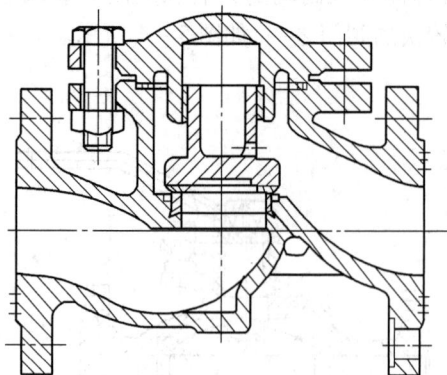

图 5 - 5 止回阀

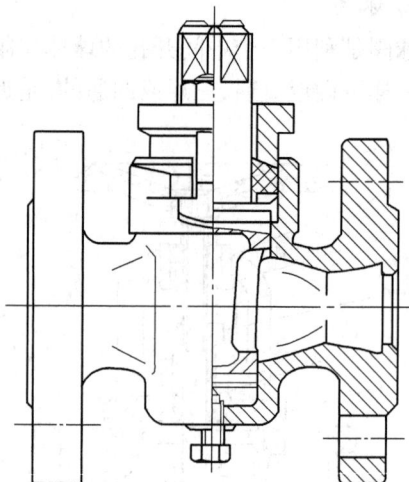

图 5 - 6 旋塞阀

6.安全阀

安全阀是安装在受压设备、容器及管路上的压力安全保护装置,如图 5 - 7 所示。安全阀在生产使用过程中,当系统内的压力超过允许值之前,必须密封可靠,无泄漏现象发生;当设备、容器或管路内压力升高,超过允许值时,安全阀立即自动开启,继而全量排放,使压力下降,以防止设备、容器或管路内压力继续升高;当压力降低到规定值时,安全阀应及时关闭,并保证密封不漏,从而保护生产系统在正常压力下安全运行。安全阀的工作原理主要有以下几种机构形式:

(1)重锤式:用杠杆和重锤来平衡阀瓣压力。其优点是由阀杆来的力是不变的,缺点是比较笨重,回座压力低,一般用于固定设备上。

(2)弹簧式:利用压缩弹簧力来平衡阀瓣的压力。其优点是体积小、轻便、灵敏度高,安装位置不受严格限制;缺点是作用在阀杆上的力随弹簧的变形而发生变化。

(3)先导式:利用副阀与主阀连在一起,通过副阀的脉冲作用驱动主阀动作。其优点是动作灵敏、密封性好,通常用于大口径的安全阀。

7.减压阀

减压阀的作用与安全阀相似,主要用于降低和稳定介质的压力,使其压力符合用户系统的要求。这里主要以活塞式减压阀来介绍减压阀的原理与工作特点。

活塞式减压阀是利用活塞改变阀瓣与阀座的间隙来达到减压目的的。这种减压阀主要由阀体、阀盖、活塞、弹簧主阀、脉冲阀和膜片等组成,如图 5 - 8 所示。阀体下部的主阀、弹簧支承主阀,使主阀与阀座处于密封状态。阀体上部的活塞与主阀阀杆相配合,在活塞受到介质压力后,推动主阀开启。阀盖内装有脉冲阀和弹簧阀座,阀座上附有膜片。最顶部装有调节弹簧和螺钉,可用来调整需要的工作压力。活塞式减压阀主要有以下特点:

(1)阀体尺寸小、重量轻、耐温性能好,便于调节。

(2)制造难度大,灵敏度低。

(3)适用于空气、蒸汽等介质,不适用于液体。

(4)用于输送不洁净的气体介质时,减压阀前应加装过滤器。

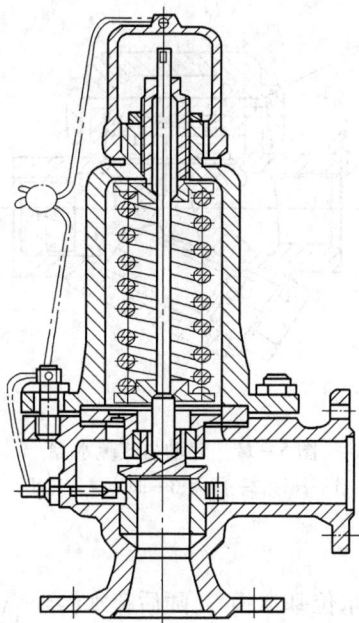

图 5 - 7 安全阀

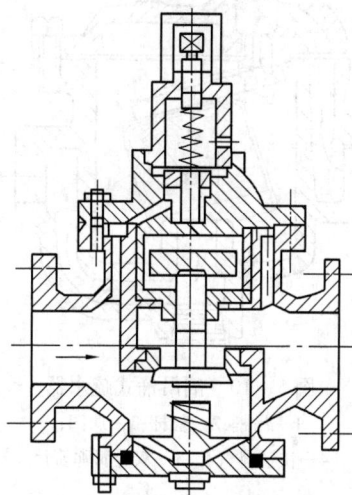

图 5 - 8 减压阀

8. 疏水器

在蒸汽管道系统中,设置疏水器可以迅速有效地排除用气设备和管道中的凝结水,阻止蒸汽漏损和排除空气,对于凝结水对设备的腐蚀、水击、振动及结冻胀裂管道,保证蒸汽系统安全正常运行具有重要作用。在热力管道中,常用的疏水器有以下几种:浮桶式疏水器、倒吊桶式疏水器和热动力式疏水器,分别如图 5 - 9、图 5 - 10、图 5 - 11所示。

1)浮桶式疏水器

管路或设备中的凝结水和少量蒸汽不断地流入疏水器内,疏水器体内的凝结水液面升到一定的高度就溢入浮桶,当浮桶内的凝结水积到一定数量,浮桶的重量超过浮力时,浮桶就下降,浮桶

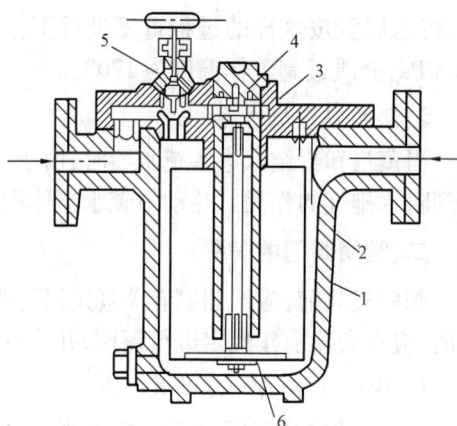

图 5 - 9 浮桶式疏水器

1—浮桶;2—外壳;3—顶针;
4—阀孔;5—放气阀;6—可换重块

的下降又带动排水阀杆下降,使排水阀开启,这时浮桶内的凝结水便由套桶经排水阀排出疏水器。当凝结水排到一定数量,浮桶重量小于浮力时,浮桶又被浮起,并带动排水阀杆上升,使排水阀关闭,凝结水停止排出,浮桶式疏水器就以这样的周期进行工作。常用浮桶式疏水器的最高介质温度为200℃。

2)倒吊桶式疏水器

凝结水和蒸汽的混合物由进水连接管进入倒吊浮桶,凝结水向疏水器外壳的下部灌注,蒸汽被阻止在倒吊浮桶内,使倒吊浮桶向上移动,将排水阀关闭,阻止蒸汽漏失,只有少量蒸汽从

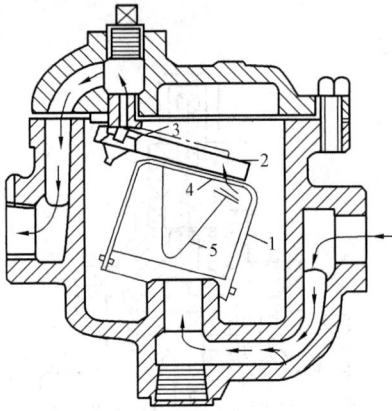

图 5-10　倒吊桶式疏水器
1—吊桶；2—杠杆；3—珠阀；
4—快速排气孔；5—双金属弹簧片

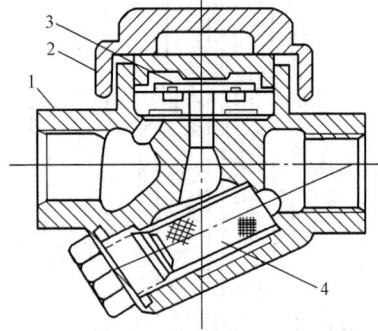

图 5-11　热动力式疏水器
1—阀体；2—阀盖；3—阀片；4—过滤

倒吊浮桶底部的小孔漏入疏水器外壳，使倒吊浮桶内外水位基本相等，随后疏水器外壳和倒吊浮桶内的蒸汽进入凝结期。随着凝结水的增加，倒吊浮桶内外压力基本相等，倒吊浮桶因自重大于浮力发生下降，使排水阀打开，凝结水便从排水阀排到排水连接管。浮桶下降一定行程后，汽水混合物继续进入倒吊浮桶，使倒吊浮桶重新获得浮力上升，关闭排水阀，凝结水停止排出，疏水器就按这样的过程重复进行工作。常用内螺纹倒吊浮桶式疏水器，最高工作压力为1.6MPa，介质最高工作温度为170℃。

3）热动力式疏水器

当蒸汽和凝结水进入疏水器时，由于动压和静压的变化，促使阀片上升或下降，使疏水器起到阻水排气的作用。热动力疏水器体积小而排水量大，是一种较常用的新型疏水器。

二、常用阀门的安装

阀门安装前，应按国家有关规定进行强度和严密性试验，并达到合格。设计规定要进行调试的，应在安装前按规定进行调试，并达到合格。

1. 阀门安装的一般规定

（1）安装前应对阀门进行检查，检查内容包括：

①应仔细核对型号与规格是否符合设计要求。

②安装前应检查阀杆和阀盘是否灵活，有无卡住和歪斜现象。阀盘必须关闭严密，须作强度试验和严密性试验，不合格的阀门不能进行安装。

③检查阀门有无损坏，螺纹式阀门的螺纹是否端正和完整无缺。

④检查阀门垫料、填料及紧固零件（螺栓）是否适合于工作介质性质的要求。

（2）阀门安装前对陈旧或搁置较久的减压阀应拆卸。阀上的灰尘、砂粒等杂物须用水清洗干净。

（3）阀门安装的位置不应妨碍设备、管道及阀门本身的拆装、检修和操作，安装高度一般以阀门操作柄距地面1~1.2m为宜；操作较多的阀门，而又必须安装在距操作面1.8m以上时，应设置固定的操作平台，或将阀杆水平安装，并配上一个带有传动链条的手轮。当必须安装在操作面以上或以外的位置时，则应设置阀门伸长杆；高于地面4m以上塔区管道上的阀门,均不应设置在平台以外,以便于操作。

(4)水平管路上的阀门,阀杆最好垂直向上或向左偏45°,水平安装也可,但不宜向下;垂直管路上的阀门阀杆,必须顺着操作巡回线方向安装。有条件时,阀门尽可能集中,以便于操作。

(5)阀门在搬运时不允许随手抛掷,以免损坏;吊装时,绳索应拴在阀体与阀盖的连接法兰处,切勿拴在手轮或阀杆上,以免损坏阀杆与手轮,如图5-12所示。

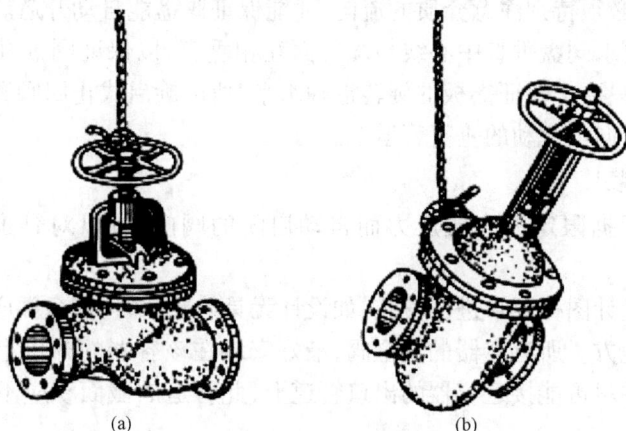

(a)　　　　　　　　　　　(b)

图5-12　阀门的吊装

(6)并排水平管道上的阀门,为了缩小管道间距,应将阀门错开布置;并排垂直管道上的阀门中心线标高最好一致,而且应保证手轮之间的净距不应小于100mm。

(7)下列情况安装的阀门应设置阀门支架:衬里、喷涂及非金属材质的阀门本身重量大,而强度较低,尽可能集中布置,便于制作支架;管道上安装重型阀门时,要考虑设置阀架;高压阀门大部分是角阀,使用时常为二只串联,开启时启动力大,必须设置阀架以支承阀门和减少启动力;机泵、换热器、塔和容器上的管接口不应承受阀门和管线的重量,公称直径大于80mm的阀门应加支架。

(8)安装时阀门应保持关闭状态,并注意阀门的特性及介质流向。对于有方向性的阀门,安装时应根据管道的介质流向确定其安装方向。如安装截止阀时,应使介质自阀盘下面流向上面,俗称低进高出;安装旋塞阀、闸板阀时,允许介质从任意一端流出;安装止回阀时,必须特别注意介质的流向,保证阀盘能自动开启。重要的场合还要在阀体外明显地标注箭头,指明介质流动方向。

(9)阀门大部分是铸件,强度较低,与管道连接时,一定要正确操作,不得强行拧紧法兰连接螺栓,以防止阀体变形与损坏;对螺纹式连接阀门,应保证螺纹完整无缺。拧紧时,最好扳手卡住阀门一端的六角体,以防止阀体的变形或损坏。

(10)在一般情况下,安装螺纹式连接阀门时,在阀门的出口处,应加装活管接,以便于拆装,如图5-13所示。

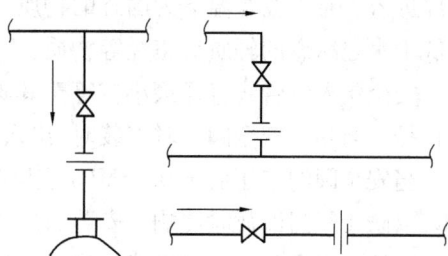

图5-13　螺纹连接阀门的安装

2. 截止阀、闸阀、旋塞阀、止回阀的安装

由于截止阀的阀体内腔左右两侧不对称,安装时必须注意流体的流向,应使管道中流体由下向上流经阀盘,因为这样流动的阻力较小,开启省力;关闭后填料不与介质接触,避免填料长期处在受压和被浸泡的状态下,便于检修阀门。

安装闸阀、旋塞时,因为阀体内腔两侧对称,允许介质从任意一端流入或流出。但注意明杆式闸阀不宜装在地下,以防阀杆锈蚀。

安装止回阀时,必须特别注意介质的流向,才能保证阀盘能自动开启。对于直通升降式止回阀,应水平安装,要求阀盘垂直中心线与水平面互相垂直,以保证阀盘升降灵活,工作可靠;对于旋启式止回阀,只要求保证摇板的旋转枢轴水平,所以旋启式止回阀和立式升降止回阀可装在水平或介质由下向上流动的垂直管道上。

3. 安全阀的安装

安全阀是一种根据限定的介质压力而自动启闭的阀门,可以对管道、设备起安全保护作用。

安全阀应当按设计图样要求进行安装,如设计无具体要求时,安全阀应尽可能布置在平台附近或便于检修的地方。所有容器的安全阀,最好安装在该容器的开口上,如有困难时,则应安装在与容器相连并尽可能接近容器的出口管道上,此管道的截面积应不小于安装阀进口管的截面积。

安全阀安装方向应使介质由阀瓣的下面向上流。工艺设备和管道上的安全阀应垂直安装,并检查阀杆的垂直度,有偏斜时必须校正,以保护容器或管道与安全阀之间畅通无阻。杠杆式安全阀应使杠杆保持水平。塔上的安全阀一般应安装在塔顶,重要的设备和管道应安装两只安全阀。

一般情况下,安全阀的前后均装设切断阀,以保安全可靠。但在个别情况下,如泄放介质中含有固体杂质,从而影响安全阀跳启后不能再关严时,可安装切断阀,但应保证该阀处于全开状态,并加铅封防止别人乱动。如加切断阀,对于单独排放大气的安全阀,应在它的入口处装一个经常开启并带铅封的切断阀;对于排入密闭系统或用集合管排入大气的安全阀,则应在它的入口处和出口处各装一个保持经常开启并带铅封的切断阀。切断阀应选择明杆式闸阀、球阀或密封性较好的旋塞阀,以减少阻力。另外,还应在切断阀与安全阀之间装设一个通大气的 $DN20$ 的检查阀。

用于液体介质的安全阀,一般都排入密闭系统;用于气体介质的安全阀,一般排入大气,但在某些情况下,也应排入密闭系统。安全阀的出口管,应自上部或侧面进入集合管,而不得从下部进入。对于在常温下为固态的物质、可能在管路中冷却凝固的物质以及能自动冷冻使温度低于水之冰点的轻质液态烃等物质,均应经单独管路排入放空罐内,并用蒸汽伴热。

安全阀入口管线直径最小应等于其阀的入口直径,安全阀出口管线直径不得小于阀的出口直径。当几个安全阀并联安装时,出入口管线的截面积应不小于各支管截面积之和。

当安全阀的定压低于 0.35MPa 表压时,则安全阀与放空设备间的总压降应小于其定压的 3%,以防止阀门泄放时震响。安装时应当尽量考虑减少它们之间的阻力,如使用阻力小的切断阀和缩短安全阀的入口管线。当管线较长时,必须加支撑固定。

安全阀的出口管道应向放空方向倾斜,以排除余液,否则应设置排液管。排液阀经常关闭,定期排放,在可能发生冻结的场合,排液管道要用蒸汽伴热。

泵和压缩机出口的安全阀,通常排入泵和压缩机的吸入管道中。但是如果泵和压缩机入口压力的变动将引起出口超压时,则安全阀泄物料应排至其他安全处所。

一般用于输送气体介质的安全阀放空管并且直接排入大气的,其出口应高出操作面 2.5m 以上,并引至室外;排入大气的可燃气体和有毒气体,安全阀放空管出口应高出周围最高建筑物或设备 2m;水平距离 15m 以内有明火设备时,可燃气体不可排入大气。排出管要很好地固定。

安装安全阀时也可以根据生产需要,按安全阀的进口公称直径设置一个旁路阀,作为手动放空用。

安全阀安装后应试压并校正到要求的定压,即安全阀的泄放压力。定压时应与安装的工艺设备或管道上的压力表相对照,边观察压力表指示数值边调整安全阀。不同结构的安全阀定压方式如下:

(1)弹簧式安全阀定压。

首先拆下安全阀顶盖和拉柄,然后拧转调整螺钉。当调整螺钉被拧到规定的开启压力时,安全阀便自动放出介质来,再稍微地拧紧些,即初步完成定压。定压后要试验其准确性,即稍微拉一下拉柄,如立即有大量介质冒出来时,即认定定压合格。定压后的安全阀要打上铅封,严禁乱动。

(2)杠杆式安全阀定压。

首先拧活重锤上的定位螺钉,然后缓慢地移动重锤,直移到安全阀出口自动排放介质为止,即作为初步定压。

定压之后需当即试验其准确性,即用大拇指轻轻地抬一下杠杆端,如立即有大量介质冒出来时,即认为定压合格。定压后的安全阀,应将重锤上的定位螺钉按紧,防止重锤在杠杆上移动。

4. 减压阀的安装

1)减压阀的安装组成

减压阀(图 5-14)的安装组成有溢流阀、压力表、旁通管、泄水管、均压管等,其中各组成件的作用如下:

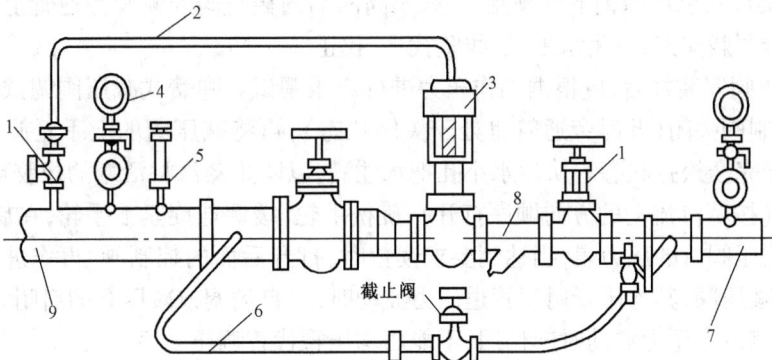

图 5-14　减压阀的安装组成

1—截止阀;2—压气管;3—减压阀;4—压力表;5—溢流阀;6—旁通管;

7—高压蒸汽管;8—过滤器;9—低压蒸汽管

溢流阀:当减压阀失灵时,溢流阀可自动开启泄压,保证系统安全。

压力表:便于观察压力阀前后的压力变化。

旁通管:减压阀发生故障需要更换时,可以临时流通,保证整个系统连续运行,同时还起临时减压的作用。

泄水管:用于蒸汽管道减压时排出凝结水。

均压管:管道压力波动时,可自动调节减压阀的启闭大小。

2)减压阀的安装注意事项

(1)减压阀不宜设在临时移动设备或容易受到冲击的部位,而应设置在振动小且有足够空间便于检修的部位。

(2)减压阀的安装高度应距地面1.2m左右,且需设永久性操作台,距地面3m左右。

(3)对于陈旧和搁置较久的减压阀,在安装前应先清洗。管路中的灰尘、沙粒等杂物,也需用水冲洗干净。

(4)注意方向性,减压阀在安装时是有方向性的,阀体上的标识方向应与介质流通方向相同。

(5)减压阀应直立装在水平管道上,阀盖与水平管垂直。

(6)减压阀的低压侧应装安全阀,以保证减压阀运行的可靠性,安全阀的排气管应接至室外。为了防止安全阀的阀芯和阀座粘住,应定期对安全阀做手动和自动排气。

(7)减压阀的两侧应装控制阀,安装在减压阀后的管径应放大二号,并装上旁通管以便检修。

(8)使用减压阀减压时,要求减压阀进出口的压差不小于0.15MPa。为了便于减压阀的调压,减压阀的前后应设压力表。蒸汽系统的减压阀前应设置疏水器,如系统介质中带渣物时,应在阀组前设置过滤器。

(9)减压阀安装结束后,应按设计要求对减压阀、安全阀进行试压、调整,并做出调整后的标志。

3)减压阀的安装步骤

(1)减压阀在安装前,应按设计的尺寸对减压阀组进行组装。

(2)减压阀的阀体距墙面要求大于1200mm,应垂直安装在水平管道上,安装时应注意方向性,不得装反。减压阀的前后应安装法兰截止阀,均压管应安装在管道的低压侧。

(3)按支架形式可用型钢下料预制,在减压阀两端的截止阀外侧及旁通管上,按量尺做定位的标记,打墙洞栽支架,并用水平尺、线坠找平、找正。

(4)待减压阀安装好后,应根据工作压力进行定压调试。弹簧式减压阀调试时,应先将减压阀两侧的控制阀关闭(此时旁通管也处于关闭状态),再将减压阀的上手轮旋紧,下手轮旋开,使弹簧处于完全松弛状态。从注水小孔把水注满,以防止蒸汽将活塞的橡胶环损坏。打开前面的控制阀(按蒸汽流动的方向顺序打开),旋松手轮,缓缓地旋紧下手轮,在旋下手轮的同时,注意观察减压阀后的压力表,当达到要求读数时,打开后面的控制阀,再作进一步的校准。带有均压管的减压阀,其均压管用于管道压力波动时,可自动调节减压阀的启闭大小。调试中注意其仅在小范围内压力波动时起作用,不能用均压管代替调压工序。

5. 疏水器的安装

1)疏水器的安装组成

疏水器(图5-15)在安装时,应配套安装一些配管和附件,如前后阀门、冲洗管、旁通管、检查管、过滤器等一整套组装件,其总称为疏水阀组。

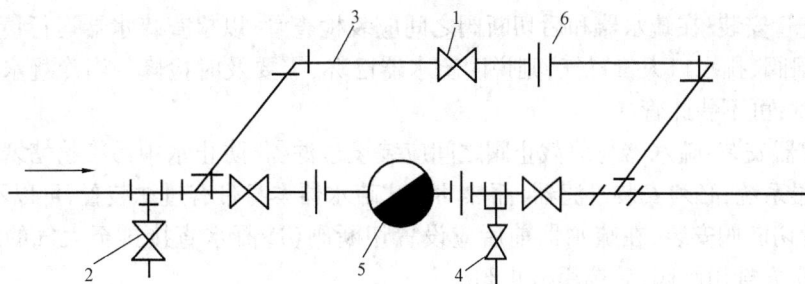

图 5-15 疏水器
1—截止阀;2—冲洗管;3—旁通管;4—检查管;5—疏水器(带过滤网);6—活管接

(1)前后阀门:在管路冲洗和初运行时,检修或更换疏水器时用以切断介质道路,在疏水器正常运行时常开。

(2)冲洗管:装在疏水器前面。管路在通气运行之前要先用水冲洗,在系统冲洗和初运行时,打开冲洗阀门,用以排除污水和空气。用冲洗管当做启动疏水器时,待冷凝水由浊变清时关闭。

(3)旁通管:蒸汽系统初运行时凝结着很大水量,已超过疏水器的排水能力,所以在冲洗管阀门关闭以后,应打开旁通管阀门,用以排放大量凝结水。疏水器检修或更换时可短时间打开旁通管。系统正常运行中是不允许打开旁通管阀门的,因为蒸汽会从旁通管窜入凝结水管道,影响后面用热设备正常工作和室外管网压力平衡,故疏水器安装形式中一般不设旁通管。

(4)检查管:用以检查疏水器的工作状况。当系统运行疏水器工作时,打开检查管阀门,如果流出的是凝结水,说明疏水器工作正常;如果有蒸汽喷出,则说明疏水器工作失灵;如果水、气均无流出,则说明疏水器内部堵塞,需要检修或更换。

(5)过滤器:采暖系统管路中有渣垢杂质,故疏水器前端必须设置过滤器。对热动力式疏水器因自身具有过滤作用,故不需要另装过滤器。过滤器或疏水器带有的过滤网需要经常清洗,以免堵塞。

2)疏水器的安装注意事项

(1)疏水器应安装在便于检修的地方,并尽量靠近用热设备凝结水排水口之下。蒸汽管道疏水时,疏水器应安装在低于管道的位置。

(2)安装应按要求设置好旁通管、检查管、单向阀、除污器、前后阀门等的位置。用气设备应分别安装疏水器,多组用气设备不能合用一个疏水器。

(3)疏水器的进出口应保持水平,不可倾斜安装。疏水器阀体上的箭头应与凝结水的流向一致,切不能弄错安装方向。

3)疏水器的安装步骤

疏水器的安装位置应接近用热设备,同时在安装中还应充分考虑到旁通管、冲洗管、检查管、过滤器、前后切断阀、疏水器等之间的位置关系。

(1)旁通管安装:设置旁通管便于排除初期凝结水,但旁通管容易造成漏水,一般不宜装此管。对连续生产的用热设备,才应当安装,其安装形式为水平安装和垂直安装。

(2)冲洗管安装:在疏水器与前切断阀之间应装冲洗管,用于运行时排放冷凝水及空气,冲洗管一般向下安装,冲洗管上的阀门是闸阀。

(3)检查管安装:在疏水器和后切断阀之间应装检查管,以检查疏水器运行情况。如打开检查管上的闸阀,排水口大量冒气,则说明疏水器已坏,需要及时检修。当冷凝水不需回收直接排入大气时,可不装此管。

(4)过滤器安装:疏水器与前截止阀之间应装设过滤器,防止水中污染物堵塞疏水器。对脉冲式疏水器系统,必须安装过滤器,而热动力式疏水器本身带有过滤装置,可以不设过滤器。

(5)前后切断阀安装:在疏水器前后应设置切断阀(冷凝水直接排至大气的疏水器后不设),切断阀应先选用闸阀,后选用截止阀。

(6)疏水器安装:应装在管道和设备的排水口以下,如凝结水管高于蒸汽管道和设备的排水口,应安装单向阀。热动力式疏水器本身具有逆止作用,可不装单向阀。螺纹连接的疏水器应安装一活管接,以便拆卸。疏水管道水平敷设时,管道应坡向疏水阀,防止产生水击现象。

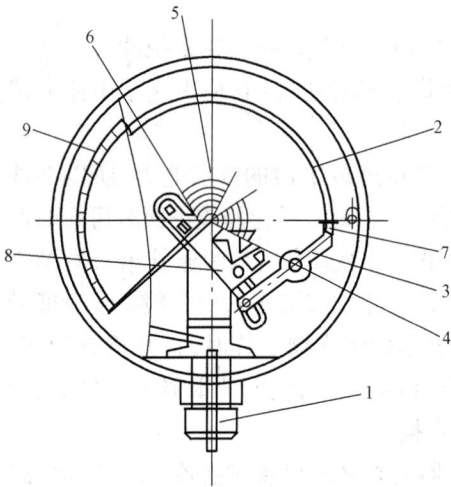

图 5 - 16　弹簧式压力表
1—固定端;2—弹簧管;3—连杆;4—扇形齿轮;
5—中心齿轮;6—指针;7—刻度盘;8—齿轮轴;
9—自由端

三、常用仪表的安装

1. 弹簧式压力表的安装

压力可以用绝对压力或相对压力来表示。表压通常是指相对压力,等于其绝对压力加大气压力。常用的压力仪表有弹簧式压力表和 U 形管压力计。

1)弹簧式压力表的构造及原理

弹簧式压力表多用在水暖管道上,它可以直接反应指示出压力容器或管道的压力,是保证压力容器安全运行的重要仪表。弹簧式压力表主要由弹簧管、指针、扇形齿轮、连杆等组成,如图 5 - 16 所示。

弹簧式压力表的工作原理是:当压力介质进入弹簧管内时,弹簧管内受压并产生膨胀。因弹簧管的一端已固定,而另一自由端即向外伸展,端头通过连杆。带动扇形齿轮和中心齿轮转动,并带动指针旋转,使表盘上的指针由无压时的零点位转到图示位置,表盘上标定指针指示的压力值即为介质的相对压力。

2)弹簧式压力表的安装要求

(1)弹簧式压力表应经过校验,并带有铅封方可允许安装,无铅封者不能安装。

(2)安装位置应便于观察、维护,并力求避免振动和高温的影响,不应安装在三通、弯头、异径管等附近,以免产生过大的误差。

(3)压力表应垂直安装在直管段上,当安装位置较高时,压力表可以向前倾斜30°。

(4)压力表与管道或设备连接处的内壁应保持平齐,不应有凸出物或毛刺,以保证能准确地测量静压力。

(5)压力表在与管道或设备连接时,应装表弯管、三通旋塞及控制阀。安装在水平管段上的压力表,应选用圆形表弯管;安装在垂直管段上的压力表,宜选用 U 形表弯管,以起缓冲作用。

（6）从取压口到压力表之间还应装设切断阀门（尽量靠近取压口），以备检修压力表时使用。

（7）引压导管不宜过长，以减少压力指示的迟缓。

（8）测量有腐蚀性的介质时，应加装充有中性介质的隔离罐或带隔离膜的隔离罐。实际安装时，应针对被测介质的不同性质，如高温、低温、腐蚀性、脏污、结晶、沉淀、黏稠等采取相应的保护措施。

（9）在管道上开孔安装取压管时，须在试压和吹洗前进行。

3）弹簧式压力表的安装步骤

（1）管道开孔。

设备上一般不允许随意开孔，不得已时，应在设计和建设单位同意并签字后方能开孔。在管道上开孔安装压力表时，应采用钻头钻孔或用气割开孔，气割后必须去掉毛刺熔渣，并挫光和清理。

（2）加工换扣接头。

由于表接头螺纹通常与管螺纹不一致，安装表接头时，须先另配制换扣接头，换扣接头可按图5-17进行加工，并将换扣接头安装在所开孔位置上。

（3）安装表弯管及三通旋塞。

① 加工及安装表弯管。

为了避免压力表直接与被测介质接触而损坏，

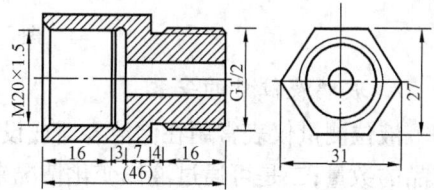

图5-17　压力表的换扣接头

应在压力表与管道的连接管上设置表弯管。表弯管可由市场采购或自行煨弯。以圆形表弯管为例，用无缝钢管煨制圆形表弯管，弯曲前应选稍小于圆环弯内圆的钢管改胎具，并将其固定于台钳上，用气焊加热弯曲管段，先煨圆环至如图5-18（a）所示位置，浇水冷却后，再煨弯立管弯，如图5-18（b）所示，表弯两端按有关规定套螺纹。

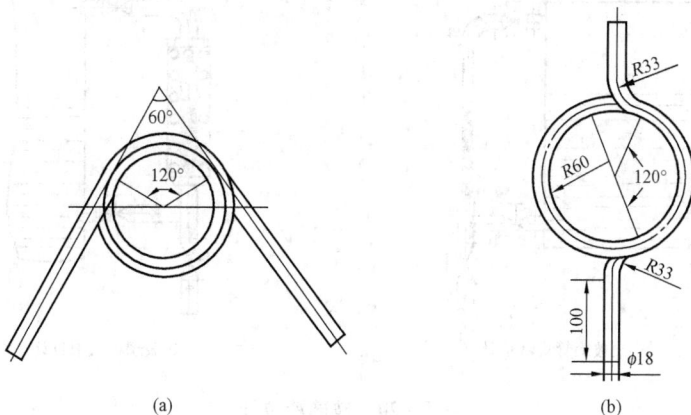

(a)

(b)

图5-18　表弯管的加工示意图

② 旋塞及控制阀。

在压力表与表弯管间安装三通旋塞，以便于管道冲洗、零点校正及压力表校正。在取压口

— 117 —

到压力计之间应装设控制阀门,以备检修压力表时使用。

(4)安装压力表。

在表弯端缠上聚四氟乙烯生料带,将压力表安装在表弯管的端头上,其安装方法如图5-19所示。

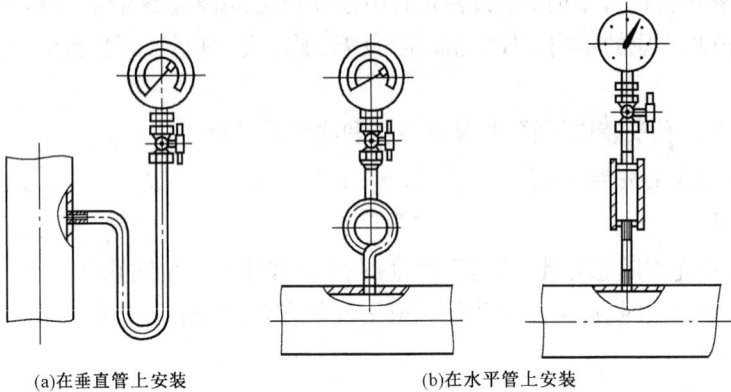

(a)在垂直管上安装   (b)在水平管上安装

图5-19 压力表安装图

2. 玻璃液位计的安装

液位测量仪表常用在储液容器或设备上,一是起计量作用,反映储罐中的质料、半成品或成品的数量;二是可通过液体变化情况来反映连续生产过程是否正常。常用的测量液位计仪表有玻璃液位计和浮球液位计,下面主要介绍玻璃液位计。

1)玻璃液位计构造与原理

玻璃液位计是一种使用最早、最简单的直读式液位计,有玻璃管式和玻璃板式两种,如图5-20所示。玻璃液位计结构简单、工作可靠、无可动部件、价格低廉,但玻璃液位计易损坏,大都用于敞口式密闭容器内液位的直接指示,不宜用于黏稠及深色介质的液位测量。

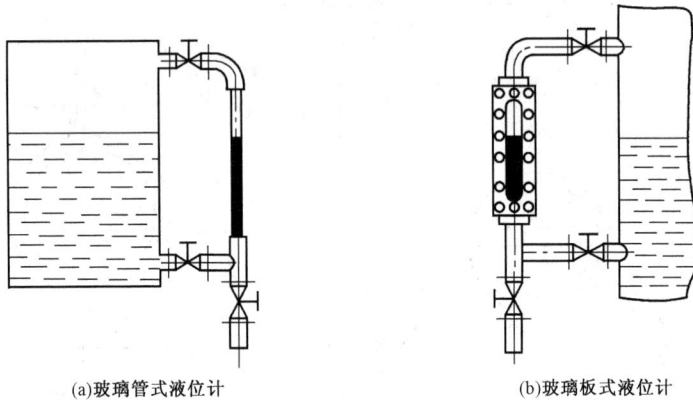

(a)玻璃管式液位计   (b)玻璃板式液位计

图5-20 玻璃液位计

玻璃管式液位计的测量范围为:液位0~1.4m,介质温度≤100℃,工作压力≤1.6MPa。玻璃板式液位计的测量范围为:液位0~1.7m,介质温度为-40~250℃,工作压力≤4.0MPa,玻璃液位计是根据连通器的原理来实现的。

2)玻璃液位计的安装要求

(1)玻璃液位计必须垂直安装,并应安装在便于观察和检修的地方。

(2)玻璃管垫料为生料带或油浸石棉绳,用压环压紧,并用锁紧螺母锁住。

(3)玻璃液位计上应设有排液阀门和接到地面的排液管,玻璃液位计各接头处不得渗漏。

(4)玻璃液位计应有防护罩,以免玻璃管爆裂时伤人。

3)玻璃液位计的安装步骤

(1)检查和准备。

检查液位计所处位置环境是否满足液位计的安装要求,检查玻璃管长度及规格是否和设计要求相符,石棉绳用油浸好。

(2)连通管的安装。

① 根据设计位置和玻璃管长度,在容器上画出上下连通管的开孔线,两孔中心应在一条垂直线上。

② 用气焊在容器上开孔。开孔时,其中一孔开出后,再复核一次另一孔的位置,确认无误后再开另一孔。

③ 将连通管插入容器中焊接。连接管要有一定的长度,容器外侧一端要留有螺纹接口。插入深度不要过长,一般与容器内壁面相平即可。

④ 用眼睛观察连通器是否畅通,必要时用小于连通管内径的硬物进行疏通。

⑤ 在连通管上安装好阀门和玻璃管接头配件。

(3)玻璃管的安装。

① 复核连通管的上下间距,必要时可进行微量调节。

② 用砂布或锉刀将玻璃管端口毛刺清除掉,用洁净水清洗玻璃管内壁的杂物。

③ 将两螺母套在玻璃管上,同时注意螺母方向(两螺母方向相反)。

④ 将玻璃管放在水表架上并调整好后,在上下接头中填入油浸石棉绳(或橡胶圈),用压环压紧。

⑤ 如用扳手拧紧锁紧螺母,则不可用力太大,以免损坏玻璃管。

(4)水位计冲洗。

① 水位计的放水旋塞应置于适当位置,开启旋塞放水,因汽水连通管的旋塞已处于开启位置,即可同时冲洗汽、水连通管及玻璃管。

② 冲洗完毕,先关闭水旋塞,再单独冲洗汽连通管与玻璃管。

③ 打开进水旋塞,再次同时冲洗汽、水连通管和玻璃管。

④ 关闭汽旋塞,再单独冲洗水旋塞、连管和玻管。

⑤ 打开汽旋塞,关闭放水旋塞,水位计冲洗完毕后旋塞恢复到原来的位置。

第三节　阀门的维护与检修

一、阀门的维护

1. 阀门的维护内容

阀门的维护是指生产过程中的使用维护,包括以下方面:

(1)阀门阀杆的螺纹部分应经常保持有一定的油量,以减少摩擦,防止咬住,保证启闭灵活;不经常启闭的阀门要定期转动手轮。阀门的机械转动装置(包括变速箱)应定期加油。

(2)室外阀门,特别是明杆闸阀,阀杆上应加保护套,以防风露雪的侵蚀和尘土锈污。

(3)启闭阀门禁止使用长杠杆或过分加长的阀门扳手,以防止扳断手轮、手柄和损坏密封面。

(4)对于平行式双闸板闸阀,有的结构两块闸板采用铅丝系结,如开启过量,闸板容易脱落,则影响生产,甚至可能造成事故,也给拆卸修理带来困难,在使用时应特别注意。一般来说,对于明杆阀门,应记住全开和全闭时的阀杆位置,避免全开时撞击上死点,并便于检查全闭时是否正常,假如阀瓣脱落或阀瓣密封面之间嵌入较大杂物,全闭时阀杆的位置就要变化。

(5)开启蒸汽阀门前,应先预热,并排除凝结水,然后慢慢地开启阀门,以免发生汽水冲击。当阀门全开后,应将手轮再倒转少许,使螺纹之间严密。

(6)刚投运的管道和长期开启着的阀门,由于管道内部脏物较多或在密封面上可能粘有污物,关闭时可将阀门先行轻轻关上,再开启少许,这样可以利用介质的高速流动将杂质污物冲掉,然后再轻轻关闭,不能快关猛闭,以防残留杂质损伤密封面,特别是新投产的管道,可如此重复多次,冲净脏物,再投入正常生产。

(7)若介质在阀门关闭后冷却,使阀件收缩,应在适当时间再关闭一次,使密封面不留细缝,以免介质从密封面高速流过,冲蚀密封面。

(8)使用新阀门,填料不宜压得太紧,以不漏为度,以免阀杆受压太大,启闭费力,又加快磨损。

(9)阀门零件,如手轮、手柄等损坏或丢失,应尽快配齐,不可用活扳手代替,以免损坏阀杆头部的四方,启闭不灵,以致在生产中发生事故。

(10)减压阀、调节阀等自动阀门启用时,均要先开启或利用冲洗阀将管路冲洗干净,未装旁路和冲洗管的疏水阀,应将疏水阀拆下,吹净管路,再装上使用。

(11)长期闭停的水阀、汽阀,应注意排除积水,阀底如有丝堵,可将其打开排水。

(12)应经常保持阀门的清洁,不能依靠阀门来支持其他重物,更不能在阀门上站立。

2. 阀门常见故障

阀门常见故障见表5-8。

表5-8 阀门常见故障

常见故障	故障原因	消除方法
关闭件损坏	关闭件材料选择不当	改用适当材料
密封圈不严密	(1)阀座与阀体(或密封圈与关闭件)配合不严密。 (2)阀座与阀体螺纹加工不良,导致阀座倾斜。 (3)拧紧阀座时用力不当	(1)修理密封圈。 (2)如无法修补则应更换。 (3)拧紧阀座时,用力适当
密封面损坏	(1)闭路阀门经常当做调节阀用,高流速介质的冲刷侵蚀使密封面迅速磨损。 (2)阀门安装前,没有很好清理阀体内腔的污垢与尘土;安装时有焊渣、铁锈或其他机械杂质进入,介质中含有固体颗粒夹杂物使密封面压伤,造成划痕、凹痕等缺陷	(1)不应将闭路阀门作调节阀使用。 (2)严格遵守安装规程,研磨密封面

常见故障	故障原因	消除方法
阀杆升降不灵活	(1)螺纹表面粗糙度不合要求。 (2)阀杆与阀杆衬套采用同一种材料或材料选择不当。 (3)润滑不当。 (4)明杆阀门装在地下,阀杆产生锈蚀。 (5)螺纹磨损	(1)螺纹表面粗糙度应符合设计要求。 (2)应采用不同材料,宜用黄铜、青铜或不锈钢作衬套材料。 (3)采用纯净的石墨粉润滑。 (4)在地下应尽量装暗杆阀门。 (5)更换新阀杆衬套
填料室泄露	(1)填料室内装入整根填料。 (2)阀杆有椭圆度或划痕、凹坑等缺陷。 (3)填料室里有油,高温时油被烧焦,使填料收缩,油变成积碳刮伤阀杆。	(1)正确填装填料。 (2)修整或更换阀杆,杆面粗糙度应不低于6.3。 (3)介质温度超过100℃时,不宜采用油浸填料,而采用石墨填料
安全阀或减压阀的弹簧损坏	(1)弹簧材料选择不当。 (2)弹簧制造质量不合格	(1)更换弹簧材料。 (2)采用优质优良的弹簧

二、阀门的检修

1. 阀门检修的一般程序

(1)用压缩空气吹扫阀门外表面。

(2)检查并记下阀门上的标志。

(3)将阀门全部拆卸。

(4)用煤油清洗零件。

(5)检查零件的缺陷:以水压试验检查阀体强度;检查阀座与阀体及关闭件与密封圈的配合情况,并进行严密性试验;检查阀杆及阀杆衬套的螺纹磨损情况;检验关闭件及阀体的密封圈;检查阀盖表面,消除毛刺;检验法兰的接合面。

(6)修理阀体:焊补缺陷和更换密封圈或堆焊密封面;对阀体和新换的密封圈以及堆焊金属与阀体的连接处进行严密性试验;修整法兰接合面;研磨密封面。

(7)修理关闭件:焊补缺陷或堆焊密封面;车光或研磨密封面。

(8)修理填料室:检查并修整填料室;修整压盖和填料室底部的锥面。

(9)更换不能修复的零件。

(10)重新组装阀门。

(11)进行阀门整体的水压试验。

(12)阀门涂漆并按原记录做标志。

2. 阀体和阀盖的检修

阀体和阀盖是阀门最外部的封闭壳体,用以承受介质压力、操作时的附加力、阀门其他零件的重量以及连接处(法兰或螺纹)的预紧力。阀体和阀盖要求有一定的强度和刚度,它们的损坏主要是介质腐蚀、冲蚀以及机械损伤造成的局部缺陷,当其腐蚀或冲蚀造成壁厚减薄,以致影响到它们的强度或刚度时,则无法修理,应予以更换。

修理时,阀体及阀盖应先作水压试验,再用水、压缩空气、煤油或其他介质检验严密性。阀体、阀盖的缺陷,一般采用补焊的办法修理,视其材质选用合适的焊条和焊接工艺。对于受力不大、温度不高的部位,也可采用环氧树脂等类黏合剂进行贴补。修补前应将有缺陷的金属全部剔除,补焊后还应进行检查和修整。修补多采用电弧焊,但须注意,不允许使用气焊熔化有缺陷的金属来完成修理。

3. 填料室的检修

填料室的修理包括填料更换和填函部分的修理。阀门填料应定期更换,小型阀门只要将绳状填料按顺时针方向顺阀杆装入填料室内,上紧压盖螺母即可。大型阀门填料最好采用方形断面,也可采用圆形的,压入前应预先切成圈,接头必须平整、无空隙、无突起现象。选用填料时必须考虑使用条件和介质,一般来说,油浸石棉密封填料可用于一定温度的空气、蒸汽、水和重油产品,橡胶石棉密封填料可用于水、汽和石油产品,石墨石棉密封填料可用于高温高压条件下,尤以夹铜丝的石墨石棉密封填料耐压力更佳,高温而又温度多变的介质可用石棉加铅密封填料,强腐蚀介质可用浸聚四氟乙烯石棉密封填料或用聚四氟乙烯编织的密封填料。

增加或更换填料时,应将填料圈分层加入,各层填料圈接缝以 45°为宜,圈与圈之间的接缝应相互错开 120°或 180°,并应在每层填料之间加少许银色石墨粉。

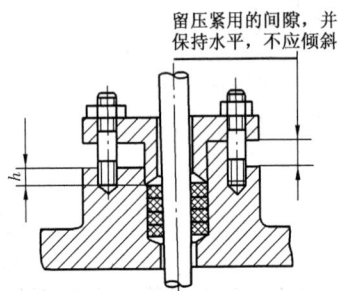

图 5-21 填料压盖的装配位置

压紧填料室的压盖时,应使压盖螺母同时、对称地拧紧,不要倾斜,并应留有供压紧用的间隙,如图 5-21 所示。其间隙量为:公称直径 $DN100$ 以下的阀门为 20mm;公称直径 $DN100$ 以上的阀门为 30~40mm。压盖压入填料室的深度 h 不能小于填料室高度的 10%,也不能大于 20%。压紧填料时,应同时转动阀杆,以保持四周均匀,并防止压得太死。加填料除应保证密封良好外,尚须保证阀杆转动灵活。阀门的填料室如在工作时有轻微泄漏,可将阀门关闭,再紧一紧填料压盖,如泄漏严重,则应将填料全部更换。

填料室一般不需修理,但有的阀门在经过使用后,填料函表面会有腐蚀现象或有杂物黏附,修理时要清洗擦拭,用砂布磨光,腐蚀严重并出现麻坑者,应在车床上车去不平的表面。

4. 关闭件的检修

关闭件又称密封件,狭义地说,是指跟随阀杆动作的阀瓣、闸板之类;广义地说,包括阀体上的阀座。

关闭件的故障主要是指密封面泄漏和密封圈根部泄漏,这种泄漏俗称内漏,这是由于其在阀门里面,不易被发现。

密封面上微小的刻痕或轻微不平可以研磨消除,如刻痕较深或磨损,则应车去一层再进行研磨。

阀体或阀瓣上的密封圈常采用的有两种固定方法:压入法或螺纹连接。如不需更换新密封圈,对于根部泄漏,最简单的方法是将聚四氟乙烯生料带置于密封圈环形槽底部,重新压入固定的密封圈或将其螺纹用聚四氟乙烯生料带填充,如图 5-22 所示。

以螺纹连接来固定的密封圈,如密封圈损坏严重,但阀体上的螺纹还保持良好,可换一新圈;如阀体上的螺纹已被腐蚀到不能再装新的密封圈时,可将旧螺纹车掉,另配一个特殊圈

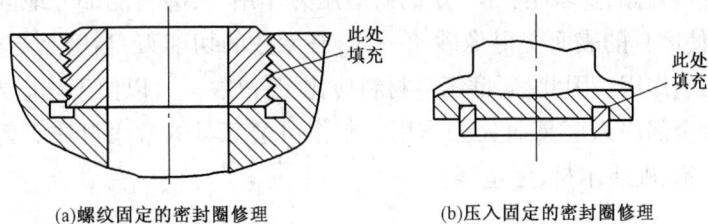

(a)螺纹固定的密封圈修理   (b)压入固定的密封圈修理

图5-22　用聚四氟乙烯生料带修理密封圈根部泄露

(如可能,宜与阀体材料相同),用优质电焊条焊在阀体上,再在该圈上焊一层不锈钢或铜合金层,经车削和研磨后成为新的密封面,如图5-23所示。更换压入固定的密封圈,应将旧圈先去掉,采用间隙配合的配合公差 h8 或 h9 车制新密封圈,再将新圈压入阀体,经接合缝的严密性试验后即可进行密封面的研磨。

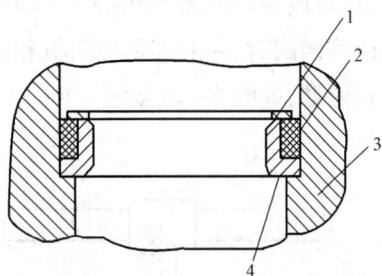

图5-23　阀座密封面的修复示意图
1—堆焊密封面层;2—将特殊圈焊在阀体上的焊料层;3—阀体;4—车制的特殊圈

5. 密封面的研磨

密封面的研磨是阀门维修过程中的一项主要工作。一般研磨时,可以消除零件表面上 0.05mm 的不平度及沟纹。若要加工大于 0.05mm 的不平度及沟纹时,则要先用砂轮磨削或车床车削后再进行研磨加工。

1)研磨的基本原理

研磨时,研磨工具上的磨料受到一定的压力,磨料在磨具与工件间做滑动和滚动,产生切削和挤压,每一粒磨料不重复自己的运动轨迹,磨去工件表面一层凸峰,同时润滑剂起化学作用,很快形成一层氧化膜。在研磨过程中,凸峰处的氧化膜很快磨损,而凹谷处的氧化膜受到保护,不致继续氧化。在切削和氧化交替过程中得到符合要求的表面,所以研磨过程是物理和化学合成的结果。

2)研磨的分类

按照研磨的干湿,可分为干研磨和湿研磨两种;按研磨的精度,可分为粗研磨、精研磨和抛光;按研磨的对象,可分为平面研磨,内、外圆柱研磨,内、外圆锥体研磨和其他特殊形状的研磨等。干研磨方便干净,粗糙度低;湿研磨效率高。粗研磨主要是得到正确的尺寸和精度,精研磨主要是降低表面粗糙度。

3)研磨剂及研磨工具

研磨时,必须在研磨表面上涂一层研磨剂,最常用的是碳化硅。研磨阀门时,应根据阀门密封圈的结构、材料和用途的不同,而采用不同的研磨剂和不同的研磨工具及方法。

研磨铸铁、青铜、黄铜制的密封圈时,应采用人造刚玉粉、刚玉粉和金刚砂作磨料;研磨碳钢、合金钢和不锈钢制的密封圈时,应采用人造刚玉粉和刚玉粉作磨料;研磨氮化处理的钢制密封圈时,应采用人造刚玉粉作磨料;研磨硬质合金制的密封圈时,应采用金刚砂和碳化硼粉作磨料。

研磨工具的材料总的要求是：在一定的研磨压力作用下，磨料能部分地嵌入磨具内（而不会嵌入密封面），使磨具的表面变得像砂轮一样，有无数的切削刃，当磨具与密封面做相对运动时，就产生了切削作用。因此，研磨工具材料应比工件软一些，以便于能嵌入磨料，但也不能太软，否则磨料会全部嵌入磨具而失去作用。制作研磨工具的常用材质有铸铁、软钢、青铜、铜、铝、巴氏合金、铅、硬质木材、毛毡等。

4）研磨方法

研磨截止阀、升降式止回阀和安全阀可以直接将阀盘上的密封圈与阀座上的密封圈相互研磨，也可以分开研磨，如图 5-24 所示。

研磨闸阀时，一般都是将闸板和阀座分开来研磨。阀座用铸铁研磨，闸板可以在研磨平台上进行研磨，如图 5-25 所示。

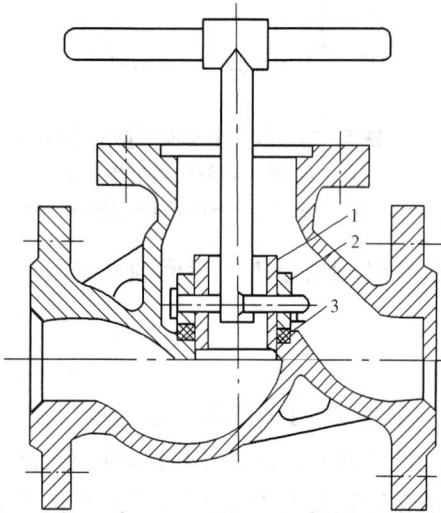

图 5-24　截止阀的研磨方法
1—导向套筒；2—研磨套筒；3—密封圈

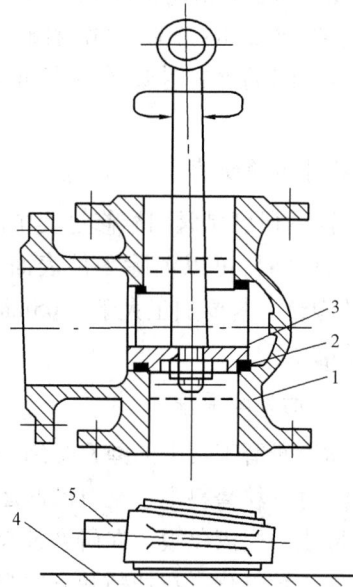

图 5-25　闸阀的研磨方法
1—阀体；2—密封圈；3—研磨盘；4—平台；5—闸板

研磨旋塞时，只能利用栓塞和阀体相互研磨。研磨密封圈的操作过程如下：在铸铁的研磨工具（或阀盘与门板的密封圈）上涂以用润滑剂调好的研磨剂，以轻微的压力按着研磨盘（或阀盘与门板）沿着被研的阀座密封圈（或研磨平台）的表面转动（或往复移动），一般正反转动 90°的弧 6~7 次后，再将研磨工具旋转 180°，同样正反转动 6~7 次，如此重复进行，一直到肉眼所能见的痕线全部磨掉，整个表面呈现出均匀色泽为止。

6. 阀门的组装

阀门零部件修复后要重新组装起来，组装时应细心，不可擦伤密封面和阀杆表面。把紧螺栓时，一定要对称均匀。垫片和螺栓应涂上机油调和的石墨粉，以便日后易于拆卸。在组装过程中，应注意将阀瓣、闸板等关闭件先提起来，以免装配阀盖时损坏关闭件。

组装完毕后，要把阀门内腔擦拭干净，并应使阀门外观清洁，然后做水压试验，考核修理质量,试验完毕,擦干内腔。最后重新按规定涂漆,做好标志,使之跟新阀门一样。

7. 阀门水压试验

阀门在修理之前和重新组装之后要进行水压试验,水压试验分为强度试验和严密性试验。阀门的强度和严密性试验应用洁净水进行。当工作介质为轻质石油产品或温度大于120℃的石油蒸馏产品的阀门,应用煤油进行试验。试验可在阀件试压检查台上进行,如图5-26所示。

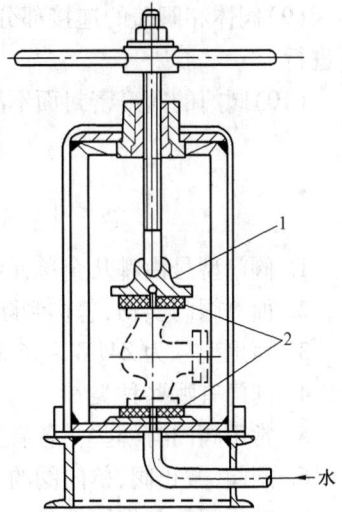

图5-26 阀件试压检查台
1—放气小孔;2—垫片

1)阀门的强度试验

(1)公称压力小于或等于32MPa的阀门,其试验压力为公称压力的1.5倍。

(2)公称压力大于32MPa的阀门,其试验压力应按表5-9执行。

表5-9 阀门强度试验压力

公称压力,MPa	试验压力,MPa	公称压力,MPa	试验压力,MPa
40	56	100	110
50	70	100	130
64	90		

(3)阀门水压试验前,应先将阀体腔内的空气排尽。试验时应将关闭件稍微开启,并将阀门通路的一端堵塞,水从另一端引入。试验带有旁通的阀门,旁通阀门也应打开。

(4)对焊阀门的强度试验一般可在系统试验时进行。

(5)试验时间不少于5min,壳体、填料无渗漏为合格。

2)阀门的严密性试验

(1)阀门的严密性试验是在强度试验合格的基础上将阀门关闭一端,然后充压检查是否泄漏,承压时间一般为5min。

(2)阀门的严密性试验压力,除蝶阀、止回阀、节流阀外,一般应以公称压力进行,在能够确定工作压力时,也可以1.25倍工作压力进行试验。

(3)试验闸阀时,将闸板关闭,介质从通路一端引入,在另一端检查其严密性。在压力逐渐除去后,从通路的另一端引入介质,重复进行上述试验。

(4)试验截止阀时,阀杆处于水平位置,将阀瓣关闭,介质从阀体上箭头指示的方向供给,在另一端检查其严密性。

(5)试验直通旋塞时,应将旋塞调整到全关位置,压力从一端通路引入,从另一端通路进行检查,然后将塞子旋转180°重复进行试验。

(6)三通旋塞在试验时,应将塞子轮流调整到关闭位置,从塞子关闭的一端通路进行检查。

(7)止回阀在试验时,压力从介质出口通路的一端引入,从另一端通路进行检查。

(8)节流阀不作严密性试验。

(9)阀体和阀盖的连接部分及填料部分的严密性试验应在关闭件开启、通路封闭的情况下进行。

(10)阀门的阀瓣密封面不漏为合格。

思 考 题

1. 阀门型号由哪几个单元组成？各代表什么？
2. 面对阀门实物,怎样判断阀门的规格及性能？
3. 写出型号为 Z41W–16 阀门的名称及各种性能。
4. 阀门有哪些种类？
5. 常用阀门有哪些？各有何作用？
6. 闸阀、截止阀、单向阀的工作原理是什么？
7. 减压阀的工作原理是什么？选用减压阀时要注意些什么？
8. 减压阀安装要求有哪些？
9. 弹簧式减压阀如何调试定压？
10. 疏水阀主要有哪几种？性能特点如何？
11. 疏水阀主要安装在哪个系统,其作用是什么？
12. 疏水器如何安装？在阀组中是否一定要有旁通管？
13. 试绘出疏水器组装图,并说明各配管作用是什么。
14. 简述弹簧式压力表的构造。
15. 弹簧管压力表的安装要求有哪些？
16. 玻璃液位计的安装程序是什么？

第六章 管道的维护与检修

管道作为传输介质的一种方式,其应用范围极广,遍布生产及生活的各个领域,输送介质的种类越来越多,输送距离越来越长。由于管道系统多为连续运行,特别是流量较大的大型管道系统,一旦投入运行,很难停机;一些石油化工管道,运行时间长,输送介质复杂,容易老化。对于输送易燃、易爆有毒介质的管道,一旦出现问题还可能引起火灾、爆炸、中毒等人身伤亡事故。因此,维修人员必须了解传输介质的特性,具有严格的安全措施,并保证安装检修的施工质量。管道维修施工的绝大部分应在停产或半停产状态下进行,为了尽可能减少给生产带来的损失、给生活带来的不便,在保证施工质量的前提下,应尽可能缩短工期,特别是某些偶然性的恶性突发事故,需要进行突击抢修,其工期往往以小时计。很多管道维修条件差,如场地狭窄、高温作业场所、易燃易爆区域动火困难、环境恶劣、施工中带有一定危险性等,维修施工需要多个工种配合,实行立体平行交叉作业,因此维修施工是一个系统工程,必须事先制订科学规范的施工计划,周密组织、严格把关,这样才能保证安全、优质、高效地完成维修任务。

任何一项管道工程,在施工过程中,虽然经过一系列的质量检查、工程监理和竣工验收,但投产运行一段时间后,由于设计上的缺陷、工作条件的变化、外界环境变化、未预见的施工不周、设备和材料性能的限制、设备和管道的腐蚀与老化,如果不及时进行维护与检修,就会使管道系统的性能减退,缺陷逐步扩大,过早丧失管道的功能,甚至会造成事故,影响正常生产。

管道系统的维护与检修又称日常保养,是维护检修技术的重要组成部分,是发现和分析故障的重要方法。从经济效益上看,管道工程应尽可能做到长周期连续运行,即便是停车检修,也应做到合理有计划地进行。对管道系统加强日常维护检查,其目的就是延长管网的使用寿命,及时发现不安全的隐患,有计划地进行检修。另外,操作管理要精心细致,以免出现由于误操作引发的各种责任事故。

管道系统能否安全可靠地运行,除依赖合理的设计和优良的施工外,投产后的良好维护与检修也是关键因素。随着管道设施应用范围的扩大,管道系统的维修复杂性也随之增加,涉及的技术领域也在不断扩大,维护与检修也越来越被人们所重视。

第一节 管道的日常运行及维护

压力管道的可靠性首先取决于其设计、制造和安装的质量,但如果由于操作不当或维护不力,往往会引起管道失效而降低其使用性能和周期,甚至引发事故。由此可见,压力管道的安全可靠性与使用的关系很大,使用单位需不断强化工艺控制指标和工艺纪律,落实岗位责任制,认真执行巡回检查,这样才能保证压力管道的使用安全。操作人员应熟悉本岗位压力管道的技术特性、系统结构、工艺流程、工艺指标和可能发生的事故及应对措施,并要做到"四懂三会",即要懂原理、懂性能、懂结构、懂用途和会使用、会维护保养、会排除故障。

一、工艺指标的控制

1. 操作压力和操作温度

操作压力和操作温度是压力管道使用过程中最重要的两个工艺控制指标,是管道设计、选材、制造和安装的主要依据。只有在安全操作规程中规定的控制指标内运行,才能保证管道的使用安全。操作压力和操作温度的控制要点是保证管道不超过最高工作压力和极限工作温度。超温超压将导致管壁应力值的增加或材料机械强度的下降,尤其是在焊缝和法兰、弯头、阀门、异径管等几何结构不连续处的局部应力和峰值应力会大幅增加,成为疲劳破坏的源头。过低的操作温度则将引起材料的韧性下降,有可能导致管道发生脆性破坏。

2. 交变载荷的控制

在反复交变载荷的作用下,管道将产生疲劳破坏。压力管道的疲劳破坏主要是属于金属的低周疲劳,其特点是应力较大而交变频率较低。在几何结构不连续的地方和焊缝附近存在应力集中,有的可能达到甚至超过材料的屈服极限。这些应力如果交变地加载与卸载,将会使受力最大的部位产生塑变并逐渐发展为细微裂纹。随着应力周期变化,裂纹将逐步扩展,最后导致破坏。管道交变应力产生的因素主要有以下几方面:

(1)因间断输送介质而对管道反复地加压和卸压、升温和降温。

(2)运行中压力波动较大。

(3)运行中温度发生周期性变化,产生管壁温度应力的反复变化。

(4)因其他设备、支撑的交变外力和受迫振动。

为了防止管道的疲劳破坏,应保证平稳操作,尽量避免不必要的频繁加压和卸压,避免过大的压力和温度波动。

3. 腐蚀性介质含量控制

原料性质的恶劣及腐蚀介质含量的超标对压力管道的危害很大,在用压力管道对腐蚀介质含量及工况应有严格的工艺指标进行监控。对于高强钢压力管道,当硫化氢含量超过一定值,并在伴有水分的情况下,就大大增加了管壁产生应力腐蚀开裂的可能性。尤其当焊缝的硬度值偏高时,如硫化氢超标,则极易导致焊缝的应力腐蚀。此外,腐蚀介质的成分、气液相状态的不同以及流速差异等都会影响到管道腐蚀失效的程度。总之,压力管道介质成分的控制是压力管道运行控制中的重要内容之一,对于介质超标等违反工艺操作规程的行为,使用单位必须做出明确规定,坚决制止。

在运行过程中,操作人员应严格控制工艺指标,正确操作,严禁超压、超温运行,加载和卸载的速度不能过快,高温或低温(-20℃以下)条件下运行的管道,加热或冷却应缓慢进行。管道运行时,应尽量避免压力和温度的大幅波动,尽量减少管道的开停次数,并严格控制介质成分。

二、管道系统的诊断方法

管道系统在各种外力、输送介质和周围环境因素的作用下,逐渐产生变形、磨损、腐蚀、泄漏和振动,从而影响管道系统的整体性能。管道系统的诊断就是在管道系统正常运行过程中,或基本不影响管道系统正常运行的情况下,通过观察、测试来掌握系统的运行状况,判断可能产生故障的部位,预报信息,安排计划,进行维修的一项综合技术。

管道系统的诊断方法如下:

(1)直接观察。通过现场观察,获得第一手资料,这种方法依赖于操作者的丰富经验,并借助于一定的仪器,常用于跑、冒、滴、漏的诊断。

(2)振动、噪声监测。通过监测发生异常的振动、噪声现象,预测故障发生的部位和影响的范围。

（3）温度测量。通过对介质温度和保温层表面温度的测量,判断管道系统的运行情况和保温效果。

（4）压力测量。通过对介质压力的测量,判断管道系统的运行情况和管网有无泄漏。

（5）流量测量。通过对介质流量的测量,判断管道系统的运行情况和管网有无泄漏。

（6）应力应变测量。测定管子的疲劳状态等。

（7）管道壁厚测量。通过测厚仪测定管子的腐蚀、腐蚀量、减薄情况。

通过上述观察测量,随时掌握管道的运行情况和运行状态,预测可能产生故障的特点和部位,以便确定维修方案。

三、管道系统的巡回检查

使用单位应根据本单位工艺流程和各装置单元分布情况划分区域,明确职责,做到每一条管线、每个阀门、每个管架等都有专人负责,不允许出现无人管辖的管段。同时要制订严格的压力管道巡回检查制度,明确检查人员、检查时间、检查部位、应检查的项目,操作人员和维修人员均要按照各自的责任和要求定期按巡回检查路线完成每个部位、每个项目的检查,并做好巡回检查记录。尤其是对于新建装置或单元,由于可能存在设计、制造和安装方面的问题,在运行初期,问题就会暴露出来,此时的巡检更为重要,检查中一旦发现异常情况,应立即汇报和处理,巡回检查的项目主要包括以下几个方面:

（1）各项工艺操作指标参数及运行情况。

（2）管道、阀门及管件密封有无泄漏。

（3）防腐保温层是否完好。

（4）管道振动情况。

（5）管道支、吊架的紧固、腐蚀和支撑情况。

（6）管道之间、管道与相邻构件的摩擦情况。

（7）安全阀、压力表、温度计等安全保护装置的完好情况。

（8）静电跨接、接地设施、抗腐蚀阴阳极等保护设施的完好状况。

压力管道巡回检查项目和内容见表6-1。

表6-1 压力管道巡回检查项目和内容

检 查 项 目	检 查 内 容
安全阀	本体和前手阀铅封是否完好,密封面有无泄漏,零部件是否完好可靠
压力表	指示是否灵敏,铅封是否完好,表盘玻璃是否破碎
温度计	温度指示是否准确
阀门	有无泄漏,螺栓有无松动和锈蚀现象
支吊架	有无松动和损坏现象,管道振动是否超标
管架基础	基础有无裂缝,基础是否下沉
保温层	有无损坏和脱落现象,有无受潮情况
其他	管道有无振动

四、管道的维护保养

维护保养工作是延长压力管道使用周期的基础,维护保养的主要内容就是日常的维护保养措施,有以下几个方面:

（1）要经常检查压力管道的防腐措施,保证其完好无损。

（2）阀门的操作机构要定期进行活动,保证其开关灵活。

（3）安全阀、压力表要确保其灵敏、准确,并按时进行检查和校验。

（4）要定期检查紧固螺栓,做到齐全、不锈蚀、螺纹完整、连接可靠。

（5）压力管道因外界因素产生较大振动时,应采取隔断振源、加强支撑等减振措施,发现摩擦等情况应及时采取措施。

（6）静电跨接、接地装置要保持良好、完整,及时消除缺陷,防止故障的发生。

（7）停用的压力管道应排除内部的腐蚀性介质,并进行置换、清洗和干燥,必要时用氮气保护。外表面应涂刷防腐油漆,防止因环境因素腐蚀。对有保温层的管道,要注意保温层下的防腐和支座处的防腐。

（8）及时消除跑、冒、滴、漏。

（9）高温管道在开工升温过程中需对管道法兰连接螺栓进行热紧;对低温管道,在降温过程中需进行冷紧。

第二节　管道系统维修通则

一、管道系统维修的分类

管道系统按其维修的规模和性质,可分为日常维护、小修、中修、大修、抢修和技术改造。

（1）日常维护。

日常维护适用于管道系统局部的、小量的修理,可以有操作人员或维修人员在正常运行条件下通过小修小改即可完成的项目。当为设备维护时,为了不影响生产运行,可以开启备用设备,然后再停机维护。如支、吊架螺栓的紧固、法兰盘螺栓的紧固、管道保温层的修整、水泵密封填料的更换等,都可以在管道系统正常运行条件下进行日常维护。

（2）小修。

小修适用于管道系统局部的、小量的修理,但需在局部管网短时间停止运行条件下进行修理的项目。如更换法兰垫片和阀门,更换设备易磨易损件等。

（3）中修。

中修适用于除小修项目外,还需进行维修的其余项目,其需要停止运行的时间较长。如更换个别较大的管件或附件,安全阀的测试检查或修理,保温层的停车更换等。

（4）大修。

大修适用于除小修、中修项目外,还需进行维修的其余项目,其需要停止运行时间更长,一般放在全厂停产检修期间统一安排维修。如更换长度较长、管径较多的管道及其保温层,由自然灾害（地震、水灾）引起的管道系统大范围破坏。

（5）抢修。

抢修适用于由不可预料的原因产生的突发性故障,需要紧急处理,以减少对周围环境造成的危害、降低停产所造成的经济损失。公用事业部门和大型管道系统的企业应备有抢修车,抢修车应具有各种施工机具、抢修备品备件和材料。

一般小修、中修和大修应有计划地进行,日常维护和抢修则随机进行。

（6）技术改造。

技术改造是指整个系统或系统的局部所进行的新工艺、新设备和新材料代替旧工艺、旧设备和旧材料的技术进步过程。由于科学技术的不断发展，管道系统要不断改进工艺并使用新材料，对设备进行必要的更新换代，以提高产品质量，增加产品品种，提高经济效益。由于技术改造要尽可能地利用可以利用的原有设备和设施，只是对其核心部分进行更新换代，其不同于新建工程，因此把技术改造列入维修范畴。压力管道的技术改造一般指以下几个方面的技术变动：

① 较大数量地更换原有管线。国外有的规定为管线长度 500m 以上。

② 改变公称尺寸。公称尺寸的变更将会导致介质的流速、流量，管道的应力、应变等一系列技术参数的变化。

③ 提高工作压力。有时工作压力的提高会使管道的管理级别发生变化。

④ 改变输送介质的化学成分。输送介质化学成分的变动使得原有管道系统的环境因素发生了变化。

⑤ 提高工作温度。工作温度是决定管道选材的根本因素，温度的变更会导致原有管道材料性能的劣化。

⑥ 其他如管道控制系统的变更。

二、管道修理与技术改造的基本要求

从事管道修理与技术改造的单位必须具备一定的基本条件，应有完善的组织机构和质量保证体系，应具有与之相应的技术力量、工装设备和检测手段。对压力管道进行重大技术改造时，其技术和管理要求应与新建压力管道的要求一致。重要工业管道的技术改造方案必须经企业总工程师和总机械师审核批准。

管道的修理或技术改造必须做到结构合理，且保证系统的强度能满足最高工作压力的要求。修理改造中的补焊、更换管段、管件及热处理等技术要求，应按现行技术规范制订具体施工方案和工艺要求，必要时应进行强度校核。修理或改造的焊接必须做焊接工艺评定，管道及焊接用材料应符合现行规范要求，并按强度级别及可焊性等要求，与原有管道用材相同、相当或接近。

管道在修理或改造前，应进行必要的检查和检验，着重检查管道投运后的技术状况，使用中产生的缺陷，焊缝及应力集中部位的情况，承受交变载荷或频繁间歇操作的管段，低温、高温或强腐蚀介质的管道，设计及制造安装有问题的管道。对可能引起疲劳、应力腐蚀开裂、高合金钢、铬钼钢的管道要特别注意。对于缺陷严重、修理工作困难或修理后难以保证安全使用的管道，应予以判废或限期更换。对于可修理的管道，检验单位应提出修理部位及要求，修理工作应在对检验结果及缺陷情况作出分析的基础上进行。修理或技术改造的技术方案需征求使用单位及检验单位的同意，必要时应由质量技术监督行政部门或由其认可的中介机构进行监督检查。

三、管道检修的相关工作

1. 检修前的准备

（1）管道系统降温、卸压、放料和置换。管道系统停车后，首先按操作规程把管道降温至45℃以下，卸压至大气压，放料应尽可能彻底。介质为易燃、易爆、有害气体的管道，需用惰性气体进行置换。

（2）用盲板将待修管道与不修管道及设备断开。这种盲板应能承受系统的工作压力，否则应将截止阀和盲板之间的管道卸掉，以免因阀门内漏而压破盲板。不采用阀门切断法，以防止阀门可能渗漏或误操作。

（3）管道的清洗和吹扫。当管道输送的介质为易燃、易爆、有毒和酸碱等介质时，要使用蒸汽吹扫或用水冲洗，然后用氧气或空气吹干（可燃气体和液体不能用空气而应用氮气），酸性液体可用弱碱洗涤、清水冲洗，强碱性介质用大量水冲洗。系统不宜夹带水分的一般用空气和氮气吹扫。

（4）气体的取样分析。吹扫完毕后，应在管道系统的末端以及各个死角部位取样分析，在确认易燃、易爆介质的浓度在爆炸下限以下时方可施工，一般置换气体的体积不小于被置换介质容积的4倍才允许动火，以确保安全。

（5）管道系统的修前检查。管道修前检查是对管道系统经过一定的运行周期后技术状况的专业调查，如腐蚀、应力、疲劳、环境情况的调查，力学性能、支撑结构、运行状况、紧固结构、安全附件的调查。尤其对易受冲刷、腐蚀、高温及受交变应力、曾经出现超温超压可能影响材料和结构强度，以蠕变率控制使用寿命、使用期限已接近设计寿命、可能引起氢蚀的部位和管段，必要时要做全面理化检验，包括化学成分、力学性能、硬度、冲击韧性和金相等，根据结果来对管道系统做出评估，以确定其综合技术状况。

检修前的准备工作除了把管道内的可燃、伤害性介质彻底清除，并对检修对象仔细检查外，还要查阅相关设计资料及管道的运行记录，了解管道系统介质的特性、安全技术要求，另外，还要准备好检修机具、材料、安全防护用品等。

2. 检修工程的技术措施及安全措施

管道检修必须有严密的技术措施，通过检修前的检查查明缺陷的性质、特征、范围和缺陷发生的原因。评定缺陷后确定修理方案，并经技术负责人批准，使用单位认可。检修现场要设置检修平面布置图、施工统筹网络图、施工进度表。工程质量要精益求精，认真执行相应的管道检修规程、规范和质量验收标准。要按照已确定的修理方案及工艺进行检修，以保证修理质量。

要制订管道系统检修的安全措施，并落实到每个人，加强检修人员的自我保护意识，加强检修现场的综合管理，文明检修。

3. 检修的验收

管道检修项目必须经过自检、互检、工序交换检查和专业检验，杜绝不符合要求的施工蒙混过关。管道检修必须填写检修记录，格式要统一、重点要突出、责任要明确、归档后有查阅及利用价值。检修完毕交接验收资料，参照管道安装竣工资料的内容要求齐全、完整。

管道施工完毕后，一般由使用单位组织验收，Ⅰ、Ⅱ、Ⅲ类管道由企业的设计部门组织验收。管道验收后均应三方（施工、使用、管理）签字交接手续。整个系统检修完毕后，应组织工程质量总验收，并需做出鉴定，提出开车报告。

4. 管道交付使用前的安全检查

为了保证安全生产，检修后的压力管道在交付使用前，应组织专人进行一次安全检查，其内容主要有以下几个方面：

（1）管道的技术状态。管道是否已按工艺要求与其他设备、有关配管相连、检修用的临时盲板是否已拆除，各路阀门是否按要求处于相应启、闭状态，法兰垫片是否齐全，连接螺栓是否已均匀上紧，试验用水是否排除干净。对于易燃、易爆管道系统，是否已用惰性气体置换，排除了管道各个部位的空气，以保证管道的安全运行。

（2）安全附件。各安全附件应齐全，无任何损伤，并且均已按规定进行校验，铅封完整。

（3）检修现场。应拆除检修时的一切临时设施，做到检修场地清，工完料净，没有任何杂物和垃圾。

四、管道常规检修方法

1. 积垢的清理

管道的内表面接触各种不同的工艺介质,极易黏结、淤积、沉积各种物料,甚至造成管道的堵塞。目前常用的除垢方法有机械清洗法、化学清洗法和高压水射流冲洗法。

1)机械清洗法

机械清洗法包括使用简单工具的手工清洗,能够清除所有的污垢,尤其是化学非溶性积垢,如砂、焦化物及某些硅酸盐等,对管道的金属材料没有腐蚀性,但其效率远远低于化学清洗法。手工机械除垢的最大优点是操作灵活,因此在距离较短、管径较大的某些难以清除积垢的情况下,仍被采用。除了一些简单的工具以外,还可采用加长钻杆的钻头、管式冲水钻、铰锥式刀头等工具来清理管道内坚硬的积垢,有些场合可采用喷砂法进行清除工作。

2)化学清洗法

化学清洗法是一种利用化学溶液与管道内壁的污垢作用而除垢的方法。这种方法具有很高的效率,尤其适用于管道系统的清洗。因为它可在系统密闭的状态下操作,因此应用极为广泛。但化学清洗法的专业技术性强,稍有不慎,不仅得不到预想的效果,还可能损坏管道,甚至造成事故。

清洗所用的化学试剂可为酸性或碱性,视积垢的性质而定。清洗铁锈时,可使用浓度为8%~15%的硫酸。清洗水垢时,可使用浓度为5%~10%的盐酸或浓度为2%的氢氧化钠溶液。锅炉除垢剂对水垢的作用也很有效,泥砂、机油等可使用磷酸氢钠溶液或碳酸氢钠溶液。高效金属清洗剂可在常温下代替汽油、煤油等有机溶剂清除管道表面的油垢,而且清洗速度快、去污力强,使用方便,安全可靠,清洗后数天内金属壁面可不生锈。

用对管道有腐蚀性的化学清洗剂进行清洗时,清洗后应使用清水反复冲洗,直至排出水为中性为止。此外,为防止清洗过程中产生的腐蚀作用,可在溶液中加入少量浓度不超过1%的缓蚀剂。

对于奥氏体不锈钢管道,在清理工作表面的水垢时,往往使用柠檬酸等有机酸,而不用盐酸,以防氯离子引起应力腐蚀。

化学清洗法通常分为循环法和浸渍法两种,循环法最为常用。为了增强清洗效果,可轮流从两个方向进行。清水冲洗时,同样从两个方向轮流操作。为了提高浸渍法的清洗效果和速度,可适当增加溶液浓度及温度,酸液浓度可达15%,温度可在60℃左右。

3)高压水射流冲洗法

高压水射流冲洗法是一种用高压水流冲击力除垢的方法,可用于管道内壁、管束的外空间等积垢的清理。清洗用的水经高压泵加压后由喷枪高速喷出,压力最高可达270MPa,流速为音速的2.5倍,几乎可以剥离任何表面的顽垢,获得极佳的清洗效果,除垢率可达95%。在水流中加入细石英砂的夹砂射流,可进一步提高水流的冲刷力。如果管道内具有遇油变软的污垢,也可先用油类浸泡,然后用高压水冲洗。

高压水射流冲洗法效率高、不污染环境,因此目前也和化学清洗法一样得到广泛应用。

2. 壁厚减薄的修理

管道经过一段时间的运行,最常见的缺陷就是局部管壁减薄。因腐蚀凹陷及介质冲刷所造成的局部壁厚减薄可视情节轻重采用补焊或局部换管处理,补焊焊材应与母材相适应。换管的材料必须与原有管材相配、材料相同,强度级别、焊缝性能相近,并据此确定焊接前后的热处理工艺。担任焊接的焊工必须持有相应资格的焊工证。全面性壁厚减薄的管道,如果减薄量超过设计的腐蚀余量,就会因强度不够而存在安全隐患,当测出的实际壁厚普遍小于管道允许的最小壁厚时,管道应降压使用或做报废处理。

3. 裂纹的修理

管道壁上形成的裂纹大致分为表面裂纹、穿透裂缝两类,其各自修理方法也不相同。

1)表面裂纹

未穿透管壁的浅表裂纹称为表面裂纹,一般因各种应力、疲劳、材料自身的缺陷及焊接产生的缺陷而造成。若裂纹深度小于壁厚的 10%,且不大于 1mm 时,可用砂轮把裂纹磨掉,但打磨的剩余壁厚应以满足强度要求为原则,打磨处应与管壁表面圆滑过渡。若裂纹深度不超过壁厚的 40%,修理时可在裂纹的深度范围内铲除坡口,然后补焊。补焊前做表面探伤,确认裂纹是否全部铲除。补焊的焊条应与母材相适应,焊接热处理的技术要求应参照有关规范或进行必要的工艺试验,以制订具体的施工方案和工艺。裂纹的两端应钻小孔,以防止裂纹的扩展。补焊的裂纹较长时,应采用间隔分段焊接,以降低焊接应力和变形。若裂纹深度超过壁厚的 40%,则应在整个壁厚范围开出坡口再做补焊,即按穿透裂纹处理。

2)穿透裂纹

采用补焊时,补焊前应注意其两端是否钻了止裂孔,而且孔的直径要稍大于裂纹的宽度。裂纹两边需用錾子加工出坡口,坡口的形式视管道的壁厚而定:壁厚小于 12mm 时,可采用单面坡口;壁厚大于 12mm 时,应采用双面坡口。施焊时,长度小于 100mm 的裂纹可一次焊完,补焊长裂纹时,应注意补焊收缩和降低内应力,建议从裂缝两端向中间分段焊接,并采用多层焊。

应力集中的部位或裂纹较宽的场合,应该局部更换管段。切割的管段长度至少比裂纹长 50～100mm,而且不应短于 250mm,以免焊接后管段两端焊缝彼此有热影响,切口的边缘均应加工出坡口。

4. 其他缺陷的修理

(1)焊缝的未熔合、未焊透、超标(表面凹凸不平、尺寸超高等)、气孔、夹渣等可进行打磨、铲除并补焊。气孔等体积性缺陷若经长期使用仍不发展的可不予修理。

(2)高压管道的螺栓、螺母的局部毛刺、伤痕可做修磨,但当伤痕累计超过一圈螺纹时,应按规定更换。

(3)管道法兰、阀门等密封面出现划痕时,可用切削刃加工或研磨予以消除。

第三节　工业管道的检修

一、煤气管道的检修

民用与工业用煤气是一种清洁无烟的气体燃料,它易点燃,燃烧时温度高,易调节,使用方便,是一种理想的燃料。

煤气是一种多组成分可燃气体的混合物,含有一些对人体健康有害的成分,如一氧化碳、硫化氢和烃类等。一氧化碳毒性大,人吸入后,它与血红蛋白化合,使血失去输送氧气的能力,从而使人窒息以致死亡。硫化氢是煤气净化不完全而残留下来的,它的浓度在空气中很高时,可以造成眼睛流泪、呕吐、头痛,甚至窒息或昏迷。烃类是天然气的主要成分,它对人体主要是有麻醉作用,人吸入后会晕眩,浓度高时可以使人窒息。因此,在管道检修工作中,要采取可靠的通风措施,检修人员必须佩戴好一切保护用具。

煤气具有爆炸性。煤气与空气混合达到一定的比例范围,遇明火就会发生爆炸。引起爆炸时的可燃气体浓度范围称为爆炸极限,其中引起爆炸的最小可燃气体浓度称为可燃气体的爆炸下限,引起爆炸的最大可燃气体浓度为可燃气体的爆炸上限。焦炉煤气的爆炸极限约为5.6%~30.8%,发生炉煤气约为6%~75%。爆炸下限越小意味着煤气爆炸的可能性越大。

燃烧的三要素是可燃质、助燃质(氧气或空气)和温度(或火源)。应限制这三要素,使其不同时存在,或者削弱其中一个,限制其反应速度在一定的范围内,即可避免燃烧的发生,保证管网系统安全运行、检修工程得以安全作业。如限制可燃质和氧(或空气)混合,即使动火作业也不致发生事故。

煤气中含有一定的水分,煤气在管道输送过程中,由于温度的降低,特别是北方冬天容易产生凝结水,这些凝结水必须及时排除,否则会堵塞管道。煤气中硫化氢与钢铁反应还能生成硫化亚铁,而硫化亚铁的组织疏松透气性很大;二氧化碳在700℃以上能腐蚀钢铁。氢在高温下能扩散穿过金属器壁,使金属脆性增大。煤气中硫化物除了硫化氢之外,还有二硫化碳、硫氧化碳等有机硫化物,硫化氢除对人体有害,还是一种腐蚀剂,它在常温下也能使铜受到腐蚀。因此,未脱硫的煤气管道上,不能使用铜制的阀门及配件,有机硫化物对煤气灶也有腐蚀性。在人工煤气中都含有煤焦油,煤焦油与灰尘黏合在一起,会造成管道和用气设备的阻塞。

煤气种类很多,按其气源不同可分为天然气、焦炉煤气、发生炉煤气等。城市煤气按压力等级分为:

低压煤气管道:$p \leqslant 0.005 \text{MPa}$;

中压煤气管道:$0.005 \text{MPa} < p < 0.15 \text{MPa}$;

次高压煤气管道:$0.15 \text{MPa} < p < 0.3 \text{MPa}$;

高压煤气管道:$0.3 \text{MPa} < p < 0.8 \text{MPa}$。

低压煤气管道输送人工煤气时,压力不大于0.002MPa;输送天然气时,压力不大于0.035MPa;输送气态液化石油气时,压力不大于0.005MPa。

城市煤气管道一般以低压和中压管道为主。中压和高压管道必须经过调压室降压后才能向工厂或民用用户供气。

长输煤气管线的压力等级分为:

一级煤气管道:$p \leqslant 1.66 \text{MPa}$;

二级煤气管道:$1.6 \text{MPa} < p < 4 \text{MPa}$;

三级煤气管道:$p \geqslant 4 \text{MPa}$。

煤气管网的管材目前使用最多的是钢管和铸铁管,塑料管和水泥管也有少量使用。

1. 煤气的生产工艺流程

生产发生炉煤气的主要设备是煤气发生炉。煤在发生炉里燃烧,吹进炉内的空气在煤层的下部氧化层生成二氧化碳,并发出大量的热。生成的二氧化碳上升与还原室内赤红的燃料接触,被还原为一氧化碳,同时吸收掉一部分热量。最后与预热层的挥发气体混合,从炉顶的管道引出,这就是空气煤气。如果把水蒸气与空气交替周期性地吹进炉膛,在空气煤气里就会增加了水蒸气与赤红燃料反应的氢——一氧化碳的成分,这就是水煤气。如果吹入发生炉里的是空气和水蒸气的混合物,所得到的煤气就是半水煤气,或称混合煤气。如果吹入的是氧气和水蒸气的混合物,所得到的煤气就是蒸汽氧气煤气。

图 6 - 1 为一回收焦油的冷煤气发生站工艺流程。从煤气发生炉出来的煤气进入竖管冷却器,在竖管冷却器里,从上面喷洒出的冷却水洗涤煤气,使其温度降至 80～90℃,并把部分灰尘除掉,然后再经水封槽进入静电除焦器,除去煤气中的焦油。水封槽的作用是在检修静电除焦器时用以切断煤气通路。煤气进入装有瓷环或木格填料的洗涤塔,通过水的洗涤除去了尘埃和残留的部分轻质焦油,冷却后的煤气用排送机加压,通过除滴器清除煤气中的水滴之后送入煤气管网至用户。

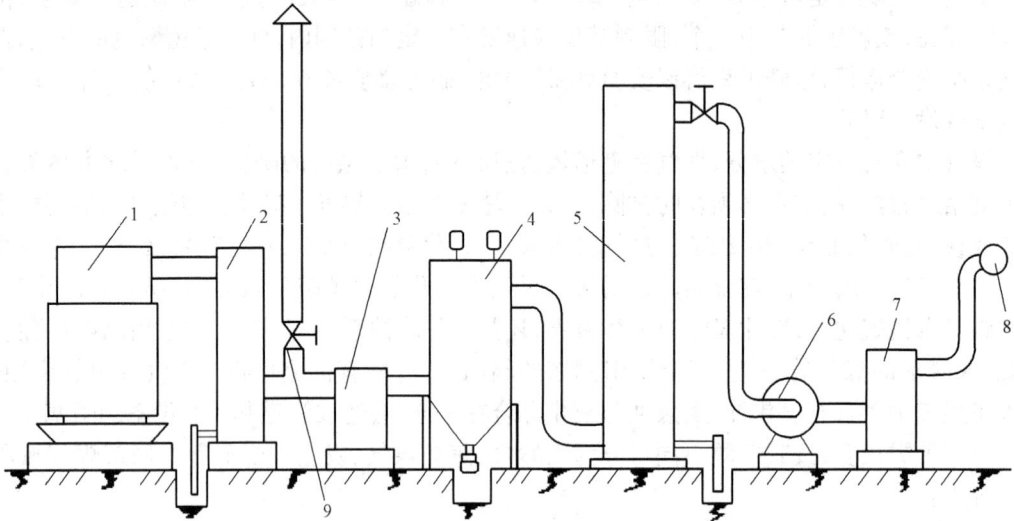

图 6 - 1　回收焦油的冷煤气发生站工艺流程
1—煤气发生炉;2—竖管冷却器;3—水封槽;4—静电除焦器;
5—洗涤塔;6—排送机;7—除滴器;8—总管;9—放散管

2. 煤气管道日常检修的基本任务

(1)经常对煤气管道及其附属构筑物进行检查、检修,以保证煤气管网及设施的完好并安全、不间断地供给所有用户。

(2)迅速消除煤气管网中出现的漏气、损坏和故障。

(3)经常巡视煤气管网所经过的地方,检查周围有无危及管网安全运行的因素,若发现异常,应与有关部门联系,进行处理,予以消除。

(4)负责新用户的带气接管及旧线的检修改造工作。

(5)检查煤气管网中排水器的工作情况,负责煤气管网中冷凝水的排除工作,并将含有焦油的冷凝水进行集中处理,不得就地排放,以免污染环境。

(6)检查室外管线的保温情况,防止在低温情况下形成冰堵和萘堵。

(7)检查和测试管网及设施的接地线情况是否良好,如不符合要求应立即处理,防止事故发生。

3. 煤气管网的运行安全要求

由于煤气管道的输送介质是可燃的气体,其无孔不入,所以煤气管网的运行管理关系到供气的安全,要求运行管理人员具有高度的纪律性和自觉性,运行人员的粗心大意会导致事故和人员伤亡的不幸事件发生。

在运行中的煤气管道上进行检修和抢修工作时,最重要的作业是带气作业。带气作业时,严禁有明火,施工前必须做好一切安全准备工作:检查周围是否有易燃易爆物品,并熄灭各种明火;检查施工地点是否牢固,并戴好防护面具;到天棚、地沟、地板面下、地下室检修煤气管线时,严禁用明火照明,应使用符合安全要求电压的防爆灯进行照明,同时带气操作,严禁使用煤气和氧气清扫管道。

维修人员接到有漏气的通知后,必须立即组织人力抢修,将漏气事故杜绝,如一时找不到漏气点或判断不清时,应立即报告有关领导处理,不得敷衍搪塞。当在煤气管道带气操作时,煤气压力不允许超过 800Pa 或小于 200Pa。

日常巡视应对煤气管网及闸井、地下构筑物同时进行定期检查。低压煤气管道,每月至少两次;中高压煤气管道每月一次。

在日常巡视检查时,要检查煤气管道的各种井室有无漏气现象、各种井室的完好程度,沿线排水器应定期排除冷凝水,此外还要检查离煤气管道两侧各 15m 宽以内其他管线的各种井室(下水、热力、通信、电力)有无煤气漏窜情况以及地下室、地沟等各种地下构筑物被煤气污染的情况。被煤气污染的各种井室、地下室或地沟都有爆炸的危险,为了防止事故,在检查漏气时严禁吸烟、点火以及使用非防爆式灯,打开井室盖板时,应该用不会产生火花的有色金属杆或钩子小心打开,因为它与金属碰撞时可能产生火花,引起事故。

进入井室操作,应首先进行通风,工作时至少有二人以上进行,并在地面留一人,以切实保证一旦发生检修人员中毒或其他事故时,有人进行抢救或迅速报告。

4. 煤气管道的检漏

煤气管道日常维护管理的主要工作之一是管道的检漏。漏气点由于多在地下,加之煤气会扩散,给查漏工作带来很大困难。但可以根据煤气味的浓度程度初步判断出大致漏气的范围,可选用以下方法进行查找。

1)钻孔检漏的方法

沿着煤气管道的走向,每隔 2~6m 在地面上钻一孔眼,用嗅觉或检漏仪进行检查。发现有漏气现象时,再加密孔眼辨别浓度,判断出比较准确的漏气点,然后破土查找。对于铁路、道路下面的煤气管道,为了检查方便,可在埋地敷设的管道上每隔 100m 左右在焊缝处设一检查管,如图 6-2 所示。

2)挖探坑检漏的方法

在管道位置或管道接头位置上挖探坑,露出管道或管道接头,进行检查是否漏气。应结合管道漏气的各种原因分析,进行探坑的选择。探坑挖出后,即使没有找到漏气点,至少可以通过从坑内煤气味的浓度程度大致确定出漏气点的方位,从而缩小查找范围。

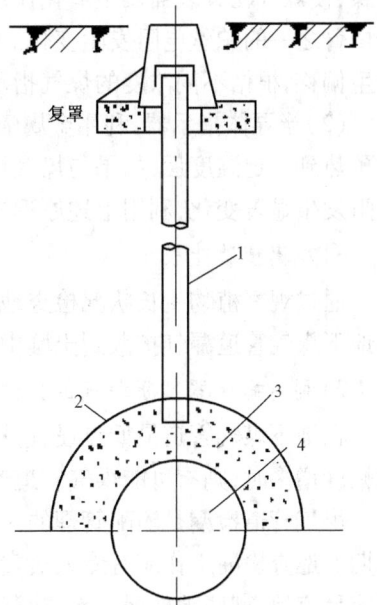

图 6-2 检查管装置
1—检查管;2—检查管护套;
3—排气填层;4—煤气管道

3)利用井室检漏的方法

当煤气管道与其他管道平行敷设时,可利用沿线排水管道检查井、供水管线阀门井、电缆井、雨水井等井室或其他地下设施的各种护罩或井盖,用嗅觉来判断或用仪器检查有无漏气现象。

4）塞球检漏的方法

图6-3是一种比较简单的检漏工具，它利用两只相互连通的橡皮球，将球放入管内后往球内充气打压，两球间就形成一个与两端隔绝的空间，如果这段空间管壁漏气，则空间内压力就下降，通入此空间的小管将变化的压力传递至地面，这样一段段逐渐检查，就可确定漏气位置。两球的间距可根据需要采取不同的长度，一般开始检查时间距长些，再逐渐缩短。

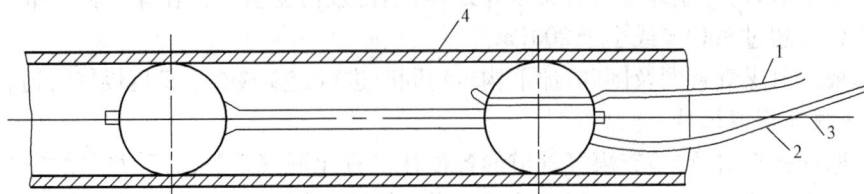

图6-3　检漏工具
1—测压管；2—打气管；3—球轴；4—管道

5）使用检漏仪器查漏的方法

各种类型的煤气指示器是根据煤气不同的物理化学性质设计制造的，常见的有接触燃烧式煤气指示仪和半导体指示器。

（1）接触燃烧式煤气指示仪：使用较为广泛，最常见的是热触媒指示器，用铂螺旋丝作为触媒，使煤气在其表面发生氧化作用，氧化时产生的能量使铂丝温度上升，引起惠斯登电桥四个桥臂之一的铂丝电阻发生变化。这样，电桥各臂电阻成比例的关系失去平衡，电流计的指针产生偏移，根据不同浓度的煤气指示出不同的电流值。

（2）半导体指示器：利用金属氧化物（如二氧化锡、氧化铁、氧化锌）半导体作为检测元件，在预热到一定温度后，如果与煤气接触，则在半导体表面便产生接触燃烧的生成物，从而使其电阻发生显著变化，利用上述原理进行检漏。

6）观察植物生长

通过观察植物生长状况检查地下煤气管道漏气是一种经济有效而又相当可靠的方法，因为地下煤气管道漏气扩散到土壤中将引起树木及植物的枝叶变黄和干枯。

7）利用排水器判断漏气的方法

在地下煤气管道最低点设置排水器，在正常运行情况下周期性抽水。若发现抽水量突然大幅度增多时，则有可能煤气管道产生裂纹，地下水渗入排水器，由此可以预测到煤气的泄漏。

煤气管道检漏是输配管理的一项经常性工作，所以要使检漏工作制度化，确定巡查检漏的周期。巡查检漏工作应有专人负责，常年坚持，形成制度，除平时的巡查检漏外，每隔一定年限还应重点地、彻底地检漏一次，检漏方法可结合管道的具体情况适当选定。

5. 煤气管道检修危险工作范围及检修规定

1）煤气管道检修危险工作范围

（1）空气中一氧化碳含量超过0.03mg/L场所的工作。

（2）进入可能存在或渗入煤气的备用设备、备用管道、煤气管道检查井或地沟中的工作。

（3）带气检修管道和设备。

（4）在有煤气管道（设备）上或有可能窜入煤气的其他管道设备上动火。

（5）煤气发生炉储煤仓厂房加压站（排送机间）厂房以及站区内有煤气泄漏场所的工作。

2)煤气管道或设备内检修规定

(1)将检修的管道、设备与运行设备用盲板严格断开。

(2)打开放散管,用蒸汽或空气进行吹扫,吹扫完后在死角取样,分析空气中的一氧化碳含量,浓度不超过 0.03mg/L,方可认为合格,如设备、管道内有不断放出煤气的灰尘及沉淀物时,工作期间还应吹扫,保证空气中一氧化碳含量不高于 0.03mg/L。

(3)照明线路电压不能高于 12V,灯泡应有保护罩。

(4)进入空气中一氧化碳浓度有可能超过 0.03mg/L 的管道、设备内工作时,应戴好氧气呼吸器,并佩戴好安全带。安全带一端给监护人,以便及时给予帮助;如不戴氧气呼吸器进入工作时,要经常替换,连续工作时间不得超过 1h。

6. 煤气管道漏气的检修

管道的漏气大多数是由于焊口、接头或附属设备松动破裂,管道本身腐蚀穿孔,管道开裂或折断等原因引起的。发现漏气后,应根据管子的材质、漏气的原因、泄漏的严重程度等因素决定检修方案,尽快进行修复,若不能马上修复,也一定要采取措施,限制故障扩大,常用的检修方法如下。

1)煤气管道裂纹的检修和修补

煤气管道管径大,且多为焊接钢管。冬季施工焊接质量差,产生内应力,反复热胀冷缩,设计时的热膨胀量考虑不当,管道内冷凝水冻结将管道胀裂等都使煤气管道产生裂纹。当裂纹不大,管道又在运行中,可采用临时卡箍将裂纹处箍严。焊补方法有两种:一种是将管道停运,用电弧焊焊接;另一种是带煤气补焊。当煤气泄漏量很小时,可保持煤气管道正压和在正常流速情况下直接焊补,当煤气管道裂纹较宽,煤气泄漏量很大时,应将煤气压力降到 0.2 ~ 3kPa,压力太低时易引起回火,最好通入蒸汽,然后进行焊接作业。电焊机的零线应挂在裂纹附近 1m 内,中间不带有法兰的地方。

2)煤气管道局部腐蚀的检修

煤气管道局部腐蚀,应视腐蚀情况区别对待。腐蚀面积不大时,可采用挖补法进行焊补;因局部腐蚀而引起刚度不够时,可在管道竖向加焊补强角钢或在横向加焊类似法兰的加强圈加固;大面积腐蚀,可采用整个管段更换的方法检修。更换管段时,要注意新旧管道的管径、壁厚,且保证同心,也可采用套接的办法接管。其检修一般在停煤气或煤气降压后,制订安全有效措施后进行检修。

3)承插式接口漏气的检修

检修铸铁管承插式接口漏气时,应先了解接口填料的类别。如果是青铅接口松动造成漏气,应在检修前清理干净接口处的泥土,用灰凿、手锤捻紧铅口,铅口出现凹陷时,可加入一些铅条继续捻入口中,直至捻打不漏为止。如果是水泥接口漏气,应将承插口内的水泥部分全部清理干净,重新进行打紧油麻后将配好的水泥填料装入承插口内,重新捻口,并覆盖湿草袋养护。经常受到振动的水泥接口和道路下的水泥接口,应尽量改为青铅接口,以改善接口的抗振性能。

4)铸铁管砂眼、裂缝的检修

敷设于地下煤气管道上的砂眼漏气,可采用钻孔攻丝堵漏的方法进行检修。由于腐蚀穿孔、裂缝、折断等原因引起管道漏气时,采用急修管箍,以迅速处理故障。在穿透的管壁漏气点上安放韧性材料沙铅片或纤维材料制成的垫片,用管箍与盖板将垫片用螺栓拧紧,直至不漏,这种方法只用在低压煤气管道上。若为高压煤气管道,可先用急修管箍作临时检修,然后降压进行补强处理。如果管道裂纹较长或折断,进行钻孔止裂后,可使用夹子套筒进行处理。夹子套筒是两个半圆形的管件,安装在管道裂纹处后,在套筒与管外壁之间用密封填料作承插式接口处理。

5)煤气管道阀门泄漏的检查

(1)单体检查。单体检查是把阀门放在试验架上,阀的一侧与一管段的法兰相接,另一侧是检查区,当管段在封闭状态下通入规定的压力空气后,另一侧用涂肥皂水的方法检查泄漏处。泄漏处可用研磨的方法消除,若不能消除,则应报废。

(2)现场位置检查。检查阀门与设备连接部位处阀门泄漏的方法是设备经检验合格,按规定进行作业检查,在阀门与管段侧通入空气,如不允许通入空气,可通入煤气检查(但应戴上氧气呼吸器,在设备内阀门闸板处涂上肥皂水,并按上述介绍的方法进行处理)。

6)煤气管道阀门泄漏的检修

(1)填料函部位漏气:将阀门关闭后,打开法兰,清理干净旧填料,然后加入新石棉绳填料,拧紧法兰螺栓。

(2)法兰接合面泄漏:在紧固螺栓仍不见效的情况下应换垫,同时检查法兰面是否光洁。如不光洁,应取下法兰,经车床加工后,再重新组装。

(3)闸板处漏气:检查阀门丝杠是否能关到最低位置,是否有硬物在闸板处卡住,如闸板接触面不严应研磨,若仍不见效,则应报废。

7)煤气管道法兰泄漏的检修

法兰泄漏处大部分是明显的漏气,微量泄漏时有水痕或焦油等。

原因:管道与法兰焊接时不垂直,法兰垫片损坏,法兰面上有孔洞、杂物、划痕等。

处理方法:调整管道与法兰垂直度;更换法兰垫片;重新加工法兰面,确保其光滑。

7. 煤气管道的阻塞及其消除

1)煤气管道积水的消除方法

煤气中往往含有水蒸气。由于温度的降低和压力的升高,煤气中的水蒸气凝结成水而流入排水器或管道最低点,如果管道中积水达到一定的数量,不及时排出,就会阻塞管道。

低压管道中蒸汽冷凝水比较少,中高压管道蒸汽凝结水较多。应在管道的最低点设置与管道压力等级相适应的各种排水器。排水器的间距视水量多少、管径大小而定,但一般不应超过500m。

为了防止积水堵管,维修部门必须制订严格的管理制度,定期进行排水工作,并且每个排水器应建立位置卡和抽水记录,将抽水日期和抽水量记录下来,作为确定抽水周期的重要依据,并能根据抽水量尽早发现地下渗水等异常情况。目前,维修部门已使用煤气抽水车进行煤气管道排水器抽水。对于架空敷设的低压煤气管道,也可采用安全水封作为连续排水器。

不论是定期排水还是连续排水的煤气凝结水,均不得就地排放,也不能直接排入民用排水检查井中,必须经过集中处理合格后才可排放。排水器内如有铁锈、焦油等沉积物应及时排出,否则会影响排水器的出水功能。

2)煤气管道渗水的消除方法

地下敷设的煤气管道因地下水压力高于管道中煤气压力时,可通过管道接头松动处腐蚀性穿孔或裂纹等处渗入管内。在进行排水器抽水时,若发现排水量急剧增加,就可能是管道渗水所致,应根据前述查漏的方法尽快查出渗漏点进行堵漏处理,消除渗水故障。

3)煤气管道积萘的消除方法

煤气发生炉生产的煤气中常含有一定的萘蒸气,随着温度的降低就会凝成固体,附着在管道的内壁上,使管道的流通截面减小甚至堵塞。尤其是寒冷季节,萘常聚积在管道弯曲部分或管道引出地面处。

维修人员必须及时进行清除,防止长期积萘堵塞管道,常用清理积萘的方法如下:

(1)喷雾法。将经过加热的石油、挥发油或粗制混合二甲苯等喷入煤气管内,使萘在雾状的液体中溶解,然后经排水器排出。

(2)热溶法。70℃以上的水能使萘溶解,维修人员在煤气管内采用此法分段灌入热水或通入蒸汽,将萘溶解掉,并排入排水器,经煤气抽水车抽出,经集中处理后排放。但使用此种方法因管道灌入热水或通入蒸汽会产生热胀冷缩,容易使管道接头松动,所以在管道清洗后,应对管道进行气密性试验,直至试验合格方可投入运行。

4)煤气管道其他杂质堵塞的消除方法

煤气管道中除了积水和积萘堵塞管道外,其他杂质也可能引起阻塞故障,主要有铁锈屑,它常与煤气中的焦油、灰尘等混合在一起,并积存于管内。钢管比铸铁管易锈蚀,更易阻塞管道。一般在煤气发生炉附近输气管道内的阻塞物主要是焦油,而在输气管道末端的阻塞物则以铁屑为主。

目前尚无理想的清除杂质机械设备,只能用人工对煤气主干线进行分段清理。清洗管段一般以50m左右作为一个清洗段,在管段的两端各切断一段管子,用绞车通过人力拉动特制的刮刀及圆盘形钢丝刷,沿管道内壁将杂物刮松刷洗。

附着在管壁上的铁锈过多,而且很牢固,不容易清除掉,同时又因管道埋设的时间较长,管壁可能有腐蚀孔,经过多次刮刷把腐蚀孔的铁锈刮掉而产生孔洞,所以刮刷后应作气密性试验。如受条件限制,没有作气密性试验,通气后应加强检查。

管道的阀门、转弯处、排水器等如有阻塞物,可拆下来将它们清洗干净。

5)用户煤气压力不足的检修方法

首先检查排送机出口压力是否下降,如没有问题,可能是管道因冬季运行产生积水冻冰,产生堵塞。发现这种故障时,应先分段测出各点煤气压力,找出冻结区段后,用蒸汽进行吹扫。

6)用户煤气压力波动的检修方法

管道内压力波动的主要原因是管道内积水,检修人员必须及时地排除排水器内的积水。很难发现室外架空管道的排水器是否堵塞,必须通过排水器的检查装置进行检查。为了保证排水器的水封高度,煤气冷凝水管插入排水器的深度已接近排水器底部,通过较长时间运行后,排水器下部就会沉积污物,很容易堵塞排水管,必须定期对排水器用蒸汽吹扫清洗。

进行排水器清洗时,要在煤气排水管上加盲板,操作时必须办好一切手续,同时必须两人以上进行操作,并佩戴好保护用具,一人操作,另一人在保证安全并能进行监护的地方负责操作人员的监护工作。

7)抽、堵盲板的方法

抽、堵盲板是煤气管道检修中经常性的工作,有一定的危险性。要求操作人员技术水平较高、责任心强、有应变能力。工作开始前必须做好一切防护措施,以保证安全。

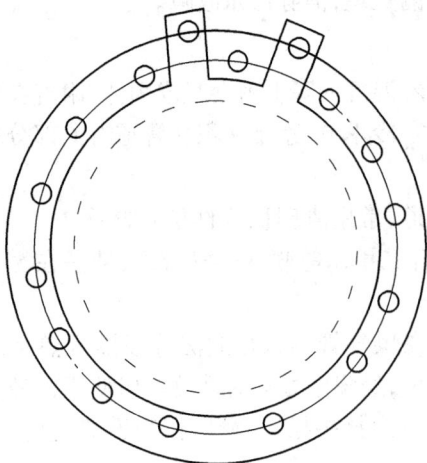

图 6-4 盲板

（1）盲板的制作。

盲板必须用钢板制作，盲板的外形如图 6-4 所示，盲板上应设有穿钢丝绳的耳子。盲板制作后应用柴油进行渗透试验，不渗油即为合格。

（2）盲板的抽、堵。

盲板可以从任何方向进行抽、堵，一般情况下均应从上方进行抽、堵。因为从下、左、右抽、堵盲板时，不仅操作不方便，而且易造成煤气大量泄漏，危及操作人员的人身安全。在带有煤气的情况下抽、堵盲板时，所有在场人员必须配戴好保护用具，同时与救护人员协同工作。

8. 煤气管道、设备动火安全要求

（1）动火前的准备工作：首先到安全管理部门办理动火证，批准后应到动火现场察看，准备好一切防护器具，清除 5m 以内的易燃物品，如无法清除时，应采取防燃措施；如动火点煤气前已泄漏，应在动火前加以消除；必须在动火点附近设备上安装压力表，以测量管道、设备内的压力；准备好必要的消防器材，如黄泥、砂子、石棉板、蒸汽管、泡沫灭火器及消防水管等。煤气管道、设备动火只准用电焊，焊机零线应靠近检修处。

（2）在运行的煤气管道、设备上带气作业时，煤气压力应不低于 200Pa，绝对禁止在负压情况下动火；要采取防止管壁或设备外壳被烧穿的措施；煤气中的含氧量不得大于 0.8%。

（3）在备用的煤气设备内、管道上动火时必须先将动火部位隔断并吹洗干净，化验合格；必须将动火处 1.5~2m 以内的焦油或沉积物铲除干净；在设备内动火时应保持良好的自然通风，以保证操作人员呼吸到新鲜空气。在设备、管道外动火时，必须将放散管关闭，防止抽力太大引起着火，必要时应向管道、设备内通入少量蒸汽。

二、压缩空气管道的检修

1. 压缩空气的应用

空气具有可压缩性，其清晰透明、输送方便、不凝结、不污染环境，没有特殊的有害性质，没有起火危险，更由于空气是取之不尽的原料，所以在工业生产中得到了广泛的应用。

空气通过空气压缩机把机械能转换成压力能，再通过特有的装置又可以转换成机械能。压缩空气能够通过管道非常方便地把压力传送到所需的地方，它具有良好的应用性能和特点。

压缩空气可驱动各种风动机械和风动工具，如风钻、风动砂轮机、空气锤、喷砂机、喷漆机、溶液搅拌机、粉状物料输送机等；还可以作为控制仪表及自动化装置、科研试验、压力容器、管道设备的压力试验和气密性试验的介质以及作为原料分离生产氧、氮、氟及其他稀有气体。

风动机具用压缩空气作动力，虽然压缩空气有效利用系数较低，但与蒸汽机械相比，压缩空气没有热损耗、便于输送，也没有由于凝结而产生的特殊损耗；与电力机械相比仍具有许多优点，例如不产生火花、不怕超负荷，在湿度大、气温高、灰尘较多的环境中也能很好地工作，并无触电危险；能适合做冲击性和负荷变化很大的工作。所以，压缩空气比蒸汽和电力方便和安全。因此，机械制造、矿山开采、建筑施工、交通运输、化工、冶金以及国防工业部门，几乎所有的工业部门都把压缩空气作为主要的动力源之一使用。

在一些精密的仪器仪表、电子元件生产中，用于吹洗零件、控制仪表和自动化装置中对压缩空气的净化度和干燥度的要求都是很高的,不允许含有水、油及尘埃。因为压缩空气中如含有水、油和尘埃,会造成产品质量不合格、自动化仪表失灵。食品和医药工业对压缩空气的质量要求也较高,但是也有些风动工具对压缩空气的质量没有严格的要求,只需压力和流量达到一定的参数即可,如矿山开采用的压缩空气等。

2. 压缩空气管道的分类

压缩空气管道是按工作压力分类的,一般分为三类:

低压压缩空气管道:工作压力小于 2.5MPa;

中压压缩空气管道:工作压力为 2.5 ~ 10MPa;

高压压缩空气管道:工作压力为 10MPa 以上。

3. 压缩空气的生产工艺流程

1)压缩空气站的主要设备

压缩空气站的主要设备及附件有空气压缩机(包括电动机)、贮气罐、空气过滤器、空气冷却器、油水分离器、计量仪表、废油收集器和各种控制阀门等,其构成形式有多种,视所选用的设备形式、数量及布置方法不同而定,但其生产原理却是相同的。

2)压缩空气站的管路系统

压缩空气站的管路系统包括空气管路系统、冷却水管路系统、油水吹除管路系统和负荷调节以及放散系统。

(1)空气管路系统。

空气管路系统是指从空气压缩机进气管到储气罐后的输气总管。当压缩机备有减压阀时,在进气管上不用安装其他阀门,否则应在进气管上安装闸板阀。在压缩机与储气罐之间的排气管上安装止回阀,防止压缩空气倒流,储气罐出口应装控制阀。

(2)冷却水管路系统。

① 开式重力流系统:冷却水先经过中间冷却器,进入二级汽缸水套,然后进入一级汽缸水套,经过排水斗送入排水管排出。

② 封闭循环系统:用循环泵将循环水池的水加压送至凉水塔冷却,利用液位高差将水送入压缩机及冷却器,冷却后的水进入循环池。循环池缺水时可加水补充。

③ 油水吹除管路:从各级冷却器、储气罐由内向外排放油或水的管路,排出的油和水汇集在废油收集器中。

④ 负荷调节管路:储气罐到压缩机入口处减压阀之间的一段管路,用于调节控制供气量。

⑤ 放散管:压缩机至冷却器之间安装的手动放散管,用于压缩机空载启动和卸压用。

4. 压缩空气管路系统敷设形式

压缩空气管路系统敷设形式有三种,即单树枝状管路系统、环状管路系统和双树枝状管路系统。

1)单树枝状管路系统

单树枝状管路系统应用较为普遍,优点是供气可靠性好、压力稳定、检修方便,缺点是当某一部分检修时,会影响一些用户的供气。

实践证明管路系统中经常操作的阀门零件最容易损坏,需要经常检修和更换。安装双道阀门可解决经常检修或更换的问题,第一个阀门(来气方向)经常开着,用第二个阀门操作;当第二个阀门由于经常启闭磨损,例如阀杆部分漏气,可以拧紧压盖或加填密封填料及时修理,如阀门内部零件损坏需要更换,可临时用第一个阀门操作,待不用气时更换或在假日时修理。

2)环状管路系统

环状管路上的阀门不经常操作,一般不易损坏。但系统中使用的管材、附件及阀门较多,基本建设费用较高。厂区管网中一般不采用环状管路系统。若车间内管路通过经济技术比较,基本建设投资增加不多,并且易损零件与附件较多时,可以采用环状管路系统。

3)树枝状管路系统

管路系统中敷设有一条备用管网。一般情况下,两套管网同时处于工作状态,当任何一个管道附件损坏时,随时可以关闭一套系统进行检修,而另外一套系统照常工作。它比单树枝状管路系统的投资要增加一倍,仅用于不允许停气的特殊用户,一般很少采用。

5. 压缩空气管道的检修内容

空气中含有的水蒸气经过压缩机压缩后从空气中凝结出来,聚集在压缩空气的管路中,所以压缩空气系统必须做好凝结水的收集、排放和干燥处理工作。

压缩空气管道一般在常温下运行,热应力对管道影响小。通常情况下,低压压缩空气管道系统因水击而造成管道损坏的情况小,但当压缩空气含水分较多时,对许多生产工艺过程、气动机械和设备的使用会产生不良影响,因此适时地排除凝结水是压缩空气管道日常维护的一项经常性的工作。

1)基本要求和方法

压缩空气管道的泄水点一般布置在压缩机站的储气罐、沿途管道的最低点,车间入口装置、管道的末端。对一些洁净度有要求的用气点,除安装油水分离器外还需要安装空气过滤器,过滤器的滤料可由毛毡、棉花、焦炭、木屑等构成。洁净度要求高的可采用由席皮、毛毡作滤层的盛皮过滤器。对于要求干燥空气的用气点,可安装硅胶干燥器。硅胶为白色多孔的固体颗粒,每克硅胶的内表面积可达 $800 \sim 900 m^2$,因此具有很强的吸附性能。吸湿后由白色变为粉红色,粉红色较深时,说明硅胶已经达到饱和,应更换或再生,硅胶的再生方法可用电炉或热空气烘干。烘干后硅胶的密度增大,颗粒变小,在进行装罐时加以补充。除用硅胶作为干燥剂外,还可以用铝胶、分子筛、活性炭等作干燥剂。

压缩空气的设备属于压力容器,应根据其容器的类别定期进行探伤、试压检验。安全阀、压力表等附件也应定期进行校验。压缩空气管道也应根据压力高低分别进行定期探伤和压力检验。

2)故障原因及处理方法

压缩空气管道产生故障的原因及处理方法见表6-2。

表6-2 压缩空气管道产生故障的原因及处理方法

故 障	产 生 原 因	处 理 方 法
压缩空气管道系统振动	(1)压缩机组本身不平衡的惯性力引起振动。 (2)气流脉动性所致惯性力不平衡引起机组和基础振动,由管路和土壤传到远方。气流脉动引起的振动只限于它产生的部位,当振动频率恰和自然振动频率相同时,就会产生共振,使振动剧烈	一般采取短管路支承长度,可有效提高自振频率,消除共振现象;管路振动较大时,用管卡紧固与压缩机连接的管路,管卡的安装数量要适度;将大中型压缩机的排气管固定在水泥墩座上,可减小振动

故　障	产生原因	处理方法
吸、排气阀破裂或损坏,汽缸停止工作	(1)材料和制造质量不符合要求;或阀弹力不均匀,阀片开关不一致,产生歪斜和升降导向块相互卡阻,阀片冲击升程限制器产生异响,阀片折断。 (2)阀座装入阀室时没有放正,或阀室上压紧螺栓未拧紧,当气流通过时,易产生漏洞和阀座跳动,并发出沉重的声响	(1)检修前应仔细检查新阀片的材质和加工质量,若不合格应及时更换,调整阀簧压力,至少对每个弹簧压缩三次,使圈与圈接触,检查弹簧在压缩前后的自由度,允许误差0.05%。 (2)检修前仔细检查配气阀,特别是阀杆螺栓装入阀座或阀盖孔后,要检查螺栓中心线是否与阀座平面垂直,螺栓与孔配合应符合规定
气阀漏气,压缩机不正常运转	(1)气阀不严:阀片与阀座接触不严,气体吸入压出后发热,然后又从气阀回流一部分,造成气压升高或排气量不足;阀座螺栓不严密,气体从阀座中心倒泄回,造成故障;阀片翘曲变形,造成气阀关闭不严;气阀装配不当,产生偏斜,使阀片关闭不严,造成过热。 (2)阀片开闭时间和开启度错误:气阀的开启是靠汽缸与管道的压力差,而开关是靠弹簧的弹力,开启的大小受升程限制器制约,弹簧弹力不合适、升程高度不妥当都会引起漏气、排气量下降、缩短气阀寿命等缺陷	阀片与阀座接触不良应进行研磨,直到密封不漏气为止;阀座螺栓配合要严密,防止气体倒泄;阀组件与汽缸座口处不严时,首先应将密封垫圈的接口处修磨平整,不能搞错阀组件密封垫圈的把紧程序:(1)将阀组件套上密封圈,对准汽缸上的阀座口平整地放入;(2)装入阀组件的压筒;(3)将阀组件密封圈正确地放入,并将阀组件压筒的顶丝松开,扣上阀盖;(4)对角匀称地把紧阀盖螺栓的螺母,然后再把紧压筒顶丝;(5)阀组压筒顶丝的螺母下应放入密封垫圈,以防气体漏出,因顶丝孔是通向汽缸阀室的;安装阀片时,应认真检查,对变形予以妥善处理,必要时进行更换;要调整阀的装配偏差。检修时,仔细检查和装配气阀的弹簧,调整阀片的升程高度至符合要求时;对没有调节装置的气阀,可加工阀片的升高限制器;对有调节装置的气阀,可调节气阀内间距垫圈的厚度
安全阀漏气	(1)安全阀阀簧支承面与弹簧中心线不垂直,阀簧受压偏斜,阀瓣受力不均发生翘曲。 (2)安全阀与阀座间接触面有杂质和污物,使阀接触面不严密。 (3)安全阀阀簧未压紧,连接螺纹及密封表面损坏	调整安全阀阀簧支承面与弹簧中心线的垂直度,保持其相互垂直。清理干净安全阀与阀座间的杂质、污物,必要时重新研磨,确保接触面严密;压紧安全阀阀簧,保护好螺纹和密封表面、修刮和研磨损坏处
压缩空气管道系统漏气	选材及附件质量或安装质量不好;管道中支架下沉引起管道严重变形开裂;管道内积水结冻将管子或管件胀裂等	修补或更换损坏管段及管件,定期排除管道中的积水,防止冻裂;管道支架下沉时应修复支架,调整管道坡度,以便于排水
压缩空气管道系统堵塞	管道内杂质或填料脱落,阀门损坏或管内有水冻结,造成送气压力、风量不足,压降增大	清除管内杂质,检修或更换损坏的阀门,及时排除管道中的积水

3)压缩空气管道漏气的简便堵塞法

压缩空气管道一般产生小孔漏气的地方较多,不堵会降低压力、减小流量,影响其正常生产。在长期生产实践中,人们总结出了适用于低压管道小孔漏气的简便堵塞方法。

(1)孔径小于1mm时,可不加填料,用钝尖的钢钎放在孔上,用手锤狠击钢钎,使孔壁四周往孔中心挤,击一锤移一下钢钎,5~6锤就能堵住小孔。

(2)孔径为2~3mm时,应先把铁丝一头磨尖,其长度为管壁厚度的一倍。将铁丝直插入孔中,用手锤轻轻敲牢,再用钝尖的钢钎放到铁丝顶部,用锤击钢钎使铁丝下移并堆到孔中。在插铁丝时,操作人员头部应避开孔位,防止铁丝被气流冲出射伤。

三、氧气管道的检修

1. 概述

氧是自然界中分布最广泛的元素之一,它以游离状态和化合状态存在于自然界中。空气中游离状态的氧达 20.93%,化合状态的氧存在于水、矿物、植物和动物等物体中。在常温及大气压力下,氧气为无色、无味、无臭的透明气体,比空气略重。气态氧气可溶于水,液态氧气在长期弱的放电时,变成深蓝色液态臭氧,臭氧容易爆炸。氧具有感磁性,即氧分子在磁铁的作用下可带磁性,可被磁极吸引。

氧气的化学性质非常活泼,是强烈的氧化剂和助燃剂。在一般情况下,它除了与金、银、铂及惰性气体不发生化合外,与其他物质都能化合成氧化物,氧气与其他物质化合的过程即为氧化反应。氧气与可燃气体如乙炔、氢、甲烷以一定比例混合后很容易爆炸。在输送过程中,压缩后的氧气遇到油脂、氧化铁屑或小粒燃烧物及其他易燃介质时,随着气流运动与管壁或有机体发生摩擦或撞击会产生大量摩擦热,可能会导致管道和设备内的介质燃烧或爆炸。操作人员过快地开启管路中的阀门,气体的温度将接近于绝热压缩温度,使管道或阀门引起燃烧并损坏。被氧气饱含的衣服及其他有机纺织品,与火种接触,会立即燃烧。被液氧浸渍的多孔有机物,当遇火或撞击时,会发生强烈爆炸。压缩氧气中混杂有水分,会使氧气管道产生凝结水,纯度越高的氧气对钢管的腐蚀越严重。针对氧气管道的这些特点,在管道安装及维修中要合理选材,并有相应的技术措施。

氧气广泛应用于冶金、石油、化工、机械、国防、科研及医疗卫生行业。氧气的制取方法大体上分化学法、吸附法、电解法和深度冷冻空气液化分离法。深度冷冻空气液化分离法为常用方法,原料是空气。空气只有在零下 140℃ 以下才有可能液化,通常将冷至零下 100℃ 以下称为"深度冷冻",因此这种制氧工艺叫深度冷冻空气液化分离制氧,简称"空分制氧"。

2. 空分制氧的工艺流程

空分制氧是现代工业制氧技术中最经济的方法,在工业上得到了广泛的应用。空气进入制氧装置,被分离成氧和氮,然后输送至使用部门,包括以下几个主要过程:

(1)空气中灰尘和机械杂质的清除;

(2)空气在压缩机中的压缩;

(3)压缩空气二氧化碳、水蒸气和乙炔等的净除;

(4)空气的冷却液化;

(5)液态空气经过精馏分离成氧气和氮气;

(6)氧气和氮气的储存和输送等。

以上各个过程组成了空分制氧装置的工艺体系。制氧装置的形式、种类繁多,相应的工艺流程也很多。按压缩空气的压力高低分为高压流程、中压流程、低压流程三种。高压流程用于小型制氧机,中小型制氧机多采用中压流程,大型制氧机多采用低压流程。

3. 氧气管道的检修内容

氧气管道检修前必须将检修的管段与管网断开,并用空气,氮气或蒸汽进行彻底置换,把氧气全部赶走,不留死角。检修任务完成后,应按照有关规定进行强度和严密性试验。试验合格后,在正式送氧之前应先用氧气或不含油的压缩空气或氮气对管道进行吹洗。用不含油的压缩空气或氮气吹洗的气流速度应不小于 20m/s,连续吹洗 8h,所有管道都应吹洗到,不应留死角。在气流出口处放一张干净的白纸,经白纸检验没有灰尘微粒和水分痕迹为合格;否则应继续吹洗,直至合格。吹洗合格后,需用氧气吹洗,吹洗用的氧气量应不少于被吹洗管道总体积的 3 倍,且各个死角都应该设法置换到。置换管道的氧气应排至室外,排出口离地面不小于 2.5m,并应远离火源。输送含湿氧气的管道冻结时,严禁使用明火融冻,只能用热水或蒸汽融冻。

1)氧气管道及附件脱脂不彻底的检修

(1)原因。

由于氧气具有助燃的特性,所以氧气管道所用的一切管材、管件、阀件等均应进行严格脱脂。管道进行脱脂时,由于操作不当、脱脂剂用量不准使管道脱脂不彻底或管路中有个别附件未进行脱脂,这是非常危险的,能引起氧气管道或设备爆炸。

(2)处理方法。

使用适量的脱脂剂,是保证脱脂既经济又彻底的关键,一般可按表6-3选用。

表6-3　管子脱脂溶剂的用量

管子内径,mm	10	15	20	25	32	40	50	65	80	100
溶剂用量,L/m	0.06	0.12	0.2	0.3	0.4	0.5	0.6	0.7	0.8	0.9

脱脂剂的选择:碳素钢管、不锈钢管及铜管宜用工业用四氯化碳;铝合金管宜用工业酒精;非金属垫片只能用工业四氯化碳。

脱脂操作:一般是将管段一端用木塞堵住,把溶剂从另一端灌入,然后再堵好、放平,停留10~15min,在停留时间内应将管子转动3~4次,使管子内表面全部被溶剂洗刷到。然后将溶剂倒出,将管子吹干(注意如用压缩空气,必须无油、无水)。吹干后,将管子两端封堵好,防止再次污染。管子外表面脱脂,可用浸有溶剂的擦布擦抹。

阀件脱脂时,应拆卸后浸没在装有溶剂的密封容器内,浸泡5~10min,金属垫片也可用此法。非金属垫片只能用四氯化碳进行脱脂,可在容器内进行。铜、铝垫片经退火后可不再进行脱脂。为了保证脱脂后不再污染,管材和附件必须妥善保管。

脱脂工作一般在检修安装前进行,将所用管材及附件全部进行脱脂后封存起来。在使用中如果发现某些附件不够用,新购来后往往就不愿再个别进行脱脂,这样就会造成隐患。因此,不管是什么零件,一律要进行脱脂,以保证管道的安全运行。

检查脱脂是否彻底的方法是用白色滤纸擦拭管件的表面,纸上不出现油迹为合格。如经上述方法检查不合格,应重新进行脱脂,至合格为止。

2)氧气管道检修安装缺陷的处理

操作人员对氧气管道易燃易爆的危险性认识不深或责任心不强、技术水平低,将导致管道检修安装不符合有关规定,从而影响管道正常使用,甚至引起氧气管道及设备爆炸。其主要表现是管道静电接地有遗漏处,做法不符合规定;所用管材及附件缺合格证以及管道焊接不符合规定。

(1)静电接地处理。

所有氧气管道检修安装后,必须进行静电接地,不准遗漏,并在所有法兰处装设导电的跨接线,以防止静电集聚,产生火花放电引起事故。

(2)用前检查。

氧气管道所用的管材、附件等在使用前要仔细进行检查。检查有两个方面:一是管材、阀门、法兰、螺栓等都必须有产品说明书和出厂合格证,并符合国家或部颁标准;二是由于管材、附件经运输、储存,在外观上有无损伤、严重锈蚀现象,加工组装质量是否能满足需要等。经以上检查,符合要求的才能进行安装。

(3)焊接注意事项。

氧气管道在进行焊接时,应防止焊接飞溅物和焊渣进入管道内部(防爆要求),重要的氧气管段可采用氩弧焊打底,个别情况下也可采用外包带或内衬环的焊接方法。氧气管道焊口应做外观检查,并抽焊口总数的5%进行无损探伤检查。不合格的焊口应铲掉重焊,禁止补焊。

四、乙炔管道的检修

1. 概述

1) 乙炔的性质

乙炔是由电石和水反应生成的可燃气体,属于不饱和的碳氢化合物,在常温常压下是无色透明的气体,比空气略轻。因含有磷化氢和硫化氢等杂质,故具有刺鼻的特殊气味。乙炔吸入量过大或呼吸过久能使人中毒,引起头晕。

乙炔易溶于水、苯和汽油等,大量溶于丙酮。根据乙炔能大量溶解于丙酮的特性,可以用多孔物质(例如细粒活性炭、石棉绒、硅藻土等)填满钢瓶内,并灌入丙酮渗透,再将乙炔用压缩机加压灌入钢瓶,溶解于丙酮中。加压后,大大提高了乙炔溶解于丙酮的能力,瓶装乙炔与丙酮已成乳胶状态,使用时打开瓶阀,乙炔便与丙酮分离,汽化逸出供给使用。

16℃以下的乙炔在一定条件下与水接触,能生成一种类似雪和冰的白色晶体,这种含水晶体易堵塞管道,所以在乙炔生产和输送过程中,应设法除去水分。

乙炔聚合过程是升温放热过程,高温又促进更进一步的聚合,如果热量不能及时排除,当温度达到500℃时,即能引起未聚合的乙炔发生分解爆炸。

当管道中含有氢氧化铁、氧化铁、氧化铜时,乙炔发生分解爆炸的温度均在300℃以下,如在有氧化铜存在时,压力在0.5MPa下乙炔分解爆炸的最低温度只有240℃。因此,乙炔管道在检修安装前必须严格地除锈和清洗。

实际生产中,乙炔的压力和温度都很难达到分解爆炸的最低温度。但在电石分解时,由于水量不足,局部过热能引起分解爆炸。在气焊、气割中,有时由于操作不当,氧气会倒流入乙炔管中产生氧化爆炸,然后导致乙炔的分解爆炸。乙炔的分解爆炸还与容器的形状有关,较小管径的管子因散热较快,且爆炸扩散的阻力又比较大,故不易产生分解爆炸。

在常温下,若压力大于0.1MPa时,若振动撞击,也有爆炸的危险。乙炔的氧化爆炸,也就是混合气体爆炸。如果乙炔和空气的混合比在2.8%～81%范围内,它的爆炸温度和压力就更低,其威力更大,这种爆炸称为氧化爆炸。因此,乙炔发生器、储气罐以及乙炔管路应当严格防止混入空气。当乙炔用于金属焊接、切割时,氧气和乙炔在一个焊炬或割炬中混合使用,由于氧气压力大于乙炔压力,易使氧气倒流到乙炔管中去,当再点火时就会发生氧化爆炸,为防止乙炔氧化爆炸火焰传播到乙炔发生器,应装置乙炔回火防止器。

因为乙炔容易引起爆炸,在生产和使用中必须掌握其特点,注意安全。严禁乙炔设备附近有明火,乙炔温度不得高于80℃。

2) 乙炔在工业中的应用

乙炔是生产塑料、树脂、合成橡胶、合成纤维等的主要原材料。一些重要的有机合成原料及溶剂,如乙醛、醋酸、丙酮等也都要用乙炔为原料。

乙炔还是一种优质的气体燃料。在机械、冶金行业中,乙炔被大量用来切割与焊接。如大型铸工车间用乙炔切割铸钢浇冒口、高强度铸铁浇冒口、焊补铸铁件等;废钢车间及落锤车间用乙炔切割废钢、切割锻压车间锻件、焊接与切割焊接车间钢材以及金工车间的焊接、热处理车间表面淬火处理等。对于小厚度的金属焊接,有色金属型材的焊接,青铜、铝镁合金铸件的焊补,薄壁管子的焊接,厂矿企业的管道及设备检修、安装等都用乙炔进行气焊、气割。

2. 乙炔管道的分类及敷设要求

1)乙炔管道的分类

乙炔管道是指连接乙炔站内各个设备用管道和把乙炔送至用户处的管道。根据管道中输送乙炔的压力,乙炔管道可分为低压、中压和高压三类:

低压管道:压力<0.007MPa;

中压管道:压力为0.007~0.15MPa;

高压管道:压力为0.15~2.5MPa。

乙炔站从发生器至活塞式乙炔压缩机之间的管道以及送往用户用于焊接、切割、淬火等的管道均属于低压或中压管道。溶解乙炔站内连接压缩机和灌瓶间的管道属于高压管道。

2)乙炔管道的敷设要求

(1)管径和壁厚。

乙炔管道属于易燃易爆管道,但在细长的管子内不易发生。因此,中低压乙炔管道内径不得大于80mm,高压乙炔管道内径不得大于20mm。如断面不够用时,可用两根或两根以上管道并列敷设。高压管道应每隔25m的长度装置一个防爆膜。

为了保证乙炔管道有足够的强度,中高压乙炔管道壁厚应不小于表6-4的规定。当乙炔管道埋地敷设时,应考虑到土壤对管壁的腐蚀影响,管子壁厚应在表中规定基础上增加0.5mm的腐蚀裕量。高压乙炔管道应采用不锈钢管,中低压乙炔管道应采用无缝钢管。

表6-4 管壁最小厚度

管外径 ϕ, mm		≤10	12~16	18~20	22~25	28	38~45	57	73~76	89
壁厚 mm	高压管道	2	2.5	3	3.5	4	—	—	—	—
	中压管道	2	2	2	2	2.5	3	3.5	4	4.5

(2)阀门及附件。

乙炔管道阀门附件应用钢、可锻铸铁或球墨铸铁制造,也可用含铜量不超过70%的铜合金制造,并且必须符合作用于乙炔管道的条件。阀门内阀芯和阀瓣的材料应由不锈钢、皮革等制成,保证阀门启闭时不发生火花。

低压乙炔管道上的阀门及管道附件公称压力等级应选用不小于1.0MPa的;中压乙炔管道的阀门及管道附件公称压力等级应符合表6-5的规定。

表6-5 中压乙炔管道的阀门及管道附件公称压力等级

公称直径 mm	管道附件、阀门的公称压力 MPa	公称直径 mm	管道附件、阀门的公称压力 MPa
20	1.0	50	1.6
25	1.6	65、80	2.5

乙炔管道除与设备、附件连接时采用法兰或螺纹连接外,其他接口一律采用焊接,以减少乙炔漏损或造成燃烧、爆炸事故。

（3）具体敷设要求。

乙炔管道输送乙炔中的水分能凝结在管壁上,如聚积量很多时会堵塞管道,为此,乙炔管道敷设时应有大于0.2%的坡度,在管道最低点设排水器。在寒冷地区的乙炔管道和排水器应采取防冻措施。

架空乙炔管道,可单独敷设或与其他非可燃气体管道、水管以及同一使用目的的氧气管道共架敷设,绝不能与电气线路共架敷设。用于支撑、架设管道的支架只能用非燃烧材料制作。车间内的乙炔管道应沿墙或柱子架空敷设,高度不宜小于2.5m。为防静电和雷电,乙炔管道必须可靠地接地,每100m接地一次,对地电阻不大于200Ω。在法兰、螺纹连接处,应用导线将两端牢固地连接在一起。

3. 乙炔管道系统的维护管理

室内乙炔管道系统的维护管理主要在于加强对安全水封的维护。所有水封式安全水封必须每天进行检查、更换脏水,水位应适当。岗位式安全水封只允许接出一个焊炬或割炬。寒冷地区冬季使用水封式安全水封时,应在水内加入少量食盐或甘油等防冻剂,防止水封冻结。若发现水封冻结时,只许用热水或蒸汽加热解冻,严禁用明火加温,以免发生爆炸事故。水封式安全水封的防爆膜爆破后,必须及时更换后才能使用。

采用中压冶金片安全水封时,若发现阻力增大、流量减小,则可能是粉末冶金片微孔被水或杂质堵塞,应拆下主体,取出粉末冶金片,浸入丙酮中清洗后,用压缩空气吹干后方可装配,装配好后需做阻火性能试验,合格后才能继续使用。

干式安全水封在使用过程中,应经常作密封性检查,发现漏气或不正常现象时,应立即进行修理。中压冶金片干式安全水封使用一年后,应做一次全面检修和清理,同时须做密封性能检查及阻火性能试验。

4. 乙炔管道的检修要求

乙炔管道及设备检修前,应进行认真的清理,将待检修的设备、管道与乙炔发生器、储气罐等有乙炔来源的设备可靠隔离,应用水浸法或氮气置换法将检修管段及设备内的乙炔排除,经化验含氧量和乙炔量符合要求后方可开始检修。若检修时必须动火,则应取出动火部件,送到安全地方进行修复,待部件完全冷却后,方可进入乙炔站现场进行组装。应尽量减少在乙炔站内检修的工作量,如必须在乙炔站进行动火检修,则应作以下动火处理:

（1）将乙炔站内所有设备和管道内的乙炔排放至室外大气中,并排除干净。

（2）取出乙炔发生器内的全部电石,卸下料斗和装料装置。

（3）取出化学清净器和干燥器内的清净剂和干燥剂。

（4）将所有容器和管道充满水,浸泡10~15min后,将水全部放掉,如此重复三次。

（5）用纯度不低于97%的氮气吹扫所有设备和管道,氮气用量一般为所吹扫容积的三倍以上。

（6）断开所有设备,使其互不连通,并打开全部人孔、盖、阀门及防爆膜等。

（7）清除待焊设备及管道中的电石渣与脏物,然后用水冲洗,并向设备内灌水,装到不妨碍焊接的最高处。

（8）打开房间的门窗进行自然通风,时间不少于8h。

（9）上述处理工作完成后,在厂房内及需要动火设备内的死角处(乙炔不易散逸的区域)

取空气试样进行乙炔含量分析。连续二次分析结果,乙炔含量均小于 0.1%(体积比)才认为合格。

(10)灌瓶间和压缩机间动火,还应运出所有乙炔瓶,并将丙酮、机油、棉纱等易燃物移到厂房外。

(11)乙炔站及乙炔管道动火检修,除上述处理外,还应办理动火手续,经有关领导和部门批准后方可进行动火。

管道检修完毕后,应按要求进行强度试验和气密性试验。试验合格后,必须用压缩空气或氮气将管道吹扫干净。管道投入使用时,应用 3 倍于管道体积的氮气(含氧量不大于 1%)进行置换吹扫,赶出管道中的空气。吹扫时在管道末端安装阀门和排气管排放空气,如排出氮气内含氧量少于 3%,则认为吹扫合格。吹扫空气时要防止管路中存在吹扫不到的死角集聚空气。吹扫合格后管道在充满氮气的条件下送入乙炔,投入使用。

五、燃油管道的检修

1. 概述

1)燃油管道种类

燃油管道有两类,一类是油田的油气集输管道以及炼油厂、化工装置、油罐区等内部的输油管道,它属于企业内部的输油管道;另一类是长距离输送原油、石油产品和天然气的管道,称为长距离输油管道或输气管道。下面主要介绍第一类内部输油管道的检修。

2)石油的性质

石油是重要的能源之一,又是重要的化工原料,用于制造合成氨、合成纤维、化肥、染料、医药、农药等。在机械润滑等方面也都应用石油产品,还用于内燃机、加热炉、转化炉等方面作为燃料。石油产品广泛应用于化工、冶金、机械、国防、交通运输、科学研究等方面。

用管道输送的有原油以及炼油产品轻油、重油和渣油。石油的主要物理化学参数包括自燃点、闪点、凝固点、黏度、密度和净热值等。另外,石油中还含有水分、硫和机械杂质及其他杂质。在石油的储运过程中,应根据它的性质采取有效措施,以满足储运的工艺过程。对于黏度大、凝固点高并且黏度随温度的降低而变大的重油,当输送温度过低时,流动困难,甚至完全凝固,因此,在管道输送过程中,必须采取加热、保温和扫线等措施。此外,根据油品的闪点和自燃性质,还应注意采取防火措施等。

2. 油管的扫线

当油管需要检修或较长时间停止送油时,如卸油管、备用油管道以及其他定期使用的油管道等都需要进行管道扫线,即用蒸汽或压缩空气将管道中的存油吹扫干净。排出管道中的油品或蒸汽扫线后出现凝结水的工作称为放空。

经常运行的管道在检修时也必须将油品扫出,因此重油系统中所有油管道都须设有扫线措施,并防止扫线过程中"死油段"(即油品不流动,扫线时又扫不到的油管段)的存在,最好顺坡吹扫。吹扫时可将油管中的油品扫入污油池、储油罐或临时油桶内。

1)扫线介质

扫线一般采用蒸汽,因为蒸汽温度高,可以融化管壁残油,扫线后管内较干净。由于油管道附近都有蒸汽,因此采用蒸汽扫线最为普遍,但温度不宜过高,否则容易使管内油品碳化。吹扫用的蒸汽压力一般为 0.7~1.0MPa,也可用压缩空气进行扫线,其优点是没有冷凝水混入油内。

2）吹扫接点的连接

（1）活动接头。

用软管将蒸汽管与油管接通。在油管的吹扫点与附近的蒸汽管上各留一个带配气接头的连接短管,吹扫时用橡胶软管连接上,不吹扫时将其卸开,操作比较麻烦,但不会发生油、汽窜通的事故,适用于吹扫次数不频繁的管道上。

（2）固定接头。

固定接头有两种:一种是在吹扫连接管上两个阀门之间设一检查管,在检查管上加装一个检验阀,此阀门平时打开,可以用来检验油、汽是否窜通;另一种是为了防止油窜入蒸汽管道,可在吹扫连接管油管一侧加装一止回阀或盲板。固定接头吹扫适用于吹扫比较频繁的管道上。

3. 燃油站设备管道的检修

1）油罐的检修

（1）入罐检修的原因。

① 油罐在储油过程中,由于油中的杂质深积罐底,一般需要2～3年进行一次彻底清理。

② 油罐经常处在80℃左右湿环境中,特别是吹扫时大量水蒸气的带入,油中含有的硫分子使油罐壁及罐底部都比较容易被腐蚀。

③ 罐内的设备（主要是加热器）由于经常停送蒸汽,操作不当易发生水击,或由于安装质量问题常有渗漏或损坏现象。

（2）入罐检修程序。

① 排除积油。

检修前先将罐内积油清理干净。由于油罐的出油口有一定高度,出油口以下的油无法抽出,如从清理口清出,既浪费又增加了工作量,可用水浮法,即将水注入油罐,使水的深度略高于出油口,然后开启加热器加热至80～90℃,因为油比水轻,所以油会浮于表面,然后将油排至另一油罐。如果一次排不尽,可反复多次,直至排尽。

② 蒸煮。

将水注入油罐,使水位超过加热器。开启加热器,将水煮沸,同时把胶管从罐顶放入罐内,深度为罐高的1/2,送上蒸汽,使胶管在罐内像"耍龙式"地进行吹扫,将罐壁上的残油清理干净。如有特殊需要时,还可以加入烧碱蒸煮。

③ 通风换气。

打开油罐上的所有人孔、清扫口和通光孔等,在清扫口安装临时排风机,向罐内鼓风24h以上。

④ 检验。

检验罐内死角,化验其含氧量和可燃气体的总量,待化验结果达到作业环境要求或动火要求时再进行检修,或采用其他安全可靠的方法进行。检修时要间断地鼓风,罐内、外均要有人监护,安全绳的另一端必须在监护人手中,以防一旦发生意外时监护人能进行抢救。

2）油罐加热器的检修

燃油站油罐加热器是很重要的附属设备,维护检修的工作量较大。

（1）列管式加热器表面结焦的检修方法。

列管式加热器表面结焦,严重影响传热效果,这主要是运行管理不当造成的。当油位低于罐内加热器时,加热器继续通入蒸汽加热,就会将敷在加热器表面的油层烤焦炭化,结成焦渣,使加热器的加热速度明显减慢。这时应停止运行,用前述清罐方法进行清罐检修,进罐后,为了清理彻底,应逐根仔细敲震加热器管壁上的焦渣。

为避免这类故障的发生,必须加强操作人员的责任心和责任感;加热器运行时,油位必须保持高于加热器 150~300mm。

(2)加热器漏油或损坏的检修方法。

加热器漏油或损坏是由于油罐长期处于高温油、水的浸泡之中,再加上操作人员开汽加热时过快、过急,会使加热器中的凝结水未排净而产生水击现象。加热器漏油的检查方法如下所述:

① 高油位时,打开加热器的蒸汽阀门,加热一段时间后再关闭,使加热器中蒸汽冷凝,然后打开泄水阀门检查排出的凝结水中是否有油。

② 打开加热器蒸汽阀门后,如果长时间不升温,泄水阀门不见水,说明加热器进油堵塞。

③ 低油位时,让加热器外露,然后通入蒸汽进行试验(但只允许在短暂时间内),如发现有泄漏处,可按照油罐的检修程序清罐后,进入罐内进行检查,针对具体泄漏部位进行处理。

油罐加热器应尽量采用组装连接,便于某个部件损坏时可拆卸取出、检修、更换,还可以避免在罐内动火。

3)燃油管道的焊接检修

(1)常见的油管损坏现象。

燃油管道由于经常需要预热、吹扫,热胀冷缩现象比较频繁。再加上油中含有硫化物等腐蚀物质以及制造加工等缺陷,容易使燃油管道损坏。常见易损坏的部位有焊接接头、弯管的凸面、法兰与管道的接合处等,尤其是套管伴热的油管道,由于安装时不谨慎使内油管受到伤害,产生漏油。跨管焊接处的内油管穿孔,其原因是制作套管中,在气割跨管的开口处时,气割火焰使内油管损伤;在运行中,跨管的管径较小,高速蒸汽流长时间的冲刷。套管伴热内油管的漏油,很难确定渗漏部位,需要分段鉴定,而且很费时间,所以套管伴热管道检修安装时应注意以下几点:

① 内油管道的接头一定要在跨管处,不允许接头在套管内。

② 气割火焰不要伤害内油管道,焊接跨管时,最好先开孔,后焊接套管。

③ 跨管安装在套管上部,套管内的冷凝水排出困难;安装在套管部,跨管易积水结冰。因此,跨管应水平安装。

(2)输油管道的动火安全。

输油管道在动火以前对管道必须严格吹扫。吹扫后的管道,或多或少还存有残油或油气。特别注意的是:与油罐连接的管道动火时一定要慎重,因为燃油站的爆炸起火往往不是油品本身,而是因油蒸汽引起的。所以,动火处应远离油罐数 10m 或 100m,且油管内已吹扫无油。如果贸然地在动火处动火,会因油罐较高,油管道进出口处位差产生的"拔力"使气流向油罐流动,再加上在进口处动火加热燃烧,燃烧气流很快传到油罐。特别是储存轻质油品的油罐,其上部气体浓度已达燃烧爆炸范围,只要有火源,燃烧气流进入油罐,必然发生爆炸。所以动火前必须在通往油罐的管道上加设盲板,截住与油罐相通的通道。燃油站的油管道动火必须在与油罐相通的地方加设盲板。在较大的油管,如卸油总管、卸油地沟里动火,也应防止管内气体的爆炸燃烧。

4. 轻质油品管道的检修

1）轻质油品管道的维护要求

轻质油品管道在维护工作中，除执行管道工程维修工作日常的巡视检查外，对于轻质油品，管道还应每年至少在夏季（干土期）和冬季（冻土期）检测一次接地电阻和跨接电阻，单独接地电阻必须在这些不良期不大于 100Ω，跨接电阻不大于 0.03Ω。否则，应进行修理，设法减少电阻值。在维护修理过程中，必须事事小心，采取各种必要的安全措施，做好防火防爆工作，不可大意。一切动火施工必须在燃烧介质的浓度低于爆炸下限条件下才可进行操作。各种燃烧介质的爆炸下限可以从有关资料中查得。

2）轻质油品管道的检修施工准备

检修施工准备工作应根据具体项目、工程量的大小、施工场地操作环境等条件而定。但不论检修工程量大小如何，都应有适当的操作场地，此操作场地必须选择在距油库及油管等设备及建筑物 20m 之外，且处于下风向的地方，根据施工现场条件，必要时可划分作业区和禁区，配备必要的消防设施、隔挡和标志。检修拆卸的工具要用有色金属制造，以免撞击产生火花。

轻质油品管道的检修管段、与其相连的油罐及各种附件必须把油料全部放空，切断所有与之有联系的系统，并一定要保证确实切断，切断处不能有任何漏油、漏气现象。为此，一般是在连接法兰处拆卸，在不需检修端的法兰上用法兰盲板封堵，阀门即使能关严也必须采取盲板封堵措施。检修时，最好将需要检修的管段在划分的作业区制作好后再进行现场安装。如果必须在现场动火焊接，必须采取必要措施：必须在现有管道系统上，先将被焊管件连接的所有法兰拆开，不焊接端的法兰用法兰盲板封堵；把被焊管的一端与大气相通，在室内或井内的管口必须用临时管引至室外或井外；焊接位置在坑内或井内时，应先用蒸汽吹刷被焊管件及洒在地面上的可燃介质，经过 3h 后，从所需焊件内部及井内下部取样，经化验确认可燃介质蒸气浓度低于爆炸下限时，才允许焊接，但必须在施焊前再进行一次吹刷。如果焊接时间超过 4h，则从施焊开始后，每 4h 检测一次。采用电焊焊接时，焊机的工作接地应直接接在距所焊位置 1m 以内，绝不允许用其他管道或设备作为焊机的工作接地回路。

3）轻质油品管道的检修施工

在轻质油品管道检修施工前，首先要将检修施工作业区的油品排放干净，将阀门关闭、拆开法兰、用法兰盲极进行封堵，然后检查系统封堵的严密性、消除漏油漏气现象。

进行管段拆卸时，应先将限制管道拆卸的土建工程拆掉。在拆土建工程时，打凿洞孔应从室外或井外向里打凿，应边打凿边向打击处连续浇水，以防止产生火花，打凿工具应用不产生火花的有色金属锤（铜锤）敲打。拆卸法兰连接的管道时，应先将连接两个法兰的静电跨接线用锯锯断，锯割时应不断地向切割处注以润滑油，以防止产生火花。当管道需要锯割时，也要采用注润滑油的措施。拆卸下来的管段或部件应迅速运出现场。当检修管段需要焊接时，应按本节油管扫线的吹扫方法进行吹扫，吹扫合格后，方可进行施焊。

在进行与油泵房或油罐相连通的较长外部管道焊接时，应将室内或罐口的管端用临时管道引至室外通入大气。

当管道进行检修时，由于各种原因不能与油罐断开，则应对油罐进行严格的清洗。经仪器测定合格后，按有关防火要求进行点火试验，试验合格后，方可进行施焊。油罐检修工作最好选择夏天和天气晴朗的时间，因这期间气温较高、油气蒸发速度快、自然通风条件好，此时清洗油罐更为合适。

在油罐清洗前,应先打开油罐上的人孔及各种附件连接的孔口。将油罐实行自然通风,通风时间应不少于 15 天;然后用自来水进行第一次冲洗,冲洗后将油罐内注水约 1m 深或一半罐深,停留 1 天后,将水放掉,进行油罐底部渣质的清理工作。清理时的刮刷工具或盛装的容器要用有色金属制作,以防止产生火花。清理后过一两天,用水枪或喷射器以较高压力的水冲洗 12h,然后再次进行清扫,清扫干净后,进行 7 天的自然通风,即可进行焊接除锈工作。注意在拆卸人孔及各种附件时必须轻拆轻放,严禁用铁器敲打,以免产生火花,发生事故。对于清洗工作量大、清洗罐体多的单位,可采用自动洗罐器进行清洗工作。有条件的单位可先进行蒸汽冲刷,冲刷用蒸汽的压力不小于 0.3MPa,蒸汽冲刷可将罐体上的渣质靠蒸汽的冲力冲掉,还可以在蒸汽温度的作用下使渣质的黏度降低,易于清扫。蒸汽的喷口可选择几个适当位置分别进行吹刷,为了加快蒸汽吹刷后罐体的降温速度、缩短自然通风时间,可进行喷水降温,严禁用蒸汽吹刷后密闭降温,以免形成负压使油罐损坏。

清罐完毕后,还应进行罐内可燃介质的浓度检查。检查方法为:

(1)以人进入罐内闻一闻,闻不到汽油、煤油味为止(此种方法最好是不经常接触这类介质的人员)。

(2)采用"可燃气体测定仪"进行可燃介质浓度测定,当可燃介质浓度在爆炸下限以下,认为清罐合格。

(3)测定合格后,在进罐施焊前必须进行点火试验。点火试验应按有关防火要求执行。

进行检修的油罐施焊前,必须与正在使用的油罐相连的一切管道彻底切断,使用油罐的断管口阀门必须用盲板封堵,焊接油罐 40m 以内的呼吸阀必须用石棉布包扎起来,一切准备完毕方可进行施焊。

轻质油品管道系统检修完后,还必须按要求安装防静电接地系统,室外管道埋地敷设,需在管道上每隔 200~300m 设一接地极;架空管道每隔 100~200m 设一接地极;室内管道不论架空或地沟敷设(不宜采用埋地敷设)每隔 30~50m 设一接地极。但不论管道长度如何,在管道的起始端、终了端及管道进入室内的进口处必须设接地极。接地装置的接地电阻应不大于 20Ω。

在管道的两个接地极之间,不论接头电阻大小均应加焊跨接线。室内、外架空敷设或地沟敷设(指同一地沟)的管道,当油管与其他管道平行间距小于或等于 0.5m 时,应每隔 15m 设一扁钢联络线,以形成导电通路。当易燃易爆介质管道与易燃易爆介质管道或非易燃易爆介质管道相互交叉,间距小于 0.5m 时,也应在交叉点处以扁钢连成导电通路。

如果使用非金属管材进行管道安装时,防止静电放电的措施是在非金属管壁外缠以金属丝,然后通过金属丝接地。

接地装置可采用 $\phi46mm$ 的圆钢,一端焊在设备或管道上,另一端焊在埋入地下的角钢或钢管制的电极上。接地电极的表面积不得小于 $0.5m^2$,电极应埋在湿土层内,埋深不应小于 2m。电极应采用镀锌材料制成,保证有良好的导电性。

油罐或管道检修完毕后,应按有关规定要求进行强度、严密性试验或渗漏试验,各项试验均合格后,才可投入试运行。

5. 燃油管道系统的常见故障及消除方法

燃油管道系统常见的故障是管道堵塞或破损漏油。引起管道堵塞的原因可能是伴热管结冻、油品凝固、油品窜入蒸汽管内,使汽管堵塞、或者管内有脏物。此时应加强伴热管的维护,管道停运时必须用蒸汽及时吹扫排空;油管敷设应尽量避免"死油段"或容易存油的管道要安装吹扫点。油品在管内凝固后,应用伴热管或用蒸汽将油品化开,严禁用明火进行烘烤。伴热管低处应设置放水点,多条油管道的伴热管应单独排水,不要连接在一根排水管上,以防止阀门不严,凝结水窜入停运的伴热管而冻结管道。停运的管道应将管内积水放净,保温层损坏应及时修好。应尽可能采用伴热管,而不用套管对油管加热,以防止油管损坏,油品漏入汽管内。卸油漏斗排油管一般采用 0.5% ~ 1% 的坡度,排油漏斗和排油管应经常清理,使其截面不致减小而影响排油流速。

引起管道破损漏油大多数是焊缝质量不好所致,对于轻微的破损渗油,可用铁板卡子卡紧,较大破裂时应换用备用管或用四油管输送,然后进行修补或切除重焊。在燃油管道上进行气、电焊作业时,必须采取可靠的隔绝措施,将与储罐一侧管道或室外供油管网连接处的管道拆开通往大气,并用绝缘物分隔,管内积油须用蒸汽冲刷干净,并排净余气,取样化验,确认无可燃气体后,方可作业。

六、制冷管道的检修

1. 概述

制冷技术的应用非常广泛,涉及化学工业、科学研究、食品业、现代化建筑以及其他工业部门。在化学工业中,气体的液化、气体的分离、石油脱蜡、合成氨和化肥的生产、各种盐类的结晶等生产工序中都需要制冷技术。在科学研究及工业产品的性能试验方面,机械零件的冷处理、航空用仪器仪表、无线电和电子设备、高寒地区使用的各种发动机及电气设备,甚至一些军工生产的武器弹药等,均需要在人工气候室中进行低温试验和科学研究。在食品工业部门,罐头食品、鱼类加工、啤酒酿造、乳品加工、冷饮食品生产和冷库方面都广泛应用制冷技术。在现代化的建筑和大型公共建筑中,设置空气调节装置,都需要冷源,这也离不开制冷技术。举世瞩目的超导技术研究的就是物体在低温状态下的超导特性。

2. 制冷原理

通常所说的制冷指的是人工制冷。人工制冷是应用专门的机械设备将被冷却物体中的热量移向周围介质(水或空气),或者使该物体的温度降低,且低于周围介质的温度,并在所需的时间内保持一定的温度。用于人工制冷的机器称为制冷机,是指为实现制冷循环用管道连接在一起的制冷机器设备。

循环于制冷系统中的工作介质称为制冷剂或工质。制冷剂周期地从被冷却物体中获取一定数量的热量,通过专门的设备把获取的热量传递给周围介质的水或空气,同时制冷剂完成了状态变化的循环。

(1)利用液体汽化吸热制冷。

物体由液态变为气态时要吸收汽化热,这些热量来自他物质。失去热量的物质温度降低,从而达到降温或冷冻的目的。在常压下沸点低而其汽化潜热大的物质,最适合作为制冷剂。

(2)利用气体膨胀产生冷效应制冷。

当气体被压缩时,其压力和温度就会升高,反之,如果使气体膨胀,其温度就会降低。因此,当某一高压气体与外界进行绝热膨胀时,压力会降低,同时温度也降低,将周围介质(水或空气)的温度降低,达到了降温或冷冻的目的。

3. 制冷方法

目前广泛应用的制冷方法可分为三类。

(1)蒸汽压缩式制冷。

蒸汽压缩式制冷是以消耗机械能或电能作为补偿来制取冷量的。制冷剂一般采用氨或氟利昂,是最经济而且应用最广泛的制冷方法。

（2）蒸汽喷射式制冷。

蒸汽喷射式制冷是靠消耗热能作为补偿实现制冷的。制冷剂一般为水,适用于制备5℃以上的冷冻水,供生产工艺和空调使用。

（3）吸收式制冷。

吸收式制冷和蒸汽喷射式制冷一样,也是靠消耗热能来实现制冷的。吸收式制冷机使用两种工质,即制冷剂与吸收剂,这是该机的主要特点。由于吸收式制冷是采用水作制冷剂,不能获取0℃以下的低温,因而只能用于空调。

4. 冷冻管道的检修

1) 制冷系统检修前的基本操作

当制冷系统按计划需要检修,或者因冷冻机、辅助设备、阀门发生故障需要检修时,为了减少环境污染,都必须将制冷工质从系统中取出或转移到某一个容器中去储存。在检修结束后,还需要对检修部位进行试压或抽真空,以排除检修部位中的空气。遇到这一类问题,就必须对有关阀门进行有秩序的开闭。

制冷系统取氨和取氟的基本操作方法有两种:一种是将液态制冷工质直接灌入钢瓶,它的抽取部位选在储液器(或冷凝器)出液阀与节流阀之间的液体管道上。另一种是将制冷工质以过热蒸气形式直接压入钢瓶,与此同时对钢瓶进行强制冷却,促使进入钢瓶的制冷工质过热蒸气变成液态而储存于钢瓶中,它的抽取部位选在冷冻机排出端。两种方法相比,前者取出制冷工质速度快,但不能抽取干净。后者抽取速度慢,但能把系统中制冷工质抽尽。前者用于大容量系统,后者用于小容量的制冷系统。无论采用哪种方法,其抽取原理都是靠压力差进行的。

除上述基本方法外,当因冷冻机本身结构特点而不能抽取制冷工质时,就必须用另一台冷冻机来协助完成抽取制冷工质的任务。从制冷系统中取氨和取氟时的操作方法及步骤如下:

（1）制冷系统取氨。

① 准备一定数量的氨瓶、磅秤、取氨工具、劳保用品及操作工具,按图6-5进行接管。

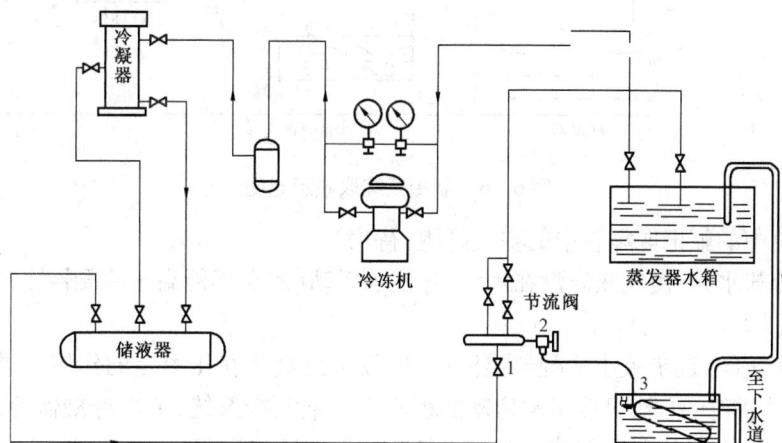

图6-5　制冷系统取氨示意图

1—供液总阀;2—充氨阀;3—氨瓶阀

② 按正常程序启动制冷系统进行制冷,使冷量积存于蒸发器水箱中。逐步关小节流阀,蒸发器水箱中水温接近0℃时,关闭节流阀,使蒸发器压力维持在"0"Pa左右,停止制冷系统工作。

③ 在停止制冷系统工作前,关小冷凝器冷却水,提高冷凝压力到1.4MPa左右。

④ 停车之后,蒸发压力不应上升,否则还须启动冷冻机,再次对蒸发器进行抽氨。

⑤ 将蒸发器水箱内的低温水引出,淋浇于放在槽内的氨瓶上,并经常搅动槽内低温水,使氨瓶受到均匀冷却;然后开启供液总阀、充氨阀和氨瓶阀,氨瓶内制冷工质由于受到低温水的冷却而相应的饱和压力不高,这样氨瓶内的压力和储液器压力就形成一个压力差,此时储液器中的液态氨在压差的推动下迅速进入空的氨瓶内。

在抽取氨的过程中,应严格控制液氨进入氨瓶中的重量(经常用秤称),一般不得超过氨瓶容积的60%。如果将氨瓶灌满液氨,当氨瓶从低温水中取出时,受到高于低温水的环境温度影响,氨瓶内压力将会很快上升,加之瓶内无膨胀余地,其后果是比较危险的。

⑥ 氨瓶中装足规定的重量后,关闭充氨阀及氨瓶阀,另换一瓶再抽取,直到储液器内压力下降到与氨瓶受低温水冷却时的饱和压力相等时,可以认为制冷系统取氨基本完毕。系统所剩部分为氨气及其油污杂质,可以通过紧急泄氨器或系统中最低点放入下水道,或者用水稀释成为氨水作肥料。

(2)制冷系统取氟。

① 将氟冷冻机排气阀和冷凝器出液阀开足,此时氟截止阀B处多通用孔即被关闭,取下堵头,按堵头尺寸加工成T形或直形接头,依照图6-6接好取氟管(一般用紫铜管做成)。

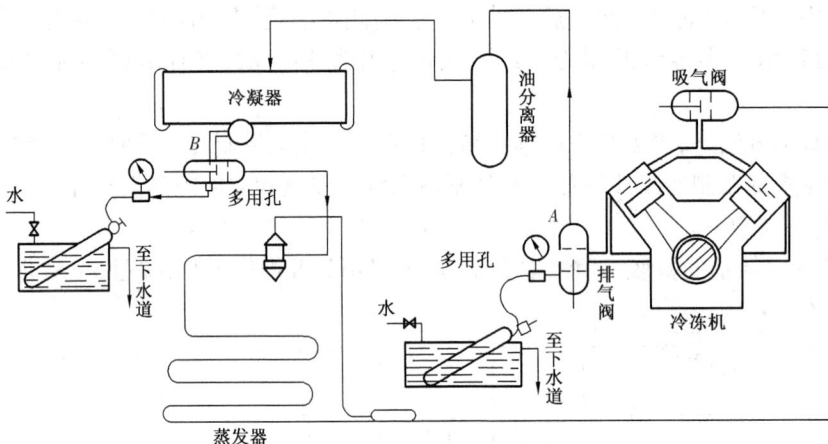

图6-6 制冷系统取氟示意图

② 用系统中的氟把取氟管中的空气赶跑(待用)。

③ 接好冷却水管,使氟瓶淹没在水中,并使水搅动(水温不能高于冷凝器冷却水温度),降低氟瓶内的压力。

④ 打开氟瓶阀,逐步关小冷凝器出液阀,则氟里昂液体在压力差的作用下进入氟瓶。如果氟液体进入氟瓶有困难,可按正常启动的程序启动氟制冷系统,关小冷凝器冷却水,有意提高冷凝器内压力,此时氟制冷剂将迅速进入氟瓶。每瓶所装容积要求与氨相同。

⑤ 随着系统内氟里昂的减少,高压压力就会降低,因此在B处取氟将会十分困难,可以换在A处取氟,应调节冷冻机吸入截止阀的大小,以排气压力不超过1.0MPa为宜。

⑥ 当低压系统中的压力为"0"MPa时,系统中的制冷剂已基本抽取完毕,留下的只是少量的制冷工质蒸气,这时可以停车,并关闭氟瓶阀。

⑦ 停车之后,观察排气压力表和吸气压力表指示值的回升情况,如果压力表回升至"0"MPa以上,就要重新打开氟瓶阀,启动冷冻机继续抽取。如果压力表并不回升,说明系统内没有液态制冷工质了。

2)取氨取氟注意事项

(1)氟制冷装置一般均有电磁阀及高低压继电器。在抽取制冷工质过程中,电磁阀应从电路上采取措施,使它在冷冻机停车的情况下畅通。而低压继电器应预先将其触点接至短路,以免抽取制冷工质时,因吸气压力下降,继电器动作而停车,影响冷冻机连续运转。

(2)蒸发表面式冷却器在抽取制冷工质过程中,蒸发温度较低,制冷工质不易流出,应将通风机启动。若是冷库,应将冷库门打开,让其库温升高,以帮助抽取制冷工质。

(3)抽取制冷工质之前,应对整个系统进行检漏,以免在抽取时,低压系统达到负压值而从漏点进入空气,影响抽取制冷工质的纯度。

(4)若是多台并联的制冷系统,而又只需修理其中之一者,应根据整个制冷设备管路的连接情况,将要修理部位的制冷工质转移到其他系统中。

(5)若在储液器出液阀到冷冻机吸气口的任何部位发生故障,需要检修时,可不抽取制冷工质。将出液阀关闭,启动冷冻机,将这部分制冷工质全部抽到冷凝和储液器之中。但在抽取时吸气压力不能低于"0"MPa,以免空气从故障之处进入。

(6)在抽取制冷工质过程中,应注意各部位温度、压力的变化,若不正常应查明原因,待故障消除后再抽取。

3)冷冻阀门的检修

制冷系统所采用的阀门,一般为中压阀。阀门随系统工质不同而分为氨阀和氟阀。氨阀使用材料一般为铸钢或铸铁,而氟阀则采用铸铜或铸钢,阀杆处用填料和阀帽双层密封。

阀门在使用过程中,一般都容易泄漏,而且其泄漏量占整个制冷系统泄漏量的比重很大,因而不可忽视。

(1)阀门的故障。

① 阀杆泄漏。

制冷系统最常见的现象之一是密封填料不足、使用时间过长、硬化而失去弹性,或因填料选择不当与工质的温度、压力及化学性质不适,这些都可造成阀杆泄漏。

② 阀杆弯曲或腐蚀。

在输送工质的过程中,由于工质温度变化较大,特别是关闭过紧的阀门遇热膨胀,会使阀杆弯曲。弯曲或腐蚀的阀杆,在一开一闭时,阀杆磨损加快,密封填料也会拉坏,从而造成硬伤而泄漏。所以平常维护时,阀杆关闭的紧度应适当,阀杆也应抹上黄油防腐。

③ 阀门关闭不严。

因为腐蚀和剥蚀的因素,阀芯密封面逐渐变得粗糙,或因系统不干净,工质中夹杂异物,密封面受到嵌咬造成硬伤,在频繁关闭、开启过程中,伤痕逐渐扩大到阀门关闭不严。另外阀芯的松动或变形,也不能保证阀芯和阀座的紧密贴合,必然导致关闭不严。

④ 阀门难以转动和调节。

因填料压盖压得太紧或者填料选择不当容易使阀门难以转动和调节。

（2）阀门的检修。

① 更换填料。

填料的主要作用是防止工质沿阀杆轴向泄漏。如遇轻微泄漏时,可旋紧填料压盖,如不能排除,可更换填料。更换时必须将阀杆开足,用填料拔针把旧填料拔出,再将准备好的新填料依次旋入,然后旋紧压盖。

② 修理阀芯。

在制冷工程中,凡是大口径的阀门,其阀芯是依靠一层巴氏合金或氟塑料密封,阀芯的背面也同样有一层巴氏合金,当倒转到最大位置时能密封工质,使其不沿阀杆向外泄漏。

当阀门拆卸之后,首先应校直阀杆去毛刺,然后更换阀芯的巴氏合金,与此同时,对阀座也应研磨,使阀芯和阀座互相严密。浇注巴氏合金的具体操作方法如下:将阀芯水平夹于台虎钳上,加热阀芯,待旧巴氏合金熔化除尽、打光,然后浇上新巴氏合金,边浇边捣实,以去除杂质和空气,冷却后上车床精车即成。如新浇巴氏合金层精车后出现气孔,则应按上述操作法重浇。另一种方法是挤压嵌塞,用条形巴氏合金或氟塑料,直接嵌入阀芯的凹槽中,用锤打紧嵌牢,然后车削即可。

对于小型铸钢或黄铜的阀门阀芯,这种阀门的密封全靠金属接触的一条线来获得,因而称为线密封。由于是线密封,因而对阀座和阀芯都应仔细研磨,才能获得比较满意的密封效果。

制冷系统中安全阀的检修也大致与上相同,但由于巴氏合金较软,往往安全阀因超压而动作一次之后很难恢复到原来位置,因此当压力降至关闭压力时,仍然关不严密。为了克服这一缺陷,有的产品已将巴氏合金改换成镍铬钛(质较硬)合金,或用聚四氟乙烯代之。

阀门检修结束后,应按有关要求进行气密性试验。

（3）热力膨胀阀的检修及试验。

热力膨胀阀是氟里昂制冷系统中四大部件之一,缺此就不能获得连续制冷。往往因其调节不当,开、闭过猛或其他原因造成损坏或者调节失灵,都应该及时检修。

七、高压管道的检修

1. 概述

在现代工业中,高压管道应用很广,许多化工生产工艺已采用 10~100MPa 的高压。目前比较重要的高压化学工业有:16~32MPa 下的合成氨生产,20MPa 下的尿素生产,32MPa 下的甲醇生产,16~20MPa 下的石油加氢裂化等。连接高压化工生产装置的管道是高压化工生产工艺系统中的重要组成部分,在整个装置中所占比重很大。通常所说的高压管道是指压力为 10~100MPa 的流体介质管道,压力超过 100MPa 的管道称为超高压管道。

2. 高压介质的特点及选用原则

1）高压介质的特点

（1）压力高:要求管道必须具有高强耐压的能力。

（2）温度高:有些管道长期在高压高温介质的共同作用下运行,要求管道必须高强耐热。

（3）腐蚀强:在高压介质中有许多强腐蚀性介质,而且介质对管壁的浸蚀能力随着压力和温度的升高而增高。因此,要求高压管道必须高强耐蚀。

（4）渗透力高:在高压介质中有许多渗透能力较大的介质,而且介质的渗透能力又随压力的升高而增高,各类高压介质都具有很高的渗透力。因此,高压管道的连接结构必须具有高度的密封性。

(5)脉动大:高压介质主要是用高压压缩机增压而制成。高压压缩机的介质压力脉动较大,将引起管道的振动;同时设备运转时还产生机械振动,也必然导致管道振动。这就可能造成管道在其与支架的接触部位产生擦伤。因此,高压管道必须采取防振擦伤的措施。

由于高压介质具有上述特点,在检修施工中就必须采取相应措施,使高压管道在"高强、耐热、耐蚀、高密封、防振防擦伤"方面适应运行条件的要求。

2)选用原则

(1)根据高强耐压、高强耐热、高强耐蚀等特殊要求,高压管道所用的管材应选用专用的高压无缝钢管或不锈耐酸钢钢管。

(2)高压管件(三通、弯头等)的结构型式采用能承受高压和热变形反复作用的加强结构,应选用专用的锻制、焊制和弯制的加强管件。

(3)为适应高强度、高密封的要求,高压管道的连接密封结构主要采用能耐高压的加强焊缝焊接和高压法兰透镜式、凸凹式和梯形槽式密封方式。

(4)为防止因管道振动和热位移而擦伤管子,高压管道的管托与吊架应采用柔性结构,即在管子与管托或管吊之间放入木垫、软金属垫或石棉橡胶板,使管子与管架金属表面不直接接触。这样,既能减振,又能防止管壁擦伤。

3. 高压管道的检修内容

1)检修安装不合格的原因及治理办法

(1)检修安装不合格的原因。

① 对高压管道检修安装合格证书的重要性认识不足,致使交工验收时,由于资料不齐而影响管道的使用。

② 施工中,对高压管道制作与检修安装的工艺要求重视不够,忽视一些细小要求,认为对高压管道影响不大。

③ 对焊接工艺选择和控制不严、操作水平不高,而使高压管道检修安装后不符合质量要求,致使返工。

(2)治理方法。

① 用于检修安装高压管道的管材、管件、阀件和紧固件,均须进行检查和验收,并具有合格证明文件才能安装。

② 在管道检修安装前,应先将高压设备、阀门等操作盘找正固定。管子与管件在检修安装前应将其内部擦洗干净,并用白布拉拭检查,使其达到无锈、无水分和污物。

进行螺纹连接时,螺纹应清洗干净,不得有任何细小的垃圾,并进行外观检查,不得有缺陷。螺纹部分应涂二硫化铝或石墨粉机油调合剂。安装法兰时,要露出管端螺纹的倒角。安装密封垫前,应在垫片及管口上涂抹黄干油。安装密封垫时不宜用金属线吊放,以防损伤密封面;敦金属垫时,必须准确地安放在它的窝座凹槽中。拧紧法兰螺栓时要对称进行,使两片法兰保持同心和平行。露在螺母外边的螺纹不宜少于两扣,双头螺栓两端应一致,同时使各个螺栓的外露长度基本一致。螺栓扳紧后,应用测力扳手进行测试,使扳紧力一致。

③ 检修安装管道时,应使用正式管卡固定。在管子和管架之间,应按设计规定或工作温度的要求,加置木垫、软金属垫片或橡胶石棉板等垫片,并应预先在该处支架上涂漆防腐。这样做的目的是为了防止管道振动和热位移而擦伤管子。

④ 高压管道的焊接是重要工序,应由相应合格的焊工担任。接口应尽量减少和避免固定焊口,特别是减少横焊固定口。高压管道在管道分级上是Ⅰ、Ⅱ级管道,焊缝质量等级应是Ⅰ、Ⅱ级焊缝。除Ⅱ类管道的转动焊口射线探伤数量为15%外,其余都是100%射线探伤,按评片标准Ⅱ级为合格。为保证焊缝质量,必须根据管子的材质、厚度,正确选择焊接工艺。根据管壁厚度决定焊接方法和坡口形式,在管道坡口、组对、点固焊接、焊接材料选择、焊前预热及焊后热处理、焊接工艺、焊工资格及焊缝检验等各个环节上都应严格把关。管子在焊接前,应将坡口及其附近宽10~20mm表面上的脏物、油迹、水分和锈斑等清除干净。进行施焊时,环境温度过低时,应按要求进行预热,防止焊缝的熔融金属因迅速冷却而造成裂纹等缺陷;焊缝施焊完毕还应进行保温缓冷;最后焊缝需经外观检查、X射线透视或超声波探伤,合格后才能投入使用。经外观检查、X射线透视或超声波探伤不合格的焊缝允许返修,每道焊缝的返修次数不得超过两次。返修后须再次透视或探伤复查,合格后打上焊工标记。

⑤ 检修管道安装时不得强制对口,管线安装如有间断,应及时封闭敞口的管口。管线上的仪表取源部件应在管道安装的同时一次完成,不得遗漏。

2)高压管道维护修理时应掌握的有关情况

高压管道在维护修理工作中应遵照《化工高压工艺管道维护检修规程》进行,并了解以下情况:

(1)管道损坏的情况、损坏的原因、需要维修的部位。

(2)根据管道输送介质的参数及管道的质量要求来决定检修的质量要求。

(3)根据泄漏点的部位进行全系统停运或系统局部停运,局部停运进行检修时应根据检修工程的内容和工程量的大小采取相应的安全措施。

(4)在检修前首先要确定检修部位的泄压点和介质的排放点,必要时为检验排放系统的可靠性和各种仪表的准确性可进行试泄压排放。

(5)检修所用的材料应有符合技术文件的质量证明文件及合格证书,要求复验的一定要复验。

3)高压管道检修工作中的注意事项

(1)由于高压介质排放时压差大,进行排放时一定要缓慢开启阀门,以免开启过大产生过大的噪声和振动,必要时可采取通过减压器进行排放。

(2)在排放时,不论介质是否回收、排放时间长短,必须有人监护,以免发生异常时及时采取措施。

(3)为了避免管子在介质反作用力的作用下甩动伤人,介质排放口的管子一定要进行加固。

(4)管道检修任务完成后,必须严格进行各种试验,检测的方法要明确,各种检验、检测仪表要有专人负责落实,并应满足所需的参数和精度要求,绝不允许因工作量小认为不可能有问题而不进行检测和试验。

高压管道的管径一般均较小且刚度较低,应适当加密管道支架,除此以外还应在可能受到外力碰撞的部位或经常有人活动的部位以型钢加以保护,以保证安全。

思 考 题

1. 管道日常运行维护中,需要控制哪些工艺指标?
2. 管道系统的诊断方法有哪些?
3. 简述管道系统维护和保养的主要内容。
4. 管道系统的维修可分为哪几类?
5. 管道积垢的清洗方法有哪些?
6. 管道维修过程中,应如何修复管道表面裂纹?
7. 煤气管道日常检修的基本任务有哪些?
8. 煤气管道有哪些检漏方法?
9. 压缩空气管道的检修基本要求和方法有哪些?
10. 如何处理氧气管道检修安装缺陷?
11. 乙炔管道的敷设要求是什么?
12. 乙炔管道的检修要求有哪些?
13. 简述燃油管道系统常见故障及消除方法。
14. 高压管道检修工作中的注意事项有哪些?

参 考 文 献

[1] 胡忆沩,梁亮．管工．北京:化学工业出版社,2006.

[2] 姜湘山．管道安装技术与常用资料．北京:机械工业出版社,2005.

[3] 许世昌．给水排水塑料管道设计施工手册．北京:中国建筑工业出版社,2003.

[4] 闵庆凯,王庆顺,陈志国．管道工实际操作手册．沈阳:辽宁科学技术出版社,2006.

[5] 胡忆沩．管道安装技术．北京:化学工业出版社,2007.

[6] 邢丽贞．市政管道施工技术．北京:化学工业出版社,2004.

[7] 尹烨．管工基本技术(修订版).北京:金盾出版社,2001.

[8] 孙勇．管工工作手册．北京:化学工业出版社,2007.

[9] 张宪吉．管道施工技术．北京:高等教育出版社,1995.

[10] 鲁国良,王晖．管工．北京:化学工业出版社,2001.

[11] 杨林静．管道工．北京:中国劳动社会保障出版社,2002.

[12] 胡忆沩,杨梅．检修管工．北京:化学工业出版社,2004.

[13] 段成君,等．简明给排水工手册．北京:机械工业出版社,2000.

[14] 厚学礼．化工机械维修管钳工艺．北京:化学工业出版社,2006.

[15] 朱向楠．管工(初级).北京:机械工业出版社,2005.

[16] 刘炜立,李武荣．管道安全运行与管理．北京:中国石化出版社,2007.

[17] 郑国明．管工常用技术手册．上海:上海科学技术出版社,2008.

[18] 李春桥．管道安装与维修手册．北京:化学工业出版社,2009.